MostUsedWords.com presents

Polish
Frequency
Dictionary

Essential Vocabulary

2500 Most Common Polish Words

Book 1

First Printing, 2019

MostUsedWords.com
10685-B Hazelhurst Dr. # 22933
HOUSTON, TX 77043
United States

www.MostUsedWords.com

Contents

Why This Book?

Hello, dear reader.

Thank you for purchasing this book. We hope it serves you well on your language learning journey.

Not all words are created equal. The purpose of this frequency dictionary is to list the most common Polish words in descending order, so you can learn this language as fast and efficiently as possible.

First, we would like to illustrate the value of a frequency dictionary. For the purpose of example, we have combined frequency data from various languages (mainly Romance, Slavic and Polishic languages) and made it into a single chart.

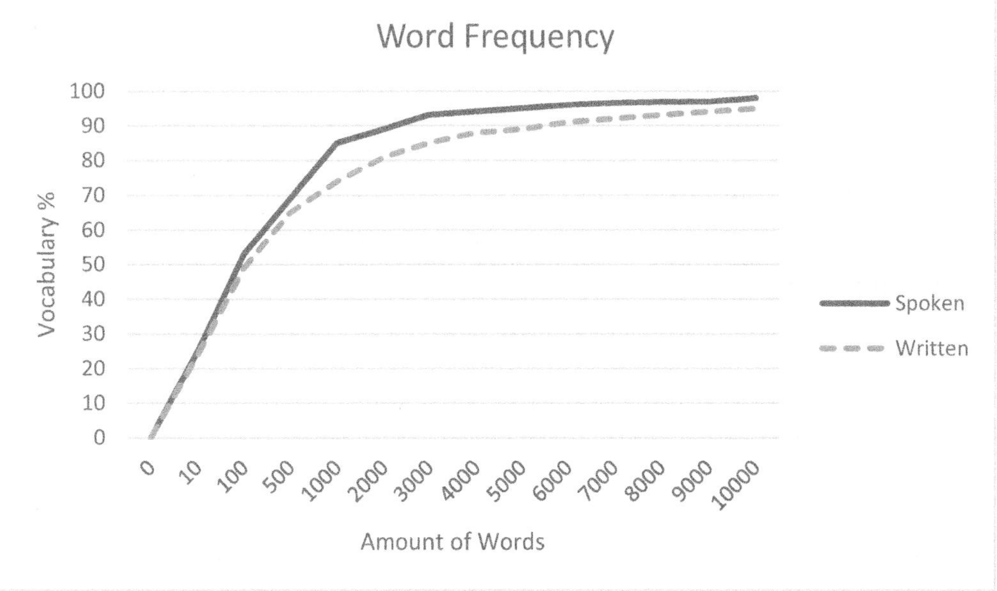

The sweet spots, according to the data seem to be:

Amount of Words	Spoken	Written
• 100	53%	49%
• 1.000	85%	74%
• 2.500	92%	82%
• 5.000	95%	89%
• 7.500	97%	93%
• 10.000	98%	95%

Above data corresponds with Pareto´s law. Pareto's law, also known as the 80/20 rule, states that, for many events, roughly 80% of the effects come from 20% of the causes.

In language learning, this principle seems to be on steroids. It seems that just 20% of the 20% (95/5) of the most used words in a language account for roughly all the vocabulary you need.

How many words are there in the Polish language?

At the time of writing, the biggest collection of headwords is to be found in the online version of the "Grammatical Dictionary of Polish" by Saloni, Woliński, Wołosz, Gruszczyński and Skowrońska, which boasts 334,845 headwords, a very large amount. It must be said, however, that this is not a dictionary in the usual sense. This dictionary lists declinations and conjugations. More conventional dictionaries have far fewer headwords.

The authorative most recent Polish dictionary, the "Uniwersalny słownik języka polskiego", contains about 100,000 headwords in current use. We will use this dictonary for our calculations.

You will only need to know 5% (5000 words) to achieve 95% and 89% fluency in speaking and writing respectively. Knowing the most common 10.000 words, or just 10%, will net you 98% fluency in spoken language and 95% fluency in written texts.

Keeping this in mind, the value of a frequency dictionary is immense. Study the most frequent words, build your vocabulary and progress quickly.

One more frequently asked question needs to be answered: how many words do I need to know for varying levels of fluency?

While it's important to note that it is impossible to pin down these numbers and statistics with 100% accuracy, these are a global average of multiple sources.

According to research, this is the amount of vocabulary needed for varying levels of fluency.

1. 250 words: the essential core of a language. Without these words, you cannot construct any meaningful sentences.
2. 750 words: are used every single day by every person who speaks the language.
3. 2500 words: should enable you to express everything you could possibly want to say, although some creativity might be required.
4. 5000 words: the active vocabulary of native speakers without higher education.
5. 10,000 words: the active vocabulary of native speakers with higher education.
6. 20,000 words: the amount you need to be able to recognize passively to read, understand, and enjoy a work of literature such as a novel by a notable author.

Caveats & Limitations.

1. A frequency list is never "The Definite Frequency List."

Creating an accurate frequency list is more complicated than it seems. Depending on the source material analyzed, you will get different frequency lists. A corpus on spoken word differs from source texts based on a written language. That is why we chose subtitles as our source, because, according to science, subtitles cover the best of both worlds: they correlate with both spoken and written language.

The frequency list is based on an analysis of huge amount of Polish subtitles. If you were to read the source text used for this book, it would take you around 100 years of non-stop reading. A large base text is absolutely vital in order to develop an accurate frequency list. The raw data included abit over 1 million entries, or different "words". The raw data has been lemmatized; words are given in their dictionary form.

Lemmatization and correct classification does come with its own complications. We list the most common issues in the following list. The examples below are given in different languages, but they are applicable to Polish as well.

2. Homographs

Let's begin with homographs. Put quite simply, a homograph is a group (usually a pair) of words that are spelled the same way. In example:

- **Advocate** (verb)can mean "to speak or write in support of"
- **Advocate** (noun) can also refer to a person who supports or pleads the cause of another.

Since a dictionary does not list separate entries for the same word, we did not splice Polish homographs in ours. Because homographs are quite rare, we kindly ask you to use your common sense while using this dictionary. If you think a particular translation of a homograph is not used fairly often, then just skip learning it.

3. Inflections, Declensions and Conjugations

In grammar, inflection is the modification of a word to express different grammatical categories such as tense, case, voice, aspect, person, number, gender, and mood. It is found in many, but not all languages. The inflection of verbs is also called conjugation, and one can refer to the inflection of nouns, adjectives, adverbs, pronouns, determiners, participles, prepositions, postpositions, numerals, articles etc., as declension. How do these modifications create difficulties in establishing reliable frequency lists?

Some inflections can be classified as multiple parts of speech. Take for example the Spanish word **dicho**. It originally ranked somewhere around the 147th most common Spanish word.

As a conjugated verb, **dicho** is the past participle of "**decir** - to say" and translates as "said", while as a noun it means "saying, expression".

No way, José, that "saying, expression" is the most 147th most used Spanish word. As previously stated, our words are lemmatized, and **decir** is already listed at place 77. Turns out that the noun **dicho** is around the 11.000th most common words, and thus beyond the scope of our dictionary series.

4. Nouns

We tried our best to keep out proper nouns, such as "**James, Ryan, Alice** as well as "**Rome, Washington**" or "the **Louvre**". Names of countries are an exception to the rule, and are included.

Some common proper nouns have multiple translations. Take for example "**Jack**" in our English frequency list. "**Jack**" is a very common first name, but also a noun (a jack to lift up a vehicle) and a verb (to steal something). Anothere example is the word "**can**". It is a conjugation of the verb "to be able" as well as a noun (a tin can, or a can of soft drink).

With the current technology, it is unfortunately not possible to precisely identify the correct frequency placements of words like **can** and **Jack** words. We came up with a method to accurately estimate the correct placement of these entries.

In example, a frequency list on the English language listed the noun "**can**", like a can of coke, as the 247th most used word in the English language. Our methods would list it around the 3347th most used word. While not perfect, we *can* tell you that our method is more accurate than the methods used by our competitors.

5. This word doesn't belong there!

Some entries you might find odd in their respective frequency rankings. We were surprised a couple of times ourselves while creating this series. Keep in mind that the frequency list is compiled from a large amount of text, and may include words you wouldn't use yourself. But you might very well encounter them.

In our opinion, it is important you do know these words. Store them somewhere in your passive vocabulary, instead of trying to integrate them into your active vocabulary. But in the end, it's up to you whether you think you should learn a word, or skip it. We provide the data, it is up to you to select and learn relevant vocabulary.

6. This is not a Polish word!

You might find non-Polish loanwords in this dictionary. We decided to include them, because if they're being used in subtitle translation, it is safe to assume the word has been integrated into the Polish general vocabulary.

7. Vulgarities

We also decided to keep out most vulgarities, even though these are rather common in daily speech. We wanted to keep this book appropriate for readers of all ages. We tried to imagine what a modern-day midwestern American woman would take offense to, and drew the line there.

At the same time, some words absolutely needed to be clarified. In rare occasions, the usage of vocabulary items can differ severely in various locales. It could lead to pretty awkward situations if you were not aware of these differences.

These words have been censored in a way that one can still deduce their meaning, if one is already in the know.. Let's take the Spanish word **coger** as an example: "**coger**-*vb* - to take, f*ck (LA)" In Europe, **coger** is pretty innocent. But in Latin-America, it has a whole different meaning.

8.   Parallel text example sentences

Example sentences are great, because they show you Polish word usage in context. You get to learn extra vocabulary from the sentences, since they're in parallel text format. And since you'll encounter important, common words over and over again, you will ingrain those words faster.

Some sentences are easy, some are more difficult. Some are a direct translation, some are more loosely translated. Some mimic spoken language, some mimic written language. Some are more high-brow, some are more colloquial. In short, we tried to include a mix of different types of language, just like you would encounter in real life. The first book in the series generally contains easier sentences than the 2nd, 3rd and 4th book.

9.   A dictionary for learners.

This book is made for learners of Polish vocabulary. We tried to keep the translations as direct and concise as possible. Sometimes words can be used in a multitude of ways, but for the sake of facilitating learning, we tried to keep it as short and direct as possible. If you are more advanced and do require a more thorough dictionary, we suggest investing in an orthographic dictionary.

10. Final thoughts

We are pretty confident that our frequency ranking is pretty solid, while keeping above pitfalls in mind. Still, this frequency list includes 25 extra words to compensate for any irregularities you might encounter. Or you might disagree with the addition of non-Polish loanwords, or whatever it is that irks you. So instead of the 2500 most common words, you actually get the 2525 most common words. #winning.

And one more thing.

The big secret to learning language is this: build your vocabulary, learn basic grammar and go out there and speak. Make mistakes, have a laugh and then learn from your mistakes. Wash, rinse, repeat..

We hope you enjoy this frequency dictionary and that it helps you in your journey of learning Polish.

How To Use This Dictionary

abbreviation	*abr*	suffix	*sfx*
adjective	*adj*	verb, imperfective	*vif*
adverb	*adv*	Verb, imperfective, different reflexive meaning	*vifr*
article	*art*	verb, imperfective, same reflexive meaning	*vif2*
auxiliary verb	*av*		
conjunction	*con*	verb, perfective	*vpf*
contraction	*cntr*	verb, perfective, different reflexive meaning	*vpfr*
interjection	*i*		
noun	*f(eminine), m(asculine) n(euter)*	verb, perfective, same reflexive meaning	*vpf2*
		verb, other	*vb*
numeral	*nu*	verb, other, reflexive	*vbr*
particle	*prt*	singular	*sg*
phrase	*phr*	plural	*pl*
prefix	*pfx*	colloquial language	*(coll)*
preposition	*prp*	formal language	*(fml)*
pronoun	*prn*		

Word Order

Different parts of speech are divided by a semicolon ";".

Translations

We made the decision to give the most common translation(s) of a word, and respectively the most common part(s) of speech. It does, however, not mean that this is the only possible translations or the only part of speech the word can be used for. This is a dictionary for learners, and not an ortographic dictionary.

International Phonetic Alphabet (IPA)

The pronunciation of foreign vocabulary can be tricky. To help you get it right, we added IPA entries for each entry. If you already have a base understanding of the pronunciation, you will find the IPA pronunciation straightforward. For more information, please visit www.internationalphoneticalphabet.org

Verbs

Like other Slavic languages, Polish verbs usually come in pairs. We decided to list the Polish verb pairs independently, as is customary with other frequency dictionaries on Slavic languages. To make learning Polish easier, we do list the imperfective/perfective pair next to the entry.

Polish English Frequency Dictionary

Rank	Polish	English Translation(s) - [Imperfective; Perfective]
	PoS	Polish Example Sentence
	IPA	-English Example Sentence
1	**nie**	**no, not**
	prt	Nie ma dla ciebie miejsca.
	ɲɛ	-There is no place for you.
2	**to**	**this** [neuter]; **then**
	prn; con	Jeśli to wszystko, to wracaj do domu.
	tɔ	-If that's all, then you can go home.
3	**się**	**-self** [reflexive marker]
	prn	Po dniu pracy muszę się umyć.
	ɕɛ̃	-After a day of work, I need to wash myself.
4	**w**	**in, at**
	prp	W naszym mieście jest wiele parków.
	v	-There are many parks in our town.
5	**na**	**on**
	prp	Książka leży na stole.
	na	-The book is on the table.
6	**i**	**and**
	con	On i ja szliśmy razem.
	i	-He and I walked together.
7	**z**	**with, from**
	prp	Wróciłem z przyjacielem z Anglii.
	z	-I came back with a friend from England.
8	**co**	**what; every**
	prn; prp	Co wczoraj robiłeś?
	t͡sɔ	-What did you do yesterday?
9	**być**	**be** [być, —]
	vif	Powiedziała, że John musi być uszczęśliwiony tą wiadomością.
	bɨt͡ɕ	-She said that John must be very glad to hear the news.
10	**że**	**that**
	con	Problem w tym, że nie mamy dość pieniędzy.
	ʑɛ	-The problem is that we don't have enough money.
11	**do**	**to, until**
	prp	Droga prowadzi do stacji.
	dɔ	-This road leads to the station.
12	**tak**	**yes; so**
	prt; adv	Tak bardzo się cieszę, że powiedziała „tak".
	tak	-I'm so happy she said 'yes'.
13	**jak**	**how; as**
	prn; con	Jak często bywasz w Europie?
	jak	-How often have you been to Europe?
14	**o**	**about, at**
	prp	Mówiłem ci o tym o 7 rano.
	ɔ	-I told you about this at 7 o'clock.

15	**ja**	**I, me**
	prn	Ja mam czarnego i białego psa.
	ja	-I have a black and a white dog.
16	**a**	**and**
	con	Jeden jest wysoki, a drugi niski.
	a	-One is tall and the other is short.
17	**ale**	**but**
	con	Moja siostra jest szczupła, ale ja mam lekką nadwagę.
	alɛ	-My sister is thin, but I'm a little overweight.
18	**za**	**in, behind; too**
	prp; adv	Spotkajmy się za tym drzewem za 2 godziny.
	za	-Let's meet behind this tree in 2 hours.
19	**ty**	**you**
	prn	Następnym razem ty za to zapłacisz!
	tɨ	-Next time you'll pay for it!
20	**tu**	**here**
	adv	Podoba mi się tu.
	tu	-I like it out here.
21	**czy**	**or, whether**
	con	Wolisz czerwony czy niebieski?
	t͡ʂɨ	-Do you prefer red or blue?
22	**ten**	**this, that**
	prn	Ten wysoki mężczyzna to John.
	tɛn	-That tall man is John
23	**on**	**he**
	prn	On zwykle nie chodzi spać przed drugą, a nawet trzecią w nocy.
	ɔn	-Usually, he doesn't get to sleep before two a.m.
24	**tylko**	**only, just**
	adv	Mogę tylko czekać.
	tɨlkɔ	-I can only wait.
25	**po**	**after**
	prp	Poszedłem spać po 23.
	pɔ	-I went to sleep shortly after 11 p.m.
26	**mieć (się)**	**have; feel** [mieć, —]
	vif; vifr	Każdy powinien mieć przyjaciela.
	mi̯ɛt͡ɕ	-Everyone should have a friend.
27	**już**	**already**
	prt	Już dałem Johnowi prezent.
	juʐ	-I've already given John a present.
28	**móc**	**may, be able** [móc, —]
	vif	Chciałbym móc latać.
	mut͡s	-I wish I was able to fly.
29	**pan**	**sir**
	m	Wolałby pan herbatę czy kawę?
	pan	-Would you like tea or coffee, sir?
30	**dla**	**for**
	prp	Kupiłem kwiaty dla ciebie.
	dla	-I bought flowers for you.
31	**coś**	**something, anything**

	prn	Po co mam kupować coś, czego nigdy nie użyję?
	tsɔɕ	-Why should I buy something I'll never use?
32	**dobrze**	**well**
	adv	Bardzo dobrze poradziłeś sobie na teście.
	dɔbʐ̂ɛ	-You did very well on that test.
33	**wiedzieć**	**know** [wiedzieć, —]
	vif	Chcę wiedzieć co się stało.
	viɛdʑɛtɕ	-I want to know what happened.
34	**jeśli**	**if**
	con	Jeśli jedziesz samochodem po nocy, musisz uważać na pijanych kierowców.
	jɛɕli	-If you drive at night, you should watch out for drunk drivers.
35	**teraz**	**now**
	adv	Sprzedał swoje auto, więc teraz jeździ do biura pociągiem.
	tɛraz	-He has sold his car, so now he has to go to the office by train.
36	**prosić (się)**	**ask** [prosić, poprosić]
	vif2	Czy mogę cię prosić o przysługę?
	prɔɕitɕ	-May I ask you a favor?
37	**od**	**since, for, from**
	prp	Mieszkam tu od 5 lat.
	ɔd	-I have been living here for 5 years.
38	**wszystko**	**everything, all**
	prn	Jeśli zostanę wybrany, zrobię wszystko dla moich wyborców.
	vʂɨstkɔ	-Once elected, I will do everything for all of you who supported me.
39	**tam**	**there**
	adv	Jaka jest tam pogoda?
	tam	-How's the weather there?
40	**więc**	**so, therefore**
	con; prt	Kończył się nam czas, więc musieliśmy skrócić wywiad.
	viɛnts	-We ran out of time so we had to cut the interview short.
41	**nic**	**nothing, anything; nothing**
	prn; n	Nic tu nie ma.
	ɲits	-There's nothing there.
42	**gdzie**	**where**
	prn	Gdzie jest mój długopis?
	gdʑɛ	-Where is my pen?
43	**bardzo**	**very**
	adv	Ta strona internetowa jest bardzo użyteczna.
	bardʑɔ	-This website is very useful.
44	**siebie**	**-self** [reflexive marker]
	prn	Kup sobie coś ładnego za te pieniądze.
	ˈɕɛbjɛ	-Buy yourself something nice for this money.
45	**kiedy**	**when, while; when**
	prn; con	Kiedy pana nie było, był tu John.
	ˈkjɛdɨ	-John came while you were out.
46	**no**	**well, so; yes (coll)**
	prt	No i jak poszło?
	nɔ	-Well, how did things turn out?
47	**jeszcze**	**yet, still**
	prt	Jenny jeszcze nie wróciła ze szkoły.
	ˈjɛʂtʂɛ	-Jenny hasn't come back from school yet.

48	**pani**	**lady, madam**
	f	Pani Jenny wróciła do domu.
	'pãɲi	-Madam Jenny has returned home.
49	**mój**	**my, mine**
	prn	Mężczyzna, którego spotkałeś na stacji to mój ojciec.
	muj	-The man you met at the station is my father.
50	**chcieć**	**want** [chcieć, zachcieć]
	vif	Nie uważam, żeby ktokolwiek mógł chcieć przeczytać tę książkę więcej niż raz.
	çtɕ́ɛtɕ́	-I don't think anyone would want to read this book more than once.
51	**dlaczego**	**why**
	prn	Dlaczego muszę ci przypominać o pracy domowej?
	dlat͡ʂɛgɔ	-Why do I have to remind you about your homework?
52	**by**	**to, so that; would**
	con; prt	Tresuje się tam pandy, by robiły różne sztuczki.
	bɨ	-There, pandas have been trained to perform various tricks.
53	**przez**	**by, across**
	prp	Ten most został zbudowany przez mojego dziadka.
	pʐɛz	-This bridge has been built by my grandfather.
54	**my**	**we**
	prn	My przybyliśmy trochę za wcześnie.
	mɨ	-We've arrived a little early.
55	**tutaj**	**here**
	prn	Tutaj wszystko jest w porządku.
	tutaj	-Everything's in order here.
56	**nigdy**	**never**
	prn	Nigdy nie odpowiadam na maile od nieznanych ludzi.
	ɲigdɨ	-I never answer emails from people I don't know.
57	**żeby**	**that, to; so that**
	con; prt	On ma dobre powody, żeby sprzeciwiać się planowi.
	ʐɛbɨ	-He has good reasons to be against the plan.
58	**też**	**also, too**
	prt	Lubię też tańczyć.
	tɛʐ	-I like dancing too.
59	**kto**	**who**
	prn	Zapytała mnie, kto przyjechał pierwszy.
	ktɔ	-She asked me who had arrived first.
60	**naprawdę**	**really**
	prt	Myślę, że mój niemiecki jest naprawdę dobry.
	napravdɛ̃	-I think my German is really good.
61	**przepraszać**	**apologize** [przepraszać, przeprosić]
	vif	Nie musisz przepraszać.
	pʐɛpraʂatɕ	-You don't have to apologize.
62	**bo**	**because; how**
	con; prt	Chodzę na lekcje tańca, bo naprawdę to lubię.
	bɔ	-I attend dance classes because I really like it.
63	**porządek**	**order; tidiness**
	m; m	W końcu, w moim życiu panuje porządek.
	pɔʐɔndɛk	-Finally, my life is in order.
64	**dziękować**	**thank** [dziękować, podziękować]

	vif d͡zɛŋkɔvat͡ɕ	Nie musisz mi dziękować. -You don't have to thank me.
65	**dom** *m* dɔm	**house, home** Jego dom jest w pobliżu metra. -His house is near the subway.
66	**musieć** *av* muɕɛt͡ɕ	**must, have to** [musieć, —] Muszę posprzątać pokój przed 18. -I have to clean the room before 6 p.m.
67	**nawet** *prt* navɛt	**even** Nikt nawet nie wiedział, że wróciłem do domu. -Nobody even knew I had gone home.
68	**chyba** *prt* x̪ɨba	**unless, perhaps** Nigdy nie piję, chyba że w związku z wielkim wydarzeniem. -I never drink unless there's a big event of some kind.
69	**hej** *i* xɛj	**hello (coll), watch out** Hej, tam jest niebezpiecznie! -Watch out, it's dangerous over there!
70	**właśnie** *adv; prt* vwaɕɲɛ	**just; exactly** Właśnie zacząłem grać w tenisa. -I've just started playing tennis.
71	**prawda** *f* pravda	**truth** Prawda jest taka, że cię kocham. -The truth is, I love you.
72	**zrobić** *vpf* zrɔbit͡ɕ	**do** [robić, zrobić] Nie mogę teraz tego zrobić. -I can't do it right away.
73	**zawsze** *prn* zavʂɛ	**always** Zawsze będziemy razem. -We will always be together.
74	**gdy** *con* gdɨ	**when** Napisz do mnie, gdy tam dotrzesz. -Text me when you get there.
75	**trochę** *nu* trɔxɛ̃	**some, a little bit** Chcielibyśmy się napić trochę wina. -We'd like to have some wine.
76	**cześć** *i* t͡ʂɛɕt͡ɕ	**hello** Cześć, dawno cię nie widziałem. -Hello. Long time, no see.
77	**bez** *prp* bɛz	**without** Smutno mi bez ciebie. -I'm so lonely without you.
78	**daleko** *adv* dalɛkɔ	**far** Jak daleko sięgali wzrokiem, nie było tam nic oprócz piasku. -As far as the eye could see, there was nothing but sand.
79	**dzięki** *prp* d͡zɛŋki	**thanks to** Dzięki jego lekcjom nauczyłem się rysować. -Thanks to his lessons I learned how to draw.
80	**wszyscy** *prn* vʂɨstsɨ	**everyone, everybody** Wszyscy, opuścić statek! -Everyone, abandon the ship!

81	**twój**	**your, yours**
	prn	Od razu rozpoznałem Twój głos.
	tvuj	-I recognized your voice right away.
82	**rok**	**year**
	m	Jesteście gotowi na rok 2020?
	rɔk	-Are you ready for the year 2020?
83	**dużo**	**much, many, a lot**
	nu	Dużo zwierząt żyje na tych bagnach.
	duʐɔ	-A lot of animals live in the marsh.
84	**ktoś**	**someone, anyone**
	prn	Czy ktoś do ciebie wczoraj dzwonił?
	ktɔɕ	-Did anyone call you yesterday?
85	**czas**	**time**
	m	Wyglądała, jakby chorowała przez długi czas.
	t͡ʂas	-She looked as if she had been sick for a long time.
86	**ta**	**this, that [f]**
	prn	Czy ta książka jest twoja?
	ṭa	-Does this book belong to you?
87	**który**	**which, who, that**
	prn	Miałem przyjaciela, który poleciał do Indonezji.
	kturɨ	-I had a friend who went to Indonesia.
88	**powiedzieć**	**say [powiadać, powiedzieć]**
	vpf	On chce coś powiedzieć.
	pɔviɛd͡zɛtɕ	-He has something to say.
89	**chodzić**	**go, walk [chodzić, —]**
	vif	Wolę chodzić pieszo niż jeździć na rowerze.
	x̂ɔd͡zʲtɕ	-I prefer walking to cycling.
90	**dobry**	**good**
	adj	Jestem dobry w grze w piłkę nożną.
	dɔbrɨ	-I'm good at playing soccer.
91	**niech**	**let, may**
	prt	Niech rozpocznie się show!
	ɲɛx̂	-Let the show begin!
92	**sam**	**alone**
	prn	Znowu jestem sam.
	sam	-I'm alone again.
93	**razem**	**together**
	adv	Myślę, że to że mieszkamy razem, wpłynęło na twoje nawyki.
	razɛm	-I think that us living together has influenced your habits.
94	**boży**	**divine**
	adj	Myślę, że nasze życie to część bożego planu.
	bɔʐɨ	-I think that our life is part of a divine plan.
95	**stać (się)**	**stand; become [stać, postać]**
	vif; vpf	Policjant nakazał mi stać nieruchomo.
	statɕ	-The policeman ordered me to stand still.
96	**raz**	**time, occasion**
	m	Myślę, że się zakochałem po raz pierwszy.
	raz	-I think I'm really in love for the first time.
97	**albo**	**or**

	con	Chodzę do biblioteki dwa albo trzy razy na tydzień.
	albɔ	-I go to the library two or three times a week.
98	**prosty**	**simple, straight**
	adj	Ten problem nie jest taki prosty, jak się wydaje na początku.
	prɔstɨ	-The problem is not as simple as it might seem at first sight.
99	**dzień**	**day**
	m	Czekałem na ten dzień od dawna.
	d͡zɛɲ	-I've been waiting for this day for a long time.
100	**wy**	**you (pl)**
	prn	Jak wy się wszyscy tutaj znaleźliście?
	vɨ	-How did you all get here?
101	**myśleć**	**think** [myśleć, pomyśleć]
	vif	Nie oczekuj, że inni będą myśleć za ciebie!
	mɨɕlɛt͡ɕ	-Don't expect others to think for you!
102	**dać (się)**	**give; give in** [dawać, dać]
	vpf; vpfr	Bała się dać przemówienie.
	dat͡ɕ	-She was afraid to give a speech.
103	**czemu**	**why**
	prn	Czemu wciąż tu jesteście?
	t͡ʂɛmu	-Why are you still here?
104	**człowiek**	**man, human**
	m	To bardzo utalentowany człowiek.
	t͡ʂwɔviɛk	-He is a very talented man.
105	**przed**	**before**
	prp	Zapomniałem nakleić znaczek przed wysłaniem listu.
	pʂɛd	-I forgot to put on the stamp before I sent the letter.
106	**życie**	**life**
	n	Całe życie spędziłem w jednym mieście.
	ʐɨt͡ɕɛ	-I've spent all my life living in one city.
107	**robić**	**do** [robić, zrobić]
	vif	Co lubisz robić w wolnym czasie?
	rɔbit͡ɕ	-What do you like to do in your free time?
108	**niż**	**than**
	con	To było trudniejsze niż myślałem.
	ɲiʐ	-It was harder than I thought.
109	**rzecz**	**thing**
	f	Czemu powiedziałeś tak głupią rzecz?
	ʐɛt͡ʂ	-Why did you say such a stupid thing?
110	**przy**	**at, by, beside**
	prp	Usiadłem z nią przy ognisku.
	pʂɨ	-I sat beside her by the fire.
111	**oczywiście**	**of course**
	prt	Oczywiście, niewinni ludzie zostali wypuszczeni.
	ɔt͡ʂɨviɕt͡ɕɛ	-Of course, innocent people were released.
112	**nikt**	**nobody, no one**
	prn	Nikt nie może być pozbawiony prawa do życia.
	ɲikt	-No one can be denied the right to live.
113	**stąd**	**away, from here**
	prn	Wszyscy, którzy nie są stąd, wyjść stąd!
	stɔnd	-Everyone that is not from here, get away!

114	**jeden**	**one; one**
	nu; prn	To jeden z najpiękniejszych momentów w moim życiu.
	jɛdɛn	-This is one of the most beautiful moments in my life.
115	**mówić**	**speak** [mówić, —]
	vif	Mógłbyś mówić odrobinę wolniej?
	muviʨ	-Could you speak a little slower please?
116	**u**	**at, of**
	prp	Spotkajmy się u Johna.
	u	-Let's meet at John's.
117	**wtedy**	**then**
	prn	Nawet wtedy wierzyłem w swój awans.
	vtɛdɨ	-Even then, I still believed I would get the promotion.
118	**taki**	**so, such**
	prn	Proszę, nie bądź taki głośny.
	taki	-Don't be so noisy, please.
119	**aby**	**to, in order to**
	con	Otworzyła drzwi, aby wpuścić trochę powietrza.
	abɨ	-She opened the door in order to let some fresh air in.
120	**pod**	**under**
	prp	Pod żadnym warunkiem nie stój pod tym dachem.
	pɔd	-Under no circumstances do you get under this roof.
121	**dwa**	**two**
	nu	Czy możesz spojrzeć na te dwa zdjęcia i powiedzieć które jest lepsze?
	dva	-Can you look at these two pictures and tell me which one is better?
122	**temu**	**ago**
	prt	Jadłem obiad dwie i pół godziny temu.
	tɛmu	-I ate lunch two and a half hours ago.
123	**pewnie**	**confidently; most likely**
	adv; prt	Musisz prowadzić w sposób pewny.
	pɛvɲɛ	-You have to drive confidently.
124	**cóż**	**what; well**
	prn; prt	Cóż… cóż ja teraz zrobię?
	t͡suʃ	-Well… what am I going to do now?
125	**wszystek**	**every, all**
	prn	Wszystkie dzieci dawno już śpią.
	vʂɨstɛk	-All children are already asleep.
126	**cholera**	**damn (coll)**
	n	Cholera, znowu zgubiłem klucze.
	x̂ɔlɛra	-Damn, I lost my keys again.
127	**znaczyć**	**mean** [znaczyć, —]
	vif	To znaczy, że masz poważne kłopoty.
	znat͡ʂɨʨ	-This means you are in serious trouble.
128	**wyglądać**	**look** [wyglądać, wyglądnąć]
	vif	Jeśli zmienisz fryzurę, będziesz wyglądał o 10 lat młodziej.
	vɨglɔndaʨ	-If you change your hairstyle, you will look ten years younger.
129	**dziać się**	**happen** [dziać, —]
	vifr	Rzeczy takie jak ta nie mogą się tutaj dziać.
	d͡ʑaʨ	-Things like this aren't supposed to happen here.
130	**ile**	**how much/many/long**

	prn	Nie umiem powiedzieć dokładnie, ile to potrwa.
	ilɛ	-I can't tell you exactly how long it will take.
131	**iść**	**go** [iść, pójść]
	vif	Dokąd chcesz iść?
	iɕt͡ɕ	-Where do you want to go?
132	**potem**	**then, later**
	adv	Jesteśmy w kinie, a potem idziemy do restauracji.
	pɔtɛm	-We're in the cinema right now and later we're going to a restaurant.
133	**dziecko**	**child, baby**
	n	Dziecko płakało całą noc.
	d͡ʑɛtskɔ	-The baby cried all night.
134	**dlatego**	**therefore, for that reason**
	con	Jesteśmy w bunkrze, dlatego nie ma powodów do obaw.
	dlatɛgɔ	-We are in a bunker, therefore there is no reason to feel concerned.
135	**cały**	**all, whole**
	adj	Nie musisz mówić prawdy przez cały czas.
	t͡sawɨ	-You don't have to tell the truth all the time.
136	**skąd**	**where from, how**
	prn	Skąd miałem wiedzieć skąd jesteś?
	skɔnd	-How was I supposed to know where are you from.
137	**szybko**	**quickly, fast**
	adv	Mam nadzieję, że szybko wyzdrowiejesz.
	ʂɨbkɔ	-I hope you'll recover quickly.
138	**jako**	**as**
	prp	Stawał się coraz bardziej sławny jako krytyk.
	jakɔ	-He became more and more famous as a critic.
139	**kochanie**	**sweetheart, darling**
	n	Kochanie, musimy iść do sklepu. Brakuje nam mleka.
	kɔxaɲɛ	-Sweetheart, we need to go to the supermarket. We ran out of milk.
140	**stary**	**old; dude (coll)**
	adj; m	Stary nauczyciel zaczął mówić o starych dobrych czasach.
	starɨ	-The old teacher began to talk about the good old days.
141	**trzeba**	**need to, be necessary to**
	vb	Trzeba ci wiedzieć, że dużo czasu spędzam na czytaniu.
	t͡ʂɛba	-You need to know I spend a lot of time reading.
142	**miejsce**	**place**
	n	Liny otaczają to miejsce.
	miɛjst͡sɛ	-Ropes surround the place.
143	**można**	**be possible**
	vb	Można to zrobić zaraz?
	mɔʐna	-Is it possible to do it right now?
144	**jasny**	**bright**
	adj	Pokój jest bardzo jasny.
	jasnɨ	-The room is very bright.
145	**swój**	**one's own**
	prn	W końcu mam swój własny pokój.
	svuj	-Finally, I have a room of my own.
146	**zaraz**	**soon**
	prt	Pociąg zaraz przyjedzie.
	zaraz	-The train will arrive soon.

147	**wiele**	**many, much; a lot**
	nu; adv	W Europie jest wiele krajów, które chciałbym odwiedzić.
	vɛlɛ	-There are many countries in Europe that I'd like to visit.
148	**rozumieć (się)**	**understand** [rozumieć, zrozumieć]
	vif	Stopniowo zaczynała rozumieć.
	rɔzumiɛʈɕ	-She gradually began to understand.
149	**jakiś**	**some, kind of**
	prn	Ostatnio jestem jakiś smutny.
	jakiɕ	-I've been kind of sad lately.
150	**kochać (się)**	**love** [kochać, pokochać]
	vif	Nie mogę kochać nikogo poza tobą.
	kɔxaʈɕ	-I can't love anyone but you.
151	**dzisiaj**	**today**
	adv	Dzisiaj w końcu dostałem pieniądze.
	dʑɕaj	-Today I finally got my money.
152	**nad**	**on, over, above**
	prp	Ta góra wznosi się 3000 metrów nad poziom morza.
	nad	-The mountain is more than 3,000 meters above sea level.
153	**pomóc**	**help** [pomagać, pomóc]
	vpf	Czuję, że powinienem Ci pomóc.
	pɔ̃muʈɕ	-I feel that I should help you.
154	**przestać**	**stop** [przestawać, przestać]
	vpf	Czy moglibyście przestać rozmawiać?
	pʐɛstaʈɕ	-Could you please stop talking?
155	**jutro**	**tomorrow**
	adv	Nie jadę jutro na ryby.
	jutrɔ	-I'm not going fishing tomorrow.
156	**jaki**	**what, how**
	prn	Jaki gatunek wina pan poleca?
	jaki	-What kind of wine do you recommend?
157	**mama**	**mum**
	f	Moja mama zrobiła mi sweter na drutach.
	mama	-My mum made me a sweater.
158	**kilka**	**a few, some**
	prn	Natrafił w szafie na kilka starych dokumentów.
	kilka	-He came across a few old documents in the closet.
159	**przykro**	**sorry**
	adv	Przykro mi, ale teraz go nie ma.
	pʐɨkrɔ	-Sorry, but he is out now.
160	**ojciec**	**father**
	m	Jest wysoki jak mój ojciec.
	ɔjʈɕɛts	-He is as tall as my father.
161	**widzieć (się)**	**see, meet** [widzieć, widywać]
	vif	Spadaj, John! Nie chcę się tu więcej widzieć.
	vidʑɛʈɕ	-John, get lost! I don't want to see you here again.
162	**zbyt**	**too**
	adv	Nie sądzisz, że wszyscy nasi politycy są zbyt starzy?
	zbɨt	-Don't you think that all our politicians are too old?
163	**zobaczyć (się)**	**see, meet** [—, zobaczyć]

	vpf2	Wstaliśmy wcześnie, żeby móc zobaczyć wschód słońca.
	zɔbaʈ͡ʂiʈɕ	-We got up early so that we could see the sunrise.
164	**ani**	**neither, nor, or**
	con	Nie ma tutaj ani ogrzewania, ani prądu.
	aɲi	-They have neither heating nor electricity here.
165	**tyle**	**so many/much, as many/much**
	prn	Nie wiedziałem, że mam tylu wrogów.
	tɨlɛ	-I didn't know I have so many enemies.
166	**trzy**	**three**
	nu	Wczoraj złowiłem trzy ryby.
	t͡ʂɨ	-I caught three fish yesterday.
167	**sposób**	**way**
	m	Nie wiem dlaczego mówimy to w ten sposób, tak po prostu jest.
	spɔsub	-I don't know why we say it this way, we just do.
168	**tata**	**dad**
	m	Tata zbiera swoje skarpetki rozrzucone po całym pokoju.
	ˈtata	-Dad is picking his socks scattered around the room.
169	**późno**	**late**
	adv	Lepiej późno niż wcale.
	puʑnɔ	-Better late than never.
170	**pieniądz**	**money**
	m	Pieniądz nie śmierdzi.
	piɛɲɔnd͡ʐ	-Money does not smell.
171	**kiedyś**	**once, ever, someday**
	adv	Czy już kiedyś podróżowałeś samolotem?
	kiɛdɨɕ	-Have you ever traveled by plane?
172	**zanim**	**before**
	con	Przybędziemy na miejsce zanim się ściemni.
	zaɲim	-By the time the sun sets, we will arrive at the destination.
173	**praca**	**work, job**
	f	Nauka angielskiego to ciężka praca.
	prat͡sa	-Learning English is hard work.
174	**świetnie**	**excellently**
	adv	Moja żona świetnie zajmuje się domem.
	ɕviɛtɲɛ	-My wife takes care of the house excellently.
175	**na pewno**	**certainly, surely**
	phr	Zrobię to na pewno.
	pɛvnɔ	-I'll certainly do this.
176	**długo**	**long**
	adv	Wiem, że czekasz już bardzo długo, ale mógłbyś poczekać jeszcze trochę?
	dwugɔ	-I know you've been waiting a long time, but could you wait just a little bit longer?
177	**och**	**oh**
	i	Och, nie mamy już cukru.
	ɔx	-Oh, we're out of sugar.
178	**ponieważ**	**because**
	con	Jestem tu, ponieważ chcę otworzyć konto bankowe.
	pɔɲɛvaʐ	-I'm here because I want to open a bank account.
179	**aż**	**until; so**

	con; prt	Proszę, wytrzymaj, aż skończę opowiadać.
	aż	-Please bear with me until I finish the story.
180	**noc**	**night**
	f	Płakała całą noc.
	nɔt͡s	-She cried all night.
181	**każdy**	**every, each**
	prn	Każdy z nich zna każdy rodzaj samochodu.
	kaʐdɨ	-Each of them knows every type of car.
182	**znowu**	**again**
	adv	Musisz znowu spróbować.
	znɔvu	-You have to try again.
183	**oh**	**oh**
	i	Oh, o to ci chodzi.
	ɔx	-Oh, that's what you mean.
184	**imię**	**name**
	n	Mam na imię Jack.
	imiɛ̃	-My name is Jack.
185	**nadzieja**	**hope**
	f	Nadzieja to cichy głosik szepczący „może", kiedy wydaje się, że cały świat krzyczy „nie!".
	nad͡ʑɛja	-Hope is a little voice whispering "maybe" when it seems the entire world is shouting "no"!
186	**spokój**	**calm**
	m	Gdy tylko tu przychodzę, odczuwam spokój.
	spɔkuj	-Whenever I come here, I feel calm.
187	**słuchać (się)**	**listen; obey** [słuchać, posłuchać]
	vif; vifr	Najbardziej głusi są ci co nie chcą słuchać.
	swux̑at͡ɕ	-Most deaf are those, who don't want to listen.
188	**racja**	**right; ration**
	f	Masz rację, musimy równo rozdzielić racje.
	rat͡sja	-You are right, we have to distribute the rations equally.
189	**spojrzeć (się)**	**look** [spoglądać, spojrzeć]
	vpf2	Powinniśmy spojrzeć na tę sprawę z punktu widzenia dziecka.
	spɔjʐɛt͡ɕ	-We should look at the problem from a child's point of view.
190	**znać (się)**	**know; know how** [znać, —]
	vif; vifr	Turek dał mi znać, że zna się na komputerach.
	znat͡ɕ	-The Turkish let me know he knows how to operate a computer.
191	**pierwszy**	**first**
	adj	Kiedy pierwszy raz pojechałem do Hiszpanii, wszystko było dla mnie ekscytujące.
	piɛrvʂɨ	-Everything was exciting to me when I visited Spain for the first time.
192	**koniec**	**end**
	m	To już koniec dzisiejszego odcinka.
	kɔɲɛt͡s	-This marks the end of today's episode.
193	**posłuchać (się)**	**listen; obey** [słuchać, posłuchać]
	vpf; vpfr	Posłuchaj, powinieneś posłuchać się zaleceń lekarza.
	pɔswux̑at͡ɕ	-Listen, you ought to obey the doctor's prescription.
194	**problem**	**problem**
	m	Jaki jest twój problem?
	prɔblɛm	-What's your problem?

195	**przecież**	**yet, but**
	prt	Przecież ci mówiłem,że koncert będzie nudny. Czemu mi nie wierzyłeś?
	p̿ʂɛt͡ɕɛʐ	-But I told you the concert was going to be boring. Why didn't you believe me?

195 **przecież** — yet, but
prt
p̿ʂɛt͡ɕɛʐ
Przecież ci mówiłem,że koncert będzie nudny. Czemu mi nie wierzyłeś?
-But I told you the concert was going to be boring. Why didn't you believe me?

196 **nasz** — our
prn
naʂ̿
Jeśli wkrótce nie spadnie deszcz, nasz ogród wyschnie.
-If it doesn't rain soon, our garden is going to dry up.

197 **drzwi** — door
fpl
d͡ʐvi
John, otwórz drzwi.
-John, open the door.

198 **miło** — nice, pleasantly
adv
miwɔ
Miło mi będzie znowu się z tobą spotkać.
-It's going to be nice seeing you again.

199 **czuć (się)** — feel [czuć, poczuć]
vif2
t͡ʂut͡ɕ
Przeszłość możemy znać, ale przyszłość możemy tylko czuć.
-We can know the past, but the future we can only feel.

200 **żyć** — live [żyć, —]
vif
ʐɨt͡ɕ
Umieranie to nic, więc zacznij żyć - to mniej zabawne i trwa dłużej.
-Dying is nothing. So start living, it's less funny and it lasts longer.

201 **jeżeli** — if
con
jɛʐɛli
Gra zostanie rozegrana, nawet jeżeli będzie padało.
-The game will be played even if it rains.

202 **gdyby** — if
con
gdɨbɨ
Gdyby śnieg spadł w maju byliby tym zaskoczeni.
-If it snowed in May, they would be surprised.

203 **potrzebować** — need [potrzebować, —]
vif
pɔt͡ʂɛbɔvat͡ɕ
Szacuję, że będziemy potrzebować dwóch dni na ukończenie pracy.
-I estimate that we'll need two days to finish the work.

204 **zostać** — become, stay [zostawać, zostać]
vpf
zɔstat͡ɕ
Czasem się zastanawiam, czy nie powinienem był zostać w Warszawie.
-Sometimes I wonder if I shouldn't have stayed in Warsaw.

205 **wciąż** — still, constantly
adv
ft͡ɕɔ̃ʐ
W jakimś sensie masz rację, ale wciąż mam wątpliwości.
-In a way you are right, but I still have doubts.

206 **dokładnie** — exactly
adv
dɔkwadɲɛ
Wiem dokładnie, czego potrzebujesz.
-I know exactly what you need.

207 **zamknąć (się)** — close, lock up [zamykać, zamknąć]
vpf2
zamknɔɲt͡ɕ
Nigdy nie zapominaj zamknąć zamka, kiedy idziesz spać.
-Never fail to lock the door when you go to bed.

208 **chwila** — moment
f
x̂vila
Anglik, Belg i Holender wchodzą do pubu i siadają przy barze. Chwila, to jakiś żart czy co?
-An Englishman, a Belgian and a Dutchman enter a pub and sit down at the counter. Wait a minute, is this a joke or what?

209 **samo** — Itself
adv
samɔ
To dziecko samo się uderzyło.
-This kid just hit itself.

210 **nadal** — still

	adv	Nadal uważam, że Internet nie jest miejscem dla dzieci.
	nadal	-I still believe the Internet is not the right place for children.
211	**zabić (się)**	**kill** [zabijać, zabić]
	vpf2	Przybywam by cię zabić.
	zabit͡ɕ	-I have come to kill you.
212	**lub**	**or**
	con	Gotów lub nie, oto jestem.
	lub	-Ready or not, here I come.
213	**lubić**	**like** [lubić, polubić]
	vif	Nie rozumiem, jak możesz lubić tę knajpę.
	lubit͡ɕ	-I can't believe that you like that restaurant.
214	**podobać się**	**like** [podobać, spodobać]
	vifr	Powiedziałem Johnowi, że nie będzie mu się tu podobać.
	pɔˈdɔbat͡ɕ‿ɕɛ	-I told John he wouldn't like it here.
215	**minuta**	**minute**
	f	Liczy się każda minuta.
	minuta	-Every minute counts.
216	**bądź**	**or; -ever**
	con; prt	Możemy się spotkać u mnie, bądź gdzie bądź indziej.
	bɔnd͡ʑ	-We can meet at my place or wherever else.
217	**gdzieś**	**somewhere**
	prn	Powinniśmy wyjść gdzieś wieczorem.
	ɡd͡ʑɛɕ	-We ought to go out somewhere tonight.
218	**znaleźć (się)**	**find** [znajdować, znaleźć]
	vpf2	Teraz nie jest już tak trudno znaleźć kogoś do pomocy.
	znalɛɕt͡ɕ	-It's not as difficult to find someone to help you as it used to be.
219	**poza**	**apart from, out; pose**
	prp; f	Poza tym, kiedy ostatnio byłeś poza domem?
	pɔza	-Apart from that, where was the last time you were out of your house?
220	**spokojnie**	**calmly, calm**
	adv	Możesz spać spokojnie, tutaj jest bardzo spokojnie.
	spɔkɔjɲɛ	-You can sleep calmly, it's very calm in here.
221	**wcześnie**	**early**
	adv	Rak jest uleczalny, jeśli jest wcześnie wykryty.
	vt͡ʂɛɕɲɛ	-Cancer can be cured if discovered early.
222	**prawie**	**almost**
	adv	Moja praca jest prawie skończona.
	praviɛ	-My work is almost finished.
223	**wydawać (się)**	**spend; seem** [wydawać, wydać]
	vif; vifr	Wydaje się, że wydałem wszystkie pieniądze.
	vɨˈdavat͡ɕ	-It seems I have already spent all of my money.
224	**mały**	**small, little**
	adj	Ten pokój jest dla nas za mały.
	mawɨ	-This room is too small for us.
225	**facet**	**guy (coll)**
	m	Skąd wiedziałeś, że ten facet to glina?
	fat͡sɛt	-How did you know that guy was a cop?
226	**żaden**	**none; nothing**

	prn; adj	Żaden inny chłopiec w klasie nie jest wyższy.
	ʐadɛn	-None of the boys in the class are taller.
227	**ciągle**	**still**
	adv	Myślisz, że ona ciągle o mnie myśli?
	t͡ɕɔŋglɛ	-Do you think she still thinks about me?
228	**broń**	**weapon, gun**
	f	Uważaj, on ma broń.
	brɔɲ	-Watch out, the man has a gun.
229	**pomoc**	**help**
	f	Jak śmiesz prosić mnie o pomoc?
	pɔmɔt͡s	-How dare you ask me for help!
230	**czekać**	**wait** [czekać, poczekać]
	vif	Po co czekać na Święta?
	t͡ʂɛkat͡ɕ	-Why wait for Christmas?
231	**oko**	**eye**
	n	Jest ślepy na jedno oko.
	ɔkɔ	-He is blind in one eye.
232	**wziąć (się)**	**take; take up** [brać, wziąć]
	vpf; vpfr	Nie zapomnij wziąć okularów.
	vzɔɲt͡ɕ	-Don't forget to take your glasses.
233	**halo**	**hello**
	i	Halo, jest tam kto?
	xalɔ	-Hello, is anybody there?
234	**dość**	**quite, enough; enough**
	nu; i	George is dość gadatliwy.
	dɔɕt͡ɕ	-George is quite talkative.
235	**inny**	**different, other**
	prn	On jest dziś jakiś inny.
	innɨ	-He's being kind of different today.
236	**pomysł**	**idea**
	m	Cóż za wspaniały pomysł!
	pɔmɨsw	-What a great idea!
237	**jakby**	**as if; kind of**
	con; prt	Wypiłem wczoraj tak dużo alkoholu, że czuję, jakby moja głowa miała pęknąć.
	ˈjagbɨ	-I drank so much alcohol yesterday that my head feels as if it will explode.
238	**trzymać (się)**	**hold, keep** [trzymać, —]
	vif2	Nie mógł dłużej trzymać nerwów na wodzy.
	t͡ʂɨmat͡ɕ	-He couldn't hold his temper any longer.
239	**porozmawiać**	**talk** [—, porozmawiać]
	vpf	John mówi, że chce tylko z tobą porozmawiać.
	ˌpɔrɔzˈmavʲjät͡ɕ	-John says he only wants to talk to you.
240	**pamiętać (się)**	**remember** [pamiętać, zapamiętać]
	vif	Zanotuj sobie, że to trzeba pamiętać.
	pamiɛntat͡ɕ	-Make a note that this thing is to be remembered.
241	**powód**	**reason**
	m	Jakie jest prawdziwy powód, dla którego tu jesteś?
	pɔvud	-What's the real reason you're here?
242	**oto**	**here; that's**
	prn; prt	Oto i panna młoda.
	ɔtɔ	-Here comes the bride.

243	**napis**	**inscription, caption**
	m	Spójrz na napis na ścianie.
	napis	-Look at the inscription on the wall.
244	**jednak**	**however**
	con	Jednak, to zagadnienie nie jest tak proste jak się wydaje.
	jɛdnak	-However, this matter is not as easy as it looks.
245	**świat**	**world**
	m	Świat stoi dla ciebie otworem, eksploruj go!
	ɕviat	-The world is waiting for you, go explore it!
246	**pokój**	**room; peace**
	m; m	Sprzątałem pokój całe przedpołudnie.
	pɔkuj	-I've spent the entire morning cleaning my room.
247	**sprawa**	**matter, case**
	f	Rozwiązanie tej sprawy wymaga eksperckiej wiedzy.
	sprava	-Solving this case requires expert knowledge.
248	**samochód**	**car**
	m	On uczy się prowadzić samochód.
	samɔxud	-He is learning to drive a car.
249	**wystarczyć**	**be enough, suffice** [wystarczać, wystarczyć]
	vpf	To nie wystarczy, by mnie pokonać.
	vɨˈstartʃɨtɕ	-This is not enough to beat me.
250	**pewien**	**a; sure**
	prn; adj	Pewien człowiek twierdził, że zawsze jest pewien swojej racji.
	pɛviɛn	-There was a man who claimed he had always been sure he's right.
251	**źle**	**badly, wrong**
	adj	Nauczyciel powiedział mi, że odpowiedziałam źle.
	ʑlɛ	-The teacher told me I gave the wrong answer.
252	**pozwolić**	**let** [pozwalać, pozwolić]
	vpf	Może powinniście pozwolić Johnowi jechać do Gdańska, tak jak tego chce.
	pɔˈzvɔlʲitɕ	-Maybe you should let John go to Gdańsk like he wants to.
253	**numer**	**number**
	m	Chyba mam zły numer.
	numɛr	-I seem to have the wrong number.
254	**droga**	**way, road**
	f	Ta droga jest długa
	drɔga	-The road is long.
255	**dokąd**	**where**
	prn	Czy wiesz dokąd idziemy?
	dɔkɔnd	-Do you know where we're going?
256	**miłość**	**love**
	f	Miłość jest ślepa, za to zazdrość widzi nawet to, czego nie ma.
	miwɔɕtɕ	-Love is blind, but jealousy can see even nonexistent things.
257	**matka**	**mother**
	f	Matka przelała mi pieniądze.
	matka	-My mother has transferred some money to me.
258	**rano**	**early; morning**
	adv; n	Mama zawsze wstaje wcześnie rano.
	ranɔ	-Mother always gets up in the morning.
259	**patrzeć (się)**	**look, watch** [patrzeć, popatrzeć]

	vif2	John lubi patrzeć, jak Jane tańczy.
	patʂɛ̃tɕ	-John likes to watch Jane dance.
260	**nowy**	**new**
	adj	Chciałbym wypróbować ten nowy model, zanim go kupię.
	nɔvɨ	-I'd like to try out this new model before I buy it.
261	**bóg**	**god**
	m	Na początku Bóg stworzył niebiosa i ziemię.
	bug	-In the beginning God created the heavens and the earth.
262	**dziewczyna**	**girl**
	f	Ta dziewczyna wyrosła na szczupłą kobietę.
	dʑɛvʧɨna	-The girl has grown into a slender woman.
263	**prawo**	**right; law**
	n	Tam droga ostro skręca w prawo.
	pravɔ	-The road makes a sharp right turn there.
264	**zostawić**	**leave** [zostawiać, zostawić]
	vpf	Czy mogę zostawić mój numer telefonu?
	zɔˈstavʲitɕ	-May I leave my phone number?
265	**kobieta**	**woman**
	f	Kobieta w białym jest sławną aktorką.
	kɔˈbʲjɛta	-The woman in white is a famous actress.
266	**uważać (się)**	**consider, be careful** [uważać, —]
	vif2	Zawsze uważałem cię za skromnego człowieka.
	uvaʐatɕ	-I've always considered you a modest man.
267	**najpierw**	**firstly, at first**
	adj	Najpierw myślałem, że jest szalony. Potem go zrozumiałem.
	ˈnajpʲjɛrf	-At first I thought he's crazy. Then I started to understand him.
268	**właściwie**	**in fact; properly**
	prt; adv	Właściwie, robisz to właściwie.
	vwaɕtɕiviɛ	-In fact, you're doing it properly.
269	**również**	**also, as well as**
	prt	Produkujemy cukierki, ale również batoniki.
	ruvɲɛʐ	-We produce candy as well as chocolate bars.
270	**diabeł**	**devil**
	m	Diabeł tkwi w szczegółach.
	diabɛw	-The devil is in the details.
271	**ręka**	**hand**
	f	Twoja ręka jest zimna jak lód.
	rɛŋka	-Your hand is as cold as ice.
272	**znów**	**again**
	adv	Dzisiaj wychodzę znów na mecz, tylko że wcześniej, niż wczoraj.
	znuf	-Today I'm going to a game again, but I need to set off earlier than yesterday.
273	**wczoraj**	**yesterday**
	adv	Dzwoniłem do niego wczoraj.
	vʧɔraj	-I called him up yesterday.
274	**sądzić**	**think, judge** [sądzić, osądzić]
	vif	Nie wolno sądzić ludzi po pozorach.
	sɔndʑitɕ	-Don't judge people by their appearance.
275	**śmierć**	**death**

	f	Śmierć jest jedynie horyzontem. A horyzont to tylko ograniczenie naszego pola widzenia.
	ɕmiɛrtɕ	-Death is only a horizon, and a horizon is nothing save the limit of our sight.
276	**podczas**	**while, during**
	prp	Milion ludzi straciło życie podczas wojny.
	pɔdt͡ʂas	-A million people lost their lives during the war.
277	**całkiem**	**quite, completely**
	adv	Całkiem nieźle, udało ci się całkiem go zdezorientować.
	t͡sawkiɛm	-You did quite well. You managed to confuse him completely.
278	**żona**	**wife**
	f	Jego żona pochodzi z Poznania.
	ʐɔna	-His wife comes from Poznań.
279	**pójść**	**go** [iść, pójść]
	vpf	Chciałbyś pójść na film?
	pujɕtɕ	-Would you like to go watch a movie?
280	**Jezus**	**Jesus**
	m	Następnego dnia Jezus zdecydował się wyruszyć do Galilei.
	jɛzus	-The next day Jesus decided to leave for Galilee.
281	**witać (się)**	**greet, welcome** [witać, powitać]
	vif2	Witam cię w moim domu!
	vitatɕ	-I welcome you to my house!
282	**telefon**	**telephone**
	m	Telefon to jednak genialny wynalazek.
	tɛlɛfɔn	-The telephone is one wonderful device.
283	**także**	**also, as well as**
	prt	Dałem mu nie tylko radę, ale także trochę pieniędzy.
	tagʐɛ	-I not only gave him some advice, but also some money.
284	**poważnie**	**seriously, serious**
	adv	Nie bierz tego na poważnie. To tylko gra.
	pɔvaʐɲɛ	-Don't take it so serious. It's just a game.
285	**skoro**	**since, if; as soon as**
	con; adj	Skoro tak mówisz, wyruszymy skoro świt.
	skɔrɔ	-If you say so, we're going to leave as soon as it's sunrise.
286	**wina**	**fault, guilt**
	f	To wszystko twoja wina!
	vinɔ	-It's all your fault!
287	**dobranoc**	**goodnight**
	i	Powiedziała „dobranoc" i wróciła do domu.
	dɔˈbrãnɔt͡s	-She said „goodnight" and went back home.
288	**para**	**couple; steam**
	f; f	Dwoje to para, troje to tłum.
	para	-Two is a couple, three is a crowd.
289	**serce**	**heart**
	n	Będzie potrzebny przeszczep serca.
	sɛrt͡sɛ	-Heart transplantation is required.
290	**inaczej**	**unlike, or else, otherwise**
	adv	Inaczej niż reszta, kupiłem sobie ciepłe buty.
	inat͡ʂɛj	-Unlike the rest of them, I bought myself warm shoes.
291	**martwić (się)**	**worry, bother; worry** [martwić, zmartwić]

	vif; vifr	Chciałabym być bogata i nie musieć się martwić o pieniądze.
	martvitɕ	-I'd like to be rich and not have to worry about money.
292	**pytanie**	**question**
	n	John chciał zadać Jane pytanie.
	pɨtaɲɛ	-John wanted to ask Jane a question.
293	**pięć**	**five**
	nu	Mija pięć lat, odkąd przyjechałem do Tokio.
	piɛɲtɕ	-It's been five years since I came to Tokyo.
294	**grać**	**play** [grać, zagrać]
	vif	Einstein kochał grać na skrzypcach.
	gratɕ	-Einstein loved playing the violin.
295	**natychmiast**	**immediately**
	adv	Natychmiast zamelduj się u sierżanta!
	natɨx̑miast	-Report to the sergeant immediately!
296	**wrócić (się)**	**come back** [wracać, wrócić]
	vpf2	Teraz muszę wrócić do pracy.
	ˈvrutɕitɕ	-I have to come back to work now.
297	**cokolwiek**	**anything, whatever**
	prn	John mógł zrobić cokolwiek tylko chciał.
	tsɔkɔlviɛk	-John could have done anything he wanted.
298	**wierzyć**	**believe** [wierzyć, uwierzyć]
	vif	Chciałbym wierzyć.
	viɛʐɨtɕ	-I want to believe.
299	**wcale**	**not at all**
	adv	Niemcy nie mają poczucia humoru? To wcale nie jest śmieszne.
	vtsalɛ	-Germans have no sense of humor? That's not funny at all.
300	**wieczór**	**evening**
	m	Co za spokojny wieczór.
	viɛtʂur	-What a calm evening.
301	**ważny**	**important**
	adj	Myślę, że ten fakt jest bardzo ważny.
	vaʐnɨ	-I think that fact is very important.
302	**wielki**	**big, huge, great**
	adj	Jaki wielki pies!
	viɛlki	-What a huge dog!
303	**dopiero**	**only, just**
	prt	Dopiero wstałem. Daj mi kilka minut na przygotowanie się.
	dɔpiɛrɔ	-I just got up. Give me a few minutes to get ready.
304	**ziemia**	**Earth, ground**
	f	Kopernik pokazał, że Ziemia kręci się dokoła Słońca.
	ʑɛmia	-Copernicus taught that the Earth moves around the Sun.
305	**poznać (się)**	**meet, get to know** [poznawać, poznać]
	vpf2	Chciałbym poznać twoją rodzinę.
	pɔznatɕ	-I'd like to meet your family.
306	**słowo**	**word**
	n	Jedno słowo, a dostaniesz szlaban!
	swɔvɔ	-One word and you're grounded!
307	**gówno**	**shit (coll)**
	n	Uważaj, psie gówno!
	guvnɔ	-Watch out, there's a dog shit over there!

308	**dolar**	**dollar**
	m	Dolar ustabilizował się po zniżce.
	dɔlar	-The dollar stabilized after falling.
309	**zobaczenie**	**see**
	n	Do zobaczenia!
	zɔbat͡ʂɛɲɛ	-See you again!
310	**wspaniale**	**great, splendidly**
	adv	Wspaniale! Wykonałeś to zadanie wspaniale.
	vspaɲalɛ	-Great! You have carried out this task splendidly.
311	**nieźle**	**well, nice, not bad**
	adv	Nieźle zarabia.
	ɲɛʑlɛ	-He has a nice income.
312	**między**	**between**
	prp	Czy podjadanie między posiłkami naprawdę jest tak niezdrowe?
	mjɛnd͡ʐɨ	-Is eating between meals really bad for your health?
313	**dostać (się)**	**get; get to** [dostawać, dostać]
	vpf; vpfr	Przepraszam, jak mogę dostać się do centrum?
	dɔstat͡ɕ	-Please, how can I get to the center?
314	**powinien**	**should**
	av	Powinien odpokutować za swoje grzechy.
	pɔviɲɛn	-He should atone for his sins.
315	**dawać**	**give; come on (coll)** [dawać, dać]
	vif; i	Dawaj! Musimy dawać to jedzenie potrzebującym.
	ˈdavat͡ɕ	-Come on! We have to give this food to the people in need.
316	**dopóki**	**until, while**
	con	Nie chcę tego, dopóki nie nadejdzie jutro.
	dɔpuki	-I don't want that until tomorrow.
317	**chłopak**	**boy**
	m	Chłopak zaczął hałasować.
	x̂wɔpak	-The boy began to make noise.
318	**poczekać**	**wait** [czekać, poczekać]
	vpf	Możemy poczekać jeszcze chwilkę?
	pɔt͡ʂɛkat͡ɕ	-Can't we wait a little bit longer?
319	**przynajmniej**	**at least**
	adv	Mam przynajmniej jeden dom.
	pʐɨnajmɲɛj	-I have at least one house.
320	**nazywać (się)**	**call; to be named** [nazywać, nazwać]
	vif; vifr	Czy mogę nazywać cię Bob?
	naˈzɨvat͡ɕ	-Can I call you Bob?
321	**super**	**great; awesome; great**
	adj; adv; i	To jest super.
	ˈsupɛr	-That's great.
322	**szczęście**	**happiness, luck**
	n	Aby osiągnąć w życiu szczęście, trzeba mieć trochę szczęścia.
	ʂt͡ʂɛɕt͡ɕɛ	-To reach happiness in life, you need some luck.
323	**godzina**	**hour**
	f	Siedzimy tu już 4 godziny.
	gɔd͡ʑna	-We've been here for 4 hours now.
324	**zabrać (się)**	**take; take up** [zabierać, zabrać]

	vpf; vpfr	Muszę zabrać syna do lekarza.
	ˈzabratɕ	-I have to take my son to the doctor.
325	**powrót**	**return**
	m	Modliła się o powrót syna.
	pɔvrut	-She prayed for her son's return.
326	**syn**	**son**
	m	Mój syn jest wyższy ode mnie.
	sɨn	-My son is taller than me.
327	**lecz**	**but**
	con	Miał wrócić do domu, lecz poszedł na imprezę.
	lɛtʃ	-He was supposed to come back home, but he decided to go to the party.
328	**udać (się)**	**pretend; succeed; go** [udawać, udać]
	vpf; vpfr; vpfr	Udało się! Teraz mogę udać się do domu i udawać, że pracuję.
	udatɕ	-I have succeeded! Now I can go home and pretend I'm working.
329	**działać**	**work** [działać, —]
	vif	Mój telewizor przestał działać.
	dʑawatɕ	-My TV has stopped working.
330	**ogół**	**entirety, society**
	m	Ogół tych zjawisk odnosi się do ogółu społeczeństwa.
	ɔguw	-The entirety of these phenomena refers to society.
331	**szkoła**	**school**
	f	Gdzie jest Twoja szkoła?
	ʂkɔwa	-Where is your school?
332	**możliwy**	**possible**
	adj	Ten scenariusz nie jest możliwy.
	mɔʐlivɨ	-This scenario is not possible.
333	**wyjść**	**exit, go out** [wychodzić, wyjść]
	vpf	Nie możesz teraz wyjść.
	vɨjɕtɕ	-You mustn't go out now.
334	**skarb**	**treasure; darling**
	m; m	Kto znalazł przyjaciela, skarb znalazł.
	skarb	-Who finds a friend, finds a treasure.
335	**ostatni**	**last**
	adj	Spóźniłem się na ostatni pociąg.
	ɔstatɲi	-I missed the last train.
336	**cztery**	**four**
	nu	Ona czyta średnio trzy lub cztery książki tygodniowo.
	tʂtɛrɨ	-She reads three or four books a week on average .
337	**doktor**	**doctor (coll), PhD**
	m	Doktor mnie wyleczył.
	dɔktɔr	-The doctor cured me.
338	**mąż**	**husband**
	m	Chciała, by mąż już wrócił do domu.
	mɔ̃ʐ	-She yearned for her husband to come home.
339	**przeciwko**	**against**
	prp	Dzisiejszy mecz to Lech Poznań przeciwko Legii Warszawa.
	pʐɛtɕifkɔ	-Tonight's game is Lech Poznań against Legia Warszawa.
340	**zgadzać się**	**agree, allow** [zgadzać, zgodzić]
	vifr	Zgadzam się, trzeba kupić więcej wody.
	ˈzgadzatɕ	-I agree, we need to buy more water.

341	**brzmieć**	**sound** [brzmieć, zabrzmieć]
	vif	Bardzo łatwo brzmieć naturalnie w swoim ojczystym języku.
	b\u0290miɛ\u0255tɕ	-It's very easy to sound natural in your own language.
342	**raczej**	**rather**
	adv	To jest raczej sala, a nie pokój.
	ratʂɛj	-It is a hall rather than a room.
343	**ciało**	**body**
	n	Trucizna przeniknęła całe ciało.
	tɕawɔ	-The poison has spread through the whole body.
344	**należeć (się)**	**belong, own; deserve** [należeć, —]
	vif; vifr	Królowi należy się szacunek.
	nalɛʐɛtɕ	-The king deserves respect.
345	**miasto**	**city, town**
	n	Całe miasto było bez prądu.
	miastɔ	-The whole town was blown out.
346	**brat**	**brother**
	m	Mój brat ma dobrą pamięć.
	brat	-My brother has a good memory.
347	**cieszyć (się)**	**delight; enjoy** [cieszyć, ucieszyć]
	vif; vifr	Cieszy mnie, że w końcu cieszysz się życiem.
	tɕɛʂitɕ	-I am delighted you finally enjoy your life.
348	**rozmawiać**	**talk, chat** [rozmawiać, —]
	vif	On sam nie chciał z nią rozmawiać.
	rɔzmaviatɕ	-He himself refused to talk to her.
349	**wybaczyć**	**forgive, excuse** [wybaczać, wybaczyć]
	vpf	Proszę mi wybaczyć, że przerywam.
	vɨˈbatʂitɕ	-Excuse me for interrupting you.
350	**twarz**	**face**
	f	Nie podoba mi się jej twarz.
	tvaʂ	-I don't like her face.
351	**pojęcie**	**concept, idea**
	n	Nie masz pojęcia, jak wiele znaczeń ma to pojęcie.
	pɔjɛntɕɛ	-You have no idea how many meanings this concept has.
352	**głowa**	**head**
	f	Twoja głowa jest taka duża!
	gwɔva	-Your head is so big!
353	**dziwny**	**strange, weird**
	adj	To bardzo dziwny list.
	dʑivnɨ	-This is a very strange letter.
354	**woda**	**water**
	f	Jaka tu jest woda?
	vɔda	-How's the water here?
355	**pół**	**half**
	nu	Przetnij to na pół.
	puw	-Cut it in half.
356	**wiadomość**	**message, text**
	f	Chce pan zostawić wiadomość?
	viadɔmɔɕtɕ	-Would you like to leave a message?
357	**policja**	**police**

	f	Policja zaczęła badać sprawę zabójstwa.
	pɔlitsja	-The police started to look into the murder case.
358	**strona**	**page, side**
	f	Niech będzie wysłuchana i druga strona.
	strɔna	-Let's hear the other side.
359	**litr**	**liter**
	m	Dzisiaj wypiłem już litr wody.
	litr	-I've already drunk one liter of water today.
360	**widzenie**	**vision**
	n	Migrena może powodować zawężenie pola widzenia.
	vidẑɛɲɛ	-Migraine can cause loss of peripheral vision.
361	**ruszać (się)**	**move** [ruszać, ruszyć]
	vif2	Nie mogę się ruszać.
	ruŝaʨ	-I can't move.
362	**wracać**	**return, come back** [wracać, wrócić]
	vif	Czy nie czas, żeby wrócił do domu?
	vratsaʨ	-Isn't it about time for him to come back home?
363	**popatrzeć (się)**	**have a look** [patrzeć, popatrzeć]
	vpf2	Pozwól mi popatrzeć.
	pɔpatẑɛʨ	-Let me have a look.
364	**plan**	**plan**
	m	Ten nowy plan oparty jest na naszym pomyśle.
	plan	-The new plan is based on our idea.
365	**kiedykolwiek**	**ever, whenever**
	adv	Byłeś kiedykolwiek w Szczecinie?
	kiɛdɨkɔlviɛk	-Have you ever been to Szczecin?
366	**wejść**	**enter, come in** [wchodzić, wejść]
	vpf	Czy mogę wejść do środka?
	vɛjɕʨ	-Can I come in?
367	**zewnątrz**	**outside**
	prp	Zostanę raczej w domu, niż wyjdę na zewnątrz w deszcz.
	zɛvnɔntẑ	-I would rather stay at home than go outside in the rain.
368	**uwierzyć**	**believe** [wierzyć, uwierzyć]
	vpf	Nie mogę uwierzyć, że nie byłeś pod takim wrażeniem jak ja.
	uviɛẑɨʨ	-I can't believe you weren't as impressed as I was.
369	**zły**	**bad, wrong**
	adj	Śmiech jest najefektowniejszym antydotum na zły humor
	zwɨ	-Laughing is the most effective antidote to bad temper.
370	**kapitan**	**captain**
	m	Kapitan tchnął nowe życie w swą zmęczoną załogę.
	kapitan	-The captain breathed new life into his tired crew.
371	**gotowy**	**ready**
	adj	Nie jestem jeszcze gotowy.
	gɔtɔvɨ	-I am not ready yet.
372	**obchodzić (się)**	**celebrate, care; handle** [obchodzić, obejść]
	vif; vifr	Nie obchodzi mnie to! Potrafię obchodzić się ze zwierzętami.
	ɔbxɔdʑʨ	-I don't care. I can handle animals with care.
373	**jechać**	**drive, go** [jechać, pojechać]
	vif	Tak, możemy jechać.
	jɛxaʨ	-Yes, we can go.

374	**rodzina**	**family**
	f	Zważa na to, by jej rodzina miała zrównoważoną dietę.
	rɔd͡zna	-She makes sure that her family eats a balanced diet.
375	**środek**	**center, middle**
	m	On uważa się za środek wszechświata.
	ɕrɔdɛk	-He considers himself the center of the universe.
376	**film**	**movie**
	m	Wątpliwe, by ten film zarobił dużo.
	film	-It's unlikely that that movie will make a lot of money.
377	**spać**	**sleep** [spać, —]
	vif	Próbuję spać.
	spat͡ɕ	-I'm trying to sleep.
378	**zupełnie**	**completely**
	adv	Zupełnie zapomniałem, żeby zrobić nam coś do jedzenia.
	zupɛwɲɛ	-I completely forgot to make something for us to eat.
379	**ostatnio**	**lately, recently**
	adv	Wprowadzili się tu ostatnio.
	ɔstatɲɔ	-They moved in recently
380	**chłopiec**	**boy**
	m	Chłopiec wszedł tylnymi drzwiami.
	xwɔpi͡ɛt͡s	-The boy entered by the back door.
381	**tłumaczenie**	**translation**
	n	Rozpocznijmy tłumaczenie!
	twumat͡ʂɛɲɛ	-Let's start translating!
382	**słyszeć (się)**	**hear** [słyszeć, usłyszeć]
	vif	Mogłeś o tym nie słyszeć.
	swɨʂɛt͡ɕ	-You may not have heard about this.
383	**blisko**	**close; near; almost**
	adv; prp; prt	Jestem strasznie zajęty, ponieważ termin ukończenia raportu jest blisko.
	bliskɔ	-I am terribly busy because the deadline for the report is closeby.
384	**góra**	**mountain**
	f	Ta góra jest pokryta śniegiem.
	gura	-That mountain is covered in snow.
385	**piękno**	**beauty**
	n	To jest definicja prawdziwego piękna.
	pi͡ɛŋknɔ	-That's the definition of real beauty.
386	**pokazać (się)**	**show** [pokazywać, pokazać]
	vpf2	Chcę ci pokazać coś fajnego.
	pɔkazat͡ɕ	-I want to show you something great.
387	**robota**	**job, work**
	f	Robota jest prawie skończona.
	rɔbɔta	-The job is almost done.
388	**ciężko**	**hard**
	adv	Nancy ciężko studiowała.
	t͡ɕɛ̃ʂkɔ	-Nancy studied hard.
389	**dół**	**bottom, hole**
	m	Uważaj na dół w ziemi, bo spadniesz na sam dół.
	duw	-Beware of the hole in the ground or you'll fall to the bottom of it.
390	**część**	**part**

	ʃ	Ta część miasta wygląda nieznajomo.
	t͡ʂɛ̃ɕt͡ɕ	-This part of the city is strange to me.
391	**wkrótce**	**soon**
	adv	Spotkajmy się wkrótce.
	fkrut͡tsɛ	-Let's meet again soon.
392	**zapomnieć (się)**	**forget** [zapominać, zapomnieć]
	vpf2	Po prostu nie mogę o Tobie zapomnieć.
	zapɔmɲɛt͡ɕ	-I just can't forget about you.
393	**prosto**	**straight, easily**
	adv	Miałeś tylko iść prosto, naprawdę prosto wykonać tę czynność.
	prɔstɔ	-You only had to keep going straight, you could've done it really easily.
394	**rada**	**advice, council**
	ʃ	Rada zebrała się, aby przekazać radę prezydentowi.
	rada	-The council has gathered to give advice to the president.
395	**chociaż**	**although; at least**
	con; prt	Chociaż nasi przyjaciele pojechali do domu, zdecydowaliśmy się zostać.
	x̂ɔt͡ɕaʐ	-Although our friends went home, we decided to stay.
396	**zależeć**	**depend** [zależeć, —]
	vif	Od tego zależy twoje życie.
	zalɛʐɛt͡ɕ	-Your life depends on it.
397	**wypadek**	**accident**
	m	Jeśli zdarzy się wypadek, raportuj do mnie.
	vɨpadɛk	-If the accident happens, report to me.
398	**tydzień**	**week**
	m	Polecieliśmy do Paryża i byliśmy tam tydzień.
	tɨd͡zɛɲ	-We flew to Paris, where we stayed a week.
399	**oznaczać**	**mean** [oznaczać, oznaczyć]
	vif	Te ślady oznaczają, że przechodził tędy dzik.
	ɔznat͡ʂat͡ɕ	-These footprints mean there was a boar coming through here.
400	**krew**	**blood**
	ʃ	Ich krew będzie dostarczona do wielu ludzi.
	krɛv	-Their blood will be distributed to many people.
401	**wasz**	**your, yours (pl)**
	prn	Wasz dom jest duży.
	vaʂ	-Your house is big.
402	**tędy**	**this way**
	prn	Proszę tędy.
	tɛndɨ	-Please come this way.
403	**wszędzie**	**everywhere**
	adv	Szukali go wszędzie, ale nie znaleźli.
	vʂɛnd͡zɛ	-They looked for him everywhere but didn't find him.
404	**temat**	**topic, theme**
	m	Zastanawiam się, jak wy w ogóle weszliście na taki temat.
	tɛmat	-I was just wondering how you guys ever got talking about this topic.
405	**ponad**	**over, above**
	prp	Księżyc wzniósł się ponad chmury.
	pɔnad	-The moon rose above the clouds.
406	**kraj**	**country**
	m	Najechali na ten kraj.
	kraj	-They invaded the country.

407	**mało**	**little**
	adv	Pospiesz się, zostało mało czasu.
	mawɔ	-Hurry up, we've got a little time left.
408	**cicho**	**quiet, quietly**
	adv	Proszę, bądź cicho.
	t͡ɕixɔ	-Please be quiet.
409	**lecieć**	**fly, fall, go (coll)** [lecieć, polecieć]
	vif	Muszę lecieć.
	lɛt͡ɕɛt͡ɕ	-I have to go.
410	**spotkać (się)**	**meet** [spotykać, spotkać]
	vpf2	Miałem nadzieję spotkać tam Ciebie.
	spɔtkat͡ɕ	-I had hoped to meet you there.
411	**przyjaciel**	**friend**
	m	Przyjaciel wpadł do mnie około południa.
	pʂɨjat͡ɕɛl	-Round about noon a friend of mine popped in.
412	**kłopot**	**trouble**
	m	On ma spory kłopot.
	kwɔpɔt	-He is in great trouble.
413	**miesiąc**	**month**
	m	Ile on wydaje co miesiąc?
	miɛɕɔnt͡s	-How much does he spend per month?
414	**zatrzymać (się)**	**stop; stay** [zatrzymywać, zatrzymać]
	vpf2; vpfr	Musimy się zatrzymać na chwilę.
	zatʂɨmat͡ɕ	-We need to stop for a moment.
415	**nieważny**	**invalid, irrelevant**
	adj	Twoja karta jest nieważna.
	ɲɛvaʐnɨ	-Your card is invalid.
416	**głupi**	**stupid (coll)**
	adj	Jestem taki głupi… próbuję wytłumaczyć Tobie rzeczy, których sam nie rozumiem.
	gwupi	-I'm so stupid… I'm trying to explain to you things that I don't understand myself.
417	**pa**	**bye**
	i	Muszę już lecieć, papa.
	pa	-I need to go now, bye bye.
418	**koleś**	**dude, guy, man (coll)**
	m	Ten koleś zrobił Wszystkie tatuaże Joe.
	ˈkɔlɛɕ	-All the tattoos on Joe were done by this guy.
419	**spotkanie**	**meeting**
	n	Sprawdźmy, czy możemy odwołać spotkanie.
	spɔtkaɲɛ	-Let's see if we can cancel the meeting.
420	**spróbować (się)**	**try, taste; prove** [próbować, spróbować]
	vpf; vpfr	Chyba warto spróbować, prawda?
	sprubɔvat͡ɕ	-It's worth to try, right?
421	**drugi**	**second**
	adj	Skończyłem bieg jako drugi.
	drugi	-I finished the race second.
422	**pracować**	**work** [pracować, —]
	vif	Muszę pracować od rana do wieczora, żeby odłożyć pieniądze.
	prat͡sɔvat͡ɕ	-I have to work all day to save some money.

423	**niemożliwy**	**impossible**
	adj	Allen otrzymał problem, który był niemożliwy do rozwiązania.
	ɲɛmɔʑlivɨ	-Allen was given a problem that was impossible to solve.
424	**jakoś**	**somehow; about**
	prn; prt	Wyglądasz dziś jakoś inaczej.
	jakɔɕ	-Somehow, you look different today.
425	**zdjęcie**	**photo; removal**
	n; n	Wczoraj miało miejsce zdjęcie zdjęć z wystawy.
	zdjɛn͡tɕɛ	-Removal of the photos from the exhibition took place yesterday.
426	**zaczynać (się)**	**start, begin** [zaczynać, zacząć]
	vif2	Oszustwem jest zaczynać biec przed innymi.
	zat͡ʂɨnat͡ɕ	-That's cheating to start running before everyone else.
427	**trudno**	**hard**
	adv	Trudno było jej nie współczuć.
	ˈtrudnɔ	-It was hard not to feel sorry for her.
428	**bać się**	**fear, be afraid** [bać, —]
	vifr	Nie ma się czego bać.
	ˈbat͡ɕ‿ɕɛ	-There's nothing to be afraid of.
429	**szkoda**	**damage; pity**
	f; i	Jaka szkoda, że ona nie może przyjść!
	ʂkɔda	-What a pity she can't come!
430	**piękny**	**beautiful**
	adj	To piękny kwiat.
	piɛŋknɨ	-This flower is beautiful.
431	**dawno**	**long ago**
	adv	Dawno temu był sobie młody człowiek.
	davnɔ	-A long time ago, there was a young man.
432	**choć**	**even though; at least**
	con; prt	Kupiłem bardzo drogi zegarek, choć nie jestem bogaty.
	xɔt͡ɕ	-I've bought a very expensive watch even though I'm not rich.
433	**przykład**	**example**
	m	Dał mi przykład.
	pʐɨkwad	-He gave me an example.
434	**nagle**	**suddenly**
	adv	Nagle się zatrzymała i rozejrzała.
	naglɛ	-Suddenly, she stopped and looked around.
435	**otworzyć (się)**	**open** [otwierać, otworzyć]
	vpf2	Nie można było otworzyć tych drzwi.
	ɔˈtfɔʒɨt͡ɕ	-The door could not be opened.
436	**chwileczka**	**moment (coll), bit (coll)**
	f	Mógłby pan zaczekać chwileczkę?
	xvilɛt͡ʂka	-Could you wait just a little bit?
437	**czyż**	**question tag**
	prt	Wietrzny dzień, czyż nie?
	t͡ʂɨʂ	-It is windy today, isn't it?
438	**często**	**often**
	adv	Często mam kłopoty.
	t͡ʂɛ̃stɔ	-I'm often in trouble.
439	**odejść**	**leave, pass away** [odchodzić, odejść]

	vpf	John nie wiedział, że Jane postanowiła od niego odejść.
	ˈɔdɛjɕʨ	-John didn't know Jane had decided to leave him.
440	**nazwisko**	**surname**
	n	Kiedy usłyszałem swoje nazwisko, machinalnie odpowiedziałem.
	nazviskɔ	-I replied automatically when I heard my surname.
441	**szansa**	**chance**
	f	To twoja jedyna szansa.
	ʂansa	-This is your only chance.
442	**prawdopodobnie**	**probably, likely**
	adv	Prawdopodobnie przyjdzie.
	pravdɔpɔdɔbɲɛ	-He's likely to come.
443	**serio**	**seriously, serious**
	adv	To, z czego Rosjanie mogą się tylko śmiać, Europejczycy mogą wziąć na serio.
	sɛriɔ	-That which the Russians can only laugh at, the Europeans can take seriously.
444	**wolno**	**slowly; be allowed to**
	adv; vb	Tu wolno palić.
	vɔlnɔ	-You are allowed to smoke here.
445	**siostra**	**sister**
	f	Moja siostra jest podobna do mojej matki.
	ɕɔstra	-My sister resembles my mother.
446	**uspokoić (się)**	**calm** [uspokajać, uspokoić]
	vpf2	Próbuję ją uspokoić.
	ˌuspɔˈkɔjiʨ	-I'm trying to calm her down.
447	**wystarczająco**	**enough, sufficiently**
	adv	Nie jesteś wystarczająco szybki.
	vɨstartʂajɔntsɔ	-You're not fast enough.
448	**początek**	**beginning**
	m	To był zaledwie początek.
	pɔtʂɔntɛk	-That was the very beginning.
449	**szef**	**boss**
	m	Gdzie jest szef?
	ʂɛf	-Where's the boss?
450	**przyjść**	**come, come over** [przychodzić, przyjść]
	vpf	Tęsknię za tobą. Chciałbym się z tobą zobaczyć. Mogę przyjść?
	pʂijɕʨ	-I miss you. I need to see you. Could I come over?
451	**historia**	**history, story**
	f	Ta historia jest za bardzo niewiarygodna żeby była prawdziwa.
	xistɔria	-That story is too incredible to be true.
452	**według**	**according to, by**
	prp	Według świadka, ofiara została zamordowana.
	vɛdwug	-According to the eyewitness victim has been murdered.
453	**mężczyzna**	**man**
	m	Ze względu na swoje szaleństwo, mężczyzna został uniewinniony.
	mɛ̃ʂtʂɨzna	-The man wasn't found guilty by reason of insanity.
454	**około**	**about, around**
	adv	Guz ma około 10 cm długości.
	ɔkɔwɔ	-The tumor is about 10 cm long.
455	**wiek**	**age, century**
	m	John dobrze zrobił biorąc pod uwagę swój wiek.
	viɛk	-John did well, considering his age.

456	**zabawny**	**funny**
	adj	Jesteś bardzo zabawny.
	zabavnɨ	-You're very funny.
457	**rodzic**	**parent**
	m	Czy jest z tobą rodzic?
	rɔd͡zts	-Do you have a parent with you?
458	**całkowicie**	**completely**
	adv	On nie ufa mi całkowicie.
	t͡sawkɔvit͡ɕɛ	-He doesn't trust me completely.
459	**sprawdzić (się)**	**check; prove; work** [sprawdzać, sprawdzić]
	vpf2; vpfr; vpfr	Jego oczy badały moją twarz, aby sprawdzić czy mówię szczerze.
	ˈspravʲd͡ʑit͡ɕ	-His eyes searched my face to check if I was talking straight.
460	**sześć**	**six**
	nu	Może być cztery, sześć lub dwanaście rat.
	ʂɛɕt͡ɕ	-We can make it four, six or twelve payments.
461	**kupić**	**buy** [kupować, kupić]
	vpf	Gdzie mogę kupić książki?
	ˈkupʲit͡ɕ	-Where can I buy books?
462	**noga**	**leg**
	f	Ciągle boli mnie noga.
	nɔga	-My leg still hurts.
463	**obok**	**next to; near**
	prp; adv	John usiadł obok mnie.
	ɔbɔk	-John sat next to me.
464	**zadzwonić**	**call, ring** [dzwonić, zadzwonić]
	vpf	Mam prawo zadzwonić do mojego adwokata.
	zad͡zvɔɲit͡ɕ	-I have the right to call my lawyer.
465	**panna**	**girl, miss (fml)**
	f	Czy panna życzy sobie pomocy?
	panna	-Do you need any help, miss?
466	**boleć**	**hurt** [boleć, zaboleć]
	vif	Nie mogę ruszać ręką, bo to za bardzo boli.
	bɔlɛt͡ɕ	-I can't move my arm because it hurts too much.
467	**oraz**	**and, as well as**
	con	Tylko dwie rzeczy są nieskończone: wszechświat oraz ludzka głupota, choć nie
	ˈɔras	jestem pewien co do tej pierwszej.
		-Only two things are infinite, the universe and human stupidity, and I'm not
		sure about the former.
468	**walczyć**	**fight** [walczyć, zawalczyć]
	vif	Jeśli nie skończycie walczyć, wezwę policję.
	ˈvalt͡ʃit͡ɕ	-Unless you stop fighting, I'll call the police.
469	**tom**	**volume**
	m	Masz może tom trzeci tej książki?
	tɔm	-Do you happen to have volume 3 of this book?
470	**wspólny**	**shared, common**
	adj	Ogród jest wspólny dla dwu domów.
	vspulnɨ	-The garden is common to the two houses.
471	**zmienić (się)**	**change, transform** [zmieniać, zmienić]
	vpf2	Mogę zmienić język i mówić po angielsku lub niemiecku.
	ˈzmʲjɛ̃ɲit͡ɕ	-I can change the language and speak in English or German.

472	**uwaga**	**notice, remark; caution**
	f; i	Uwaga Jima była zbyteczna.
	uvaga	-Jim made a superfluous remark.
473	**pogadać**	**chat (coll), talk (coll)** [gadać, pogadać]
	vpf	Muszę pogadać z nią na temat nowego planu.
	pɔgadaʨ	-I have to talk to her about the new plan.
474	**łatwo**	**easily, easy**
	adv	Wiem, że nie będzie łatwo rozmawiać o tym wypadku.
	watvɔ	-I know it's not going to be easy to talk about the accident.
475	**większość**	**most, majority**
	f	Większość wind działa automatycznie.
	viɛŋkʂɔʨ	-Most elevators operate automatically.
476	**córka**	**daughter**
	f	Jedną trzecią jabłka zawsze dostaje nasza najmłodsza córka.
	tsurka	-One-third of an apple is always given to our youngest daughter.
477	**niedługo**	**soon**
	adv	Święta są niedługo, nieprawdaż?
	ɲɛdwugɔ	-Christmas is soon, isn't it?
478	**powodzenie**	**success, luck**
	n	Ich powodzenie brało się z ich przedsiębiorczości.
	pɔvɔdʑɛɲɛ	-Their success was rooted in their industry.
479	**włos**	**hair**
	m	O włos uniknął potrącenia przez samochód.
	vwɔs	-He escaped being run over by a hair's breadth.
480	**niestety**	**unfortunately**
	prt	Niestety nie miałem okazji zobaczyć zamku.
	ɲɛstɛtɨ	-Unfortunately, I didn't get the chance to see the castle.
481	**prawdziwy**	**true**
	adj	Niestety, raport jest prawdziwy.
	pravdʑvɨ	-Unfortunately, the report is true.
482	**ulica**	**street, road**
	f	Ulica, przy której leżało mieszkanie Johna, była cicha.
	ulitsa	-The street outside John's apartment building was quiet.
483	**strasznie**	**terribly**
	adv	Praca w grupach wieloosobowych jest strasznie frustrująca.
	straʂɲɛ	-Work in large groups is terribly frustrating.
484	**mieszkać**	**live, stay** [mieszkać, zamieszkać]
	vif	Chcę mieszkać w tej samej okolicy gdzie John.
	miɛʂkaʨ	-I want to live in the same neighborhood John lives.
485	**tył**	**back**
	m	Jane zginęła od kuli z pistoletu wystrzelonej w tył głowy z bliskiej odległości.
	tɨw	-Jane was killed with a pistol shot to the back of the head at close range.
486	**tysiąc**	**thousand**
	m	Wygląda na to, że na portalu Wikipedia jest już ponad dwa tysiąc zdań w języku ujgurskim.
	tɨʨɔnts	-It looks like there are now over two thousand Uyghur sentences on Wikipedia!
487	**jedynie**	**only, merely**
	adv	Jesteś jedynie pasożytem społecznym!
	jɛdɨɲɛ	-You're merely a social parasite!

488	**zacząć (się)**	**start, begin** [zaczynać, zacząć]
	vpf2	Nie możemy zacząć od nowa?
	ˈzatʃɔ̃ntɕ	-Can't we start all over?
489	**myśl**	**thought**
	f	Myśl o mojej przyszłości przyprwia mnie o mdłości.
	mɨɕl	-The thought about my future gives me a headache.
490	**rana**	**wound**
	f	Ta rana szybko się nie zagoi.
	rana	-This wound won't heal any time soon.
491	**umrzeć**	**die, pass away** [umierać, umrzeć]
	vpf	Czułem się, jakbym miał zaraz umrzeć.
	ˈũmʒɛtɕ	-I felt like I would die.
492	**okazja**	**opportunity, chance**
	f	To dobra okazja, byśmy się lepiej poznali.
	ɔkazja	-This is a good opportunity to get to know one another.
493	**wojna**	**war**
	f	Kiedy wybuchła II wojna światowa?
	vɔjna	-When did World War II break out?
494	**brak**	**lack, defect**
	m	Ten produkt posiada pewne braki.
	brak	-This product has some defects.
495	**istnieć**	**exist** [istnieć, zaistnieć]
	vif	Fakty nie przestaną istnieć z powodu ich ignorowania.
	istɲɛtɕ	-Facts do not cease to exist because they are ignored.
496	**gość**	**guest, guy (coll)**
	m	Ten gość zawsze prosi swoich rodziców o pieniądze.
	gɔɕtɕ	-That guy is always asking his parents for money.
497	**widać**	**see, apparently**
	vb	Przy ładnej pogodzie widać stąd górę Fudżi.
	vidatɕ	-On a clear day, you can see Mt. Fuji.
498	**moment**	**moment**
	m	Będę gotowy za moment.
	mɔmɛnt	-I'll be ready in a few moments.
499	**przysięgać**	**swear, vow** [przysięgać, przysięgnąć]
	vif	Przysięgam, nie widziałem twoich kluczy.
	pʃɨˈɕɛ̃gatɕ	-I swear I didn't see your keys anywhere.
500	**nienawidzić (się)**	**hate** [nienawidzić, znienawidzić]
	vif2	Naprawdę zaczynam nienawidzić tego miejsca.
	ɲɛnavidʑtɕ	-I'm really starting to hate it here.
501	**następny**	**next**
	adj	Czy możesz mi powiedzieć, kiedy przyjedzie następny autobus?
	nastɛmpnɨ	-Can you tell me when will the next bus arrive?
502	**zamiast**	**instead; rather than**
	prp; con	Zamiast tego chciałbym zapłacić kartą kredytową.
	zamiast	-I'd like to pay with my credit card instead.
503	**błąd**	**mistake, error**
	m	Powtórzył ten sam błąd.
	bwɔnd	-He repeated the same mistake.
504	**wspaniały**	**great, amazing**

	adj	Jego koncert był wspaniały.
	vspaɲawɨ	-His concert was great.
505	**duży**	**big, great**
	adj	Nauczyciel ma bardzo duży wpływ na swoich uczniów.
	duʒɨ	-The teacher has a great influence on his pupils.
506	**czyli**	**that is**
	con	Ona wraca w następną niedzielę, czyli dziesiątego.
	t͡ʂɨli	-She will return home next Sunday, that is, the tenth.
507	**młody**	**young**
	adj	On jest młody, ale doświadczony.
	mwɔdɨ	-He is young, but experienced.
508	**ach**	**ah**
	i	Ach, teraz pamiętam.
	ax	-Ah, now I remember.
509	**zwykle**	**usually, normally**
	adv	Koty zwykle nie znoszą psów.
	zvɨklɛ	-Cats usually hate dogs.
510	**głos**	**voice**
	m	Nauczyciel miał mocny, czysty głos.
	gwɔs	-The teacher has a loud, clear voice.
511	**wreszcie**	**finally**
	adv	John wreszcie rzucił palenie.
	vrɛʂt͡ɕɛ	-John finally gave up smoking.
512	**nigdzie**	**anywhere, nowhere**
	adv	Nie mogłem tego nigdzie znaleźć.
	ɲigd͡ʑɛ	-I couldn't find it anywhere.
513	**list**	**letter**
	m	Pamiętam, że wysłałem ten list.
	list	-I remember mailing the letter.
514	**niby**	**as if; as if; seemingly**
	prp; con; prt	Siedzi na tym krześle jak na tronie.
	ɲibɨ	-He sits on the chair as if it was a throne.
515	**zamierzać (się)**	**intend, plan to; aim** [zamierzać, zamierzyć]
	vif; vifr	Zamierzm udać się na spoczynek.
	zamiɛʐat͡ɕ	-I plan to go to sleep now.
516	**ależ**	**but, what**
	prt	Ależ wielki pies!
	ˈalɛʃ	-What a big dog!
517	**jedzenie**	**food**
	n	Trzeba dzielić się jedzeniem z biednymi.
	jɛd͡ʑɛɲɛ	-You're supposed to share food with the poor.
518	**zatem**	**so, then; well**
	con; prt	Zatem, nie zamierzasz nam powiedzieć, co się stało?
	ˈzatɛ̃m	-Well, aren't you going to tell us what happened?
519	**potrafić**	**can, be able** [potrafić, potrafić]
	vif	Potrafię upiec pizzę.
	pɔtrafit͡ɕ	-I can bake pizza.
520	**mocno**	**firmly, hard**
	adv	To jest mocno zamrożone.
	mɔt͡snɔ	-It's frozen hard.

521	**szczęśliwy**	**happy**
	adj	Gdybym był zdrowy, byłbym szczęśliwy.
	ştşɛ̃ɕlivɨ	-If I were healthy, I would be happy.

522	**zrozumieć (się)**	**understand** [rozumieć, zrozumieć]
	vpf2	Nie mogłem zrozumieć jego żartu.
	zrɔzumiɛ̃tɕ	-I couldn't understand his joke.

523	**zająć (się)**	**occupy; take care** [zajmować, zająć]
	vpf; vpfr	Chciałbym zająć ci chwilę.
	zajɔ̃tɕ	-Could I take a moment of your time, please?

524	**światło**	**light**
	n	Zgaś światło. Nie mogę zasnąć.
	ɕviatwɔ	-Switch off the light. I can't get to sleep.

525	**tyłek**	**butt (coll)**
	m	Ten koleś skopał mu tyłek!
	tɨwɛk	-This guy kicked his butt!

526	**łóżko**	**bed**
	n	To łóżko jest bardzo wygodne.
	wuʐkɔ	-That bed is very comfortable.

527	**osoba**	**person**
	f	Intelektualistą jest osoba, która odkryła coś bardziej interesującego od gier.
	ɔsɔba	-An intellectual is a person who has discovered something more interesting than video games.

528	**los**	**fate; coupon**
	m; m	Każdy jest kowalem swojego losu.
	lɔs	-Your fate is in your hands.

529	**pewność**	**confidence, certainty**
	f	Skąd bierzesz taką pewność siebie?
	pɛvnɔɕtɕ	-Where does all that confidence come from?

530	**sen**	**dream, sleep**
	m	Wydawało się to zupełnie rzeczywiste, ale to chyba był tylko szalony sen.
	sɛn	-It seemed so real, but I guess it was just a crazy dream.

531	**dosyć**	**quite; enough**
	nu; i	Mam dosyć.
	dɔsɨtɕ	-I've had enough.

532	**ciąg**	**sequence**
	m	Ten ciąg wydarzeń wymknął się spod kontroli.
	tɕɔŋg	-This sequence of events is out of control.

533	**mimo**	**despite**
	prp	Bardzo zgrzeszył, a mimo to wybaczę mu jego czyny.
	mimɔ	-He has sinned a lot, and I shall forgive him despite his deeds.

534	**hotel**	**hotel**
	m	Czy mógłbyś zarekomendować inny hotel?
	xɔtɛl	-Could you recommend another hotel?

535	**obiad**	**dinner**
	m	Kto zjadł ci obiad?
	ɔbiad	-Who ate your dinner?

536	**szukać**	**look for, search** [szukać, poszukać]
	vif	Muszę poszukać sobie pracy.
	şukatɕ	-I need to look for a job.

537	**pies**	**dog**

	m	Tu jest twój pies.
	pʲjɛs	-Your dog is here.
538	**interes**	**business; interest**
	m; m	Przejąłem interes od ojca.
	intɛrɛs	-I took over the business from my father.
539	**ponownie**	**again**
	adv	Powiedziałem im ponownie, aby ściszyli radio.
	pɔnɔvɲɛ	-I told them to turn the radio down again.
540	**puścić (się)**	**let, release** [puszczać, puścić]
	vpf2	Zdecydowaliśmy cię puścić.
	ˈpuɕtɕitɕ	-We've decided to let you go.
541	**pewny**	**confident, sure, reliable**
	adj	Jestem pewny, że przyjdzie.
	ˈpɛvnɨ	-I'm sure that he'll come.
542	**zło**	**evil**
	n	Jedyne, czego zło potrzebuje, żeby zatriumfować to aby dobrzy ludzie nic nie robili.
	zwɔ	-All that is needed for evil to triumph is for good men to do nothing.
543	**usiąść**	**sit down** [siadać, usiąść/siąść]
	vpf	Oni szukają krzeseł, na których mogliby usiąść.
	uɕɔ̃ɕtɕ	-They are looking for chairs to sit down on.
544	**siadać**	**sit down** [siadać, usiąść/siąść]
	vif	Nie rozumiem, dlaczego nie możemy tu siadać.
	ɕadatɕ	-It doesn't make much sense to me that we aren't allowed to sit down here.
545	**walka**	**fight**
	f	Dwóch na jednego to nieuczciwa walka.
	valka	-Two against one is not a fair fight.
546	**reszta**	**rest; change**
	f; f	Ze stu żołnierzy dziesięciu wróciło bez szwanku, reszta zginęła.
	rɛʂta	-Out of a hundred soldiers, ten returned unharmed, the rest died.
547	**miły**	**nice**
	adj	John to miły człowiek.
	miwɨ	-John is a nice man.
548	**uciec (się)**	**escape; resort** [uciekać, uciec]
	vpf; vpfr	Mało prawdopodobne, że zdołamy uciec z tego więzienia.
	utɕɛts	-I think it's highly unlikely that we'll be able to escape from this prison.
549	**żartować**	**joke** [żartować, zażartować]
	vif	Z moim szefem nie można nawet żartować.
	ʐartɔvatɕ	-You can't even joke around with my boss.
550	**niezły**	**not bad, nice**
	adj	Gra w koszykówkę to niezły ubaw.
	ɲɛzwɨ	-Playing basketball is nice fun.
551	**uwielbiać**	**adore, worship** [uwielbiać, uwielbić]
	vif2	Wprost uwielbiam koty.
	uvʲɛlbʲiatɕ	-I simply adore cats.
552	**niektóry**	**some, a certain**
	prn	Niektórzy ludzie po prostu uwielbiają cię denerwować.
	ɲɛkturɨ	-Some people just love to get on your nerves.
553	**szpital**	**hospital**

	m	Gdzie jest szpital?
	ŝpital	-Where is the hospital?
554	**zamiar**	**intention, aim**
	m	Od razu wyczułem, że ma złe zamiary.
	zamiar	-I instantly knew she had bad intentions.
555	**słychać**	**be heard, hear**
	vb	Ich krzyki słychać nawet stąd!
	swɨ̇xatɕ	-Their screams can be heard from here!
556	**milion**	**million**
	m	Co byś zrobił, gdybyś wygrał milion złotych?
	miliɔn	-If you won a million złoty, what would you do?
557	**ogień**	**fire**
	m	Upewnij się, że zagasiłeś ogień zanim wyjdziesz.
	ɔgiɛɲ	-Be sure to put out the fire before you leave.
558	**odkąd**	**since, how long**
	prp; adv	Mijają dwa lata odkąd John skończył szkołę średnią.
	ɔtkɔnd	-Two years have passed since John graduated from high school.
559	**oba**	**both**
	nu	John podobają się oba.
	ˈɔba	-John likes them both.
560	**sekunda**	**second**
	f	Wystarczy sekunda i już przegrałeś.
	sɛkunda	-One second is enough to lose.
561	**obawiać się**	**be afraid, be concerned** [obawiać, —]
	vifr	Nie ma się co obawiać.
	ɔˈbavʲjätɕ‿ɕɛ	-There's nothing to be afraid of.
562	**cel**	**goal, target**
	m	Czy cel uświęca środki?
	t͡sɛl	-Does the goal justify the means?
563	**prezent**	**gift**
	m	Jane dała mi ten prezent.
	prɛzɛnt	-Jane gave me this present.
564	**mnóstwo**	**plenty, a lot of**
	nu	Ta książka zawiera mnóstwo zdjęć.
	mnustvɔ	-This book contains a lot of photos.
565	**kolacja**	**supper**
	f	Kolacja jest prawie gotowa.
	kɔlat͡sja	-Supper is almost ready.
566	**śmieszny**	**funny**
	adj	Skąd wiesz, że nie patrzą na Ciebie dziwnie dlatego, że masz śmieszny wyraz twarzy?
	ɕmiɛʂnɨ	-How do you know they're not giving you a weird look just because you have a funny face?
567	**świetny**	**great, brilliant**
	adj	Jego żart był świetny.
	ɕviɛtnɨ	-His joke was great.
568	**znaczenie**	**importance**
	n	Wciąż zadajesz sobie pytanie, jakie jest znaczenie życia?
	znat͡ʂɛɲɛ	-You are still asking yourself what the meaning of life is?
569	**pięknie**	**beautifully**

	adv	Nikt nie śpiewa tak pięknie pod prysznicem jak Jane!
	pieŋkɲɛ	-Nobody sings as beautifully in the shower as Jane!
570	**centrum**	**center**
	n	W czasie korków potrzeba godziny, żeby dojechać do centrum.
	t͡sɛntrum	-If there's traffic you need an hour to get to the city center.
571	**próbować**	**try** [próbować, spróbować]
	vif	W podróży dobrze jest próbować lokalnych alkoholi.
	prubɔvat͡ɕ	-When you travel, you've got to try the local brew.
572	**statek**	**ship**
	m	Ładują ropę naftową na statek.
	statɛk	-They are loading oil into the ship.
573	**zjeść**	**eat, eat up** [jeść, zjeść]
	vpf	Myślę sobie, że nie starczy mi czasu, żeby zjeść przed spotkaniem.
	zʲjɛɕt͡ɕ	-I think there may not be enough time for me to eat before the meeting.
574	**coraz**	**more, more and more**
	adv	Twój angielski staje się coraz lepszy.
	t͡sɔraz	-Your English is improving more and more.
575	**dowiedzieć się**	**find out** [dowiadywać, dowiedzieć]
	vpfr	Chciałbym się dowiedzieć, jak zainstalować ten program.
	dɔviɛd͡ʑɛt͡ɕ	-I'd like to find out how to install this software.
576	**ładnie**	**nicely, pretty**
	adv	Ależ tu ładnie!
	wadɲɛ	-What a pretty place!
577	**ostrożnie**	**carefully, careful**
	adv	Ostrożnie! Uważaj!
	ɔstrɔʐɲɛ	-Careful! Watch out!
578	**ciekawy**	**interesting**
	adj	Wczoraj widziałem ciekawy program w telewizji.
	t͡ɕɛkavɨ	-Yesterday I saw an interesting TV program.
579	**siła**	**strength, power, force**
	f	Wierzę, że siła ducha nigdy cię nie opuści.
	ɕiwa	-I believe in the power of the spirit and will never leave you.
580	**jeść**	**eat** [jeść, zjeść]
	vif	Nie powinienem był tego jeść. Niedobrze mi.
	jɛɕt͡ɕ	-I shouldn't have eaten that. I feel sick.
581	**póki**	**until, as long as**
	con	Obiecałem walczyć, póki starczy mi sił.
	ˈpuci	-I promised to fight until I lose all my strength.
582	**szczerze**	**to be honest, sincerely**
	adv	Szczerze mówiąc, jest człowiekiem niewiarygodnym.
	ʂt͡ʂɛʐɛ	-To be honest, he is untrustworthy.
583	**stan**	**condition, state**
	m	W jakim jest stanie po wypadku?
	stan	-What's his condition after the accident?
584	**odpowiedź**	**answer, reply**
	f	Czyli znasz odpowiedź?
	ɔdpɔviɛd͡ʑ	-Do you know the answer?
585	**pomyśleć**	**think** [myśleć, pomyśleć]
	vpf	Musisz pomyśleć o swoich starych rodzicach.
	pɔ̃ˈmɨɕlɛt͡ɕ	-You must think of your old parents.

586	**sporo**	**several, plenty**
	prn	Opowiadaj, mam sporo czasu.
	spɔrɔ	-Tell the story, I have plenty of time.
587	**martwy**	**dead**
	adj	Pies jest martwy.
	martvɨ	-The dog is dead.
588	**poprosić**	**ask** [prosić, poprosić]
	vpf	Zamierzam zadzwonić jutro do Johna i poprosić go o pomoc.
	pɔprɔɕit͡ɕ	-I'm going to call John tomorrow and ask him to help.
589	**but**	**shoe**
	m	Zawiąż but.
	but	-Tie your shoe.
590	**starać się**	**try, strive; apply** [starać, postarać]
	vifr; vifr	Ostatnio bardzo się staram. Staram się nawet o pracę.
	ˈstarat͡ɕ‿ɕɛ	-I've been trying hard recently. I even applied for a job.
591	**gra**	**game**
	f	Ta gra jest strasznie nudna.
	gra	-This game is awfully boring.
592	**samolot**	**plane**
	m	Czy samolot jest zgodny z rozkładem?
	samɔlɔt	-Is the plane on schedule?
593	**wybór**	**choice, selection**
	m	Mam wybór?
	vɨbur	-Do I have a choice?
594	**przyszłość**	**future**
	f	Martwię się o przyszłość.
	pʐɨʂwɔɕt͡ɕ	-I am anxious about the future.
595	**rodzaj**	**type, kind**
	m	Jaki jest twój ulubiony rodzaj suszonych owoców?
	rɔd͡ʐaj	-What's your favorite kind of dried fruit?
596	**fajnie**	**cool (coll)**
	adv	Stary, tu jest całkiem fajnie.
	fajɲɛ	-Dude, this place is pretty cool.
597	**powoli**	**slowly**
	adv	Czy mógłbyś, proszę, powtórzyć to powoli?
	pɔvɔli	-Could you please repeat it slowly?
598	**trudny**	**difficult, hard**
	adj	Ten plan jest trudny do przeprowadzenia.
	trudnɨ	-It is hard to carry out this plan.
599	**niesamowity**	**incredible, amazing**
	adj	Twój kraj jest niesamowity!
	ɲɛsamɔvitɨ	-Your country is amazing!
600	**stamtąd**	**thence**
	adv	Wyszliśmy stamtąd o jedenastej.
	stamtɔnd	-We went out from there at eleven.
601	**wysokość**	**height; pitch**
	f; f	Zwróć uwagę na częstotliwość tego dźwięku.
	vɨsɔkɔɕt͡ɕ	-Pay attention to this sound's pitch.
602	**jajo**	**egg**

	n	Znowu upuściłeś jajo? To już 5 w tym tygodniu!
	jajɔ	-You've dropped an egg again? It's fifth this week!
603	**biuro**	**office, bureau**
	n	Proszę przekazać dokument do przejrzenia przez biuro zadządu.
	biurɔ	-Please forward the document to the administrative office for review.
604	**nieprawda**	**lie, falsehood**
	f	To musi być nieprawda.
	ɲɛpravda	-That has to be a lie.
605	**pomiędzy**	**between**
	prp	Była tylko minuta różnicy pomiędzy nimi.
	pɔmiɛndʑɨ	-There was a minute difference between them.
606	**własny**	**own**
	adj	Podpalił własny dom.
	vwasnɨ	-He set his own house on fire.
607	**ślub**	**marriage ceremony**
	m	Idziemy tylko na ślub, na wesele nie mamy zaproszenia.
	ɕlub	-We are only going to attend the marriage ceremony. We don't have an invitation to the wedding.
608	**dzieciak**	**child (coll)**
	m	To jest rozpuszczony dzieciak.
	dʑɛtɕak	-He is a spoiled child.
609	**drink**	**cocktail**
	m	Idziemy do baru wypić kilka drinków, dołączysz się?
	drink	-We want to get a few cocktails at the bar. Wanna join?
610	**koło**	**wheel, circle; about, next to**
	n; prp	To koło ma koło 18 cali.
	kɔwɔ	-This wheel must be about 18 inches wide.
611	**sens**	**meaning, sense**
	m	Dla większości ludzi sens życia jest trudny do odnalezienia.
	sɛns	-The meaning of life is so hard to be found for most people.
612	**mowa**	**language; speech**
	f; f	Mowa otwierająca ceremonię powinna być stosunkowo krótka.
	mɔva	-The speech opening the ceremony should be relatively short.
613	**skończyć (się)**	**finish, end; run out of** [kończyć, skończyć]
	vpf; vpfr	Muszę skończyć moją pracę.
	skɔntʂɨtɕ	-I must finish my work.
614	**podać**	**give, pass** [podawać, podać]
	vpf	Proszę podać mi kartkę papieru.
	pɔdatɕ	-Please give me a sheet of paper.
615	**pasować**	**fit, match; pass** [pasować, —]
	vif	Pomóż mi wybrać czapkę, która będzie pasować do mojego nowego ubrania.
	pasɔvatɕ	-Please help me pick out a hat which matches my new dress.
616	**książka**	**book**
	f	Ta książka należy do szkolnej biblioteki.
	kɕɔ̃ʐka	-This book belongs to the school library.
617	**brać (się)**	**take, take up, brotherhood** [brać, wziąć]
	vif; vifr; f	Lepiej dawać niż brać.
	bratɕ	-It's better to give than to take.
618	**więzienie**	**prison, jail**

	n	Ta szkoła wygląda jak więzienie.
	viɛ.ɛɲɛ	-That school looks just like a prison.
619	**doskonale**	**perfectly**
	adv	Udało ci się odpowiedzieć doskonale.
	dɔskɔnalɛ	-You have answered perfectly.
620	**przyjęcie**	**party; acceptance**
	n; n	Myślę, że on przyjdzie na nasze przyjęcie.
	pʃɨˈjɛ̃ntɕɛ	-I think he will come to our party.
621	**dziesięć**	**ten**
	nu	Jej zegarek spóźnia się dziesięć minut.
	ˈdʑɛɕɛ̃ntɕ	-Her watch is ten minutes slow.
622	**kolejny**	**next, another**
	adj	Kolejny dziesięciominutowy spacer doprowadził nas nad brzeg.
	kɔlɛjnɨ	-Another ten minutes' walk brought us to the shore.
623	**jedyny**	**only**
	adj	Jedyny gol w finalowym meczu zdobył John
	jɛdɨnɨ	-The only goal of the final match was scored by John
624	**ból**	**pain**
	m	Ból nieco się zmniejszył.
	bul	-The pain has lessened a little.
625	**zapytać (się)**	**ask** [pytać, zapytać]
	vpf2	Mówiłem ci już, że powinieneś wcześniej zapytać mamę.
	zapɨtatɕ	-I told you before that you should ask your mother first.
626	**potrzeba**	**need**
	n	Zawsze pomagam moim ludziom w potrzebie.
	pɔtʒɛba	-I help whenever my people are in need.
627	**wokół**	**around**
	prp	Wszędzie wokół cisza.
	ˈvɔkuw	-Silence is all around.
628	**król**	**king**
	m	Król poszedł rano na polowanie.
	krul	-The king went hunting this morning.
629	**rozkaz**	**order**
	m	Otrzymali rozkaz powrotu.
	rɔzkaz	-They got the order to return home.
630	**ha**	**ha; hectare**
	i; abr	Ha, co teraz zrobisz kolego?
	xɛktar	-Ha, what are you going to do now, buddy?
631	**klucz**	**key**
	m	Mam klucz do raju.
	kluʧ	-I have the key to Paradise.
632	**chory**	**sick, ill; crazy (coll)**
	adj	Jesteś chory, musisz odpoczywać.
	xɔrɨ	-You're sick. You have to rest.
633	**sytuacja**	**situation, status**
	f	Jak tam sytuacja z twoją dziewczyną?
	sɨtuatsja	-How is the situation with your girlfriend?
634	**wizja**	**vision, prospect**
	f	Ta wizja sprawia, że mam ochotę płakać.
	vizja	-This prospect makes me want to cry.

635 | **usłyszeć (się)** | **hear; be told** [słyszeć, usłyszeć]
vpf2; vpf
uswɨʂɛʈɕ
Dotknij zwierzę aby usłyszeć dźwięk.
-Tap an animal to hear the sound.

636 | **oddać (się)** | **return, give back; give in** [oddawać, oddać]
vpf; vpfr
ɔddaʈɕ
Muszę dzisiaj oddać swój raport.
-I have to give my report back today.

637 | **nauczyć (się)** | **teach; learn** [uczyć, nauczyć]
vpf; vpfr
na'wutʃɨʈɕ
Niestety, musisz nauczyć się znosić ból.
-I'm afraid you'll have to learn to live with the pain.

638 | **okej** | **okay; okay; okay**
adj; adv; i
ɔ.kɛj
Wyglądam okej?
-Do I look okay?

639 | **powstrzymać (się)** | **stop, hold** [powstrzymywać, powstrzymać]
vpf2
pɔvstʐɨmaʈɕ
Musisz powstrzymać Johna
-You have to stop John.

640 | **spoko** | **cool (coll); fine (coll)**
i
spɔkɔ
Badz ze mna szczery i bedzie spoko.
-Look, just keep it real with me, and we'll be cool.

641 | **brakować** | **miss, lack** [brakować, zabraknąć]
vif
brakɔvaʈɕ
Będzie mi brakować Mołdawii.
-I will miss Moldova.

642 | **siedem** | **seven**
nu
ɕɛdɛm
To zdanie zawiera siedem słów.
-This sentence consists of seven words.

643 | **wolny** | **free; slow**
adj; adj
vɔlnɨ
Czy jesteś jutro wolny?
-Are you free tomorrow?

644 | **piwo** | **beer**
n
pivɔ
Czy już nie czas na kolejne piwo?
-Isn't it about time for another beer?

645 | **tona** | **ton**
f
tɔna
Ta lodówka waży z tonę!
-This fridge weighs about a ton!

646 | **kawałek** | **piece; song (coll)**
m; m
kavawɛk
Weź ten kawałek kredy i napisz na tablicy.
-Take this piece of chalk and write on the blackboard.

647 | **przejście** | **passage, transition**
n
pʐɛjɕtɕɛ
Kiedy przechodziliśmy przez przejście, wziąłem dziewczynę za rękę.
-When we were going through the passage I took my girlfriend by the hand.

648 | **dupa** | **ass (coll)**
f
dupa
Rusz dupę.
-Move your ass.

649 | **ktokolwiek** | **anyone**
prn
ktɔkɔlviɛk
Czy ktokolwiek ci wierzy?
-Does anyone believe you?

650 | **specjalnie** | **especially**
adv
spɛtsjalɲɛ
Programy do DTP są stworzone specjalnie do tego celu.
-Desktop publishing programs are created especially for this purpose.

651 | **straszny** | **terrible, fearsome**

	adj	Miałem straszny sen ostatniej nocy.
	straṣnɨ	-I had a fearsome dream last night.
652	**seks**	**sex**
	m	Seks jest dla mnie ważny.
	sɛks	-Sex is important to me.
653	**kawa**	**coffee**
	f	Moja kawa jest mocniejsza niż Johna.
	kava	-My coffee is stronger than John's.
654	**jazda**	**ride**
	f	To była ostra jazda.
	jazda	-That was a wild ride.
655	**naprzód**	**forward**
	adv	Dzisiaj wykonałem jeden krok naprzód w stronę mojego celu.
	napẑud	-Today I made one step forward towards my goal.
656	**wśród**	**among**
	adv	Nie ma żadnego autorytetu wśród swojego personelu.
	vɕrud	-He has no respect among his staff members.
657	**system**	**system**
	m	Ten system sprawdzał się przez ostatnie 10 lat.
	sɨstɛm	-This system has been running successfully for the past 10 years.
658	**przygotować (się)**	**prepare** [przygotowywać, przygotować]
	vpf2	Matka powiedziała, że nie da się w pełni przygotować do rodzicielstwa.
	pẑɨgɔtɔvat͡ɕ	-My mother said there was nothing I could do to completely prepare for parenthood.
659	**zdanie**	**sentence; opinion**
	n; n	Musisz zacząć zdanie od wielkiej litery.
	zdaɲɛ	-You must begin a sentence with a capital letter.
660	**zimno**	**coldness; cold**
	n; adv	Było tak zimno, że bolały mnie uszy.
	ʑimnɔ	-It was so cold my ears hurt.
661	**przynieść**	**bring** [przynosić, przynieść]
	vpf	Proszę przynieść główny klucz.
	pẑɨɲɛɕt͡ɕ	-Please bring the master key.
662	**załatwić**	**fix; settle** [załatwiać, załatwić]
	vpf	Załatwmy to raz na zawsze.
	zaˈwatfʲit͡ɕ	-Let's settle this down once and for all.
663	**muzyka**	**music**
	f	Muzyka to wspólny język ludzkości.
	muzɨka	-Music is a common speech for humanity.
664	**moc**	**power**
	f	Moc tego silnika jest bardzo duża.
	mɔt͡s	-Power of this engine is really high.
665	**styl**	**style**
	m	Ten styl uczesania pierwszy raz pojawił się na początku XIX wieku.
	stɨl	-This style of hairdressing first appeared in the early 19th century.
666	**oprócz**	**besides, except**
	prp	Uratowano wszystkich ludzi oprócz jednej osoby.
	ɔprut͡ʂ	-All people were rescued except for one person.
667	**wychodzić**	**go out, leave** [wychodzić, wyjść]

	vif	Gotowi czy nie, musimy już wychodzić.
	viˣɔdʑʨ	-Ready or not, we have to leave right now.
668	**wola**	**will**
	f	Taka jest wola królowej, musimy ją respektować.
	vɔla	-This is the will of the queen and we have to respect it.
669	**hm**	**hm**
	i	Hm, muszę się nad tym zastanowić.
	xm̩	-Hm, I need to think it over.
670	**wow**	**wow**
	i	Wow, to jest śnieg!
	waʊ	-Wow, it's snow!
671	**prowadzić (się)**	**drive, lead; conduct** [prowadzić, poprowadzić]
	vif; vifr	Uważaj! To niebezpieczne prowadzić pijanym.
	prɔvadʑʨ	-Take care! It's dangerous to drive drunk.
672	**słońce**	**sun**
	n	Kocham słońce.
	swɔɲtsɛ	-I love the sun.
673	**codziennie**	**everyday, daily**
	adv	Mój dziadek codziennie chodzi na spacer.
	tsɔdʑɛnɲɛ	-My grandfather goes for a walk every day.
674	**znak**	**sign, mark**
	m	Nagle samolotem zaczęło trząść i zapalił się znak "zapiąć pasy".
	znak	-Suddenly the plane began to rock and the „fasten your seatbelts" sign lighted up.
675	**złapać (się)**	**catch, grab** [łapać, złapać]
	vpf2	Próbował złapać tę owcę.
	zwapaʨ	-He tried to catch the sheep.
676	**pobrać (się)**	**download; marry** [pobierać, pobrać]
	vpf; vpfr	Gdzie mogę pobrać filmy akcji za darmo?
	ˈpɔbraʨ	-Where can I download action movies for free?
677	**założyć (się)**	**put on; establish; bet** [zakładać, założyć]
	vpf; vpf; vpfr	Pozwól, że pomogę ci założyć twój płaszcz.
	zaˈwɔʒɨʨ	-Let me help you put on your coat.
678	**wieść**	**news**
	f	Ucieszyłem się na wieść, że dotarłeś bezpiecznie.
	vʲjɛɕʨ	-I was relieved to hear the news that you had arrived safely.
679	**ochota**	**crave, willingness**
	f	Mam ochotę na więcej.
	ɔˈxɔta	-I have a craving for more.
680	**osobiście**	**personally**
	adv	Osobiście doglądnę abyś dostał podwyżkę po pierwszym roku.
	ˌɔsɔˈbʲiɕʨɛ	-I'll personally make sure that you have a raise after the first year.
681	**wiadomo**	**needless to say, nobody knows**
	vb	Nie wiadomo dlaczego się zabiła.
	vʲjaˈdɔmɔ	-Nobody knows why she killed herself.
682	**cudownie**	**wonderful; miraculously**
	adv; adv	Cudownie było spotkać się ze starymi znajomymi.
	tsudɔvɲɛ	-It was wonderful to meet old friends.
683	**gratulacje**	**congratulations, congratulations**

	fpl	Gratulacje z okazji otrzymania awansu!
	gratulatsjɛ	-Congratulations on getting a promotion!
684	**podróż**	**travel, trip**
	f	Odłożę moją podróż do Polski aż będzie cieplej.
	pɔdruʒ	-I will postpone my trip to Poland until it is warmer.
685	**podobno**	**it is said, reportedly**
	prt	On był podobno niezłym sportowcem.
	pɔ'dɔbnɔ	-It is said he had been a good sportsman.
686	**wersja**	**version**
	f	Jest ktoś, kto może potwierdzić te wersję wydarzeń?
	vɛrsja	-Is there someone that can confirm this version of events?
687	**kolega**	**mate, buddy**
	m	To kolega z pracy.
	kɔlɛga	-He is my working mate.
688	**lewy**	**left; shady (coll)**
	adj; adj	Ta oferta pracy jest jakaś lewa.
	lɛvɨ	-This job offer seems shady.
689	**zdawać (się)**	**pass; seem, appear** [zdawać, zdać]
	vif; vifr	Zdaje się, że musisz najpierw zdać egzamin na prawo jazdy.
	'zdavatɕ	-It appears that you have to pass your driving license exam first.
690	**zasada**	**rule, principle**
	f	To jest zasada.
	zasada	-That's the rule.
691	**urodziny**	**birthday**
	fpl	Wkrótce Jane obchodzi urodziny. Upiekę dla niej ciasto.
	urɔdʑinɨ	-Jane's birthday will be soon. I am going to bake a cake for her.
692	**zapłacić**	**pay** [płacić, zapłacić]
	vpf	Czy mogę zapłacić czekiem podróżnym?
	zapwatɕitɕ	-May I pay with a travelers' check?
693	**siedzieć**	**sit** [siedzieć, siadać]
	vif	Będę tu siedzieć, póki on śpiewa.
	ɕɛdʑɛtɕ	-I'll sit here while he's singing.
694	**zdobyć (się)**	**achieve, get; dare** [zdobywać, zdobyć]
	vpf; vpfr	Muszę zdobyć coś do jedzenia.
	zdɔbɨtɕ	-I need to get something to eat.
695	**dowód**	**proof; ID (coll)**
	m; m	Niezmienny rytm matematyki to definicja, twierdzenie, dowód.
	dɔvud	-The unalterable rhythm of mathematics is definition, theorem, proof.
696	**wyprawiać (się)**	**organize; dispatch; go on** [wyprawiać, wyprawić]
	vif; vif; vifr	Chcę wyprawiać przyjęcia urodzinowe do końca życia.
	vɨpraviatɕ	-I want to organize parties for my birthday until I die.
697	**sąd**	**court, judge**
	m	Sąd wydał werdykt "winny".
	sɔnd	-The judge brought in a verdict of 'guilty'.
698	**ładny**	**nice, pretty**
	adj	To ładny płaszcz.
	wadnɨ	-That's a nice coat.
699	**pieprzyć (się)**	**spice up; screw (coll)** [pieprzyć, spieprzyć]
	vif; vif2	Tak, chciałem pieprzyć twoją żonę.
	piɛpʒɨtɕ	-Yeah, I wanted to screw your wife.

700	**telewizja**	**TV, television**
	f	Telewizja jest ważnym medium przekazywania informacji.
	tɛlɛvizja	-Television is a very important medium through which to provide information.
701	**święto**	**holiday**
	n	Boże Narodzenie to szczególne święto.
	ɕvientɔ	-Christmas is a special holiday.
702	**rząd**	**government; raw**
	m; m	Rząd powinien zrezygnować z tych przepisów.
	ʐɔnd	-The government should do away with these regulations.
703	**związek**	**relationship; connection**
	m; m	Ten związek był katastrofą od pierwszego dnia.
	zviɔ̃zɛk	-The relationship was a disaster from day one.
704	**pora**	**time**
	f	Wiosna to moja ulubiona pora.
	pɔra	-Spring is my favorite time.
705	**nieco**	**little; bit**
	adv; prn	Chciałbym spać nieco dłużej.
	ɲɛ̃tsɔ	-I want to sleep a little longer.
706	**atak**	**attack**
	m	Najlepszą obroną jest atak.
	atak	-The attack is the best form of defense.
707	**informacja**	**information**
	f	To jest informacja poufna.
	infɔrmat͡sja	-This information is confidential.
708	**uczucie**	**feeling**
	n	Pamiętam to uczucie.
	ut͡ʂ ut͡ɕɛ	-I remember that feeling.
709	**wyjaśnić (się)**	**explain** [wyjaśniać, wyjaśnić]
	vpf2	Też nie mogę tego wyjaśnić.
	vɨ'jaɕɲit͡ɕ	-I can't explain it either.
710	**ej**	**hey**
	i	Ej, zaczekaj chwilę.
	ɛj	-Hey, wait a second.
711	**przyjemność**	**pleasure**
	f	Jej jedyna przyjemność to słuchanie muzyki.
	pʐɨjɛmnɔɕt͡ɕ	-Her only pleasure is listening to music.
712	**lekarz**	**doctor**
	m	Lekarz zbadał Johna.
	lɛkaʐ	-A doctor examined John.
713	**rzeczywiście**	**in fact, actually; truly**
	adv; prt	On jest bardzo dobrym nauczycielem, więc jego dzieci rzeczywiście go słuchają.
	ʐɛt͡ʂɨviɕt͡ɕɛ	-He's a very good teacher, so his children actually listen to him.
714	**zdrowie**	**health**
	n	Zdrowie jest ponad bogactwem.
	zdrɔviɛ	-Health is above wealth.
715	**przychodzić**	**come, come over** [przychodzić, przyjść]
	vif	Zaczyna mi się wydawać, że nie powinienem był tu przychodzić.
	pʂɨ'xɔd͡ʑit͡ɕ	-I'm starting to think that maybe I shouldn't have come here.
716	**błagać (się)**	**beg** [błagać, —]

	vif2	Panie, błagam o litość.
	bwagaʨ	-I beg you for mercy my lord.
717	**boski**	**divine; gorgeous (coll)**
	adj; adj	Wyglądasz bosko w tej sukience.
	bɔski	-You look gorgeous in that dress.
718	**mieszkanie**	**flat, apartment**
	n	John dzielił mieszkanie z Jane i trzema innymi przyjaciółmi.
	miɛ̧škaɲɛ	-John shared the apartment with Jane and three other friends.
719	**wysoki**	**high, tall**
	adj	Jak wysoki jest twój brat?
	vɨsɔki	-How tall is your brother?
720	**głodny**	**hungry**
	adj	Przypuszczam, że jesteś głodny.
	gwɔdnɨ	-I suppose you're hungry.
721	**kolej**	**turn; rail**
	f; f	Twoja kolej.
	kɔlɛj	-It's now your turn.
722	**tuż**	**just, close, shortly**
	adv	Jest nauczycielką angielskiego tuż po studiach.
	tuʐ	-She is an English teacher shortly after college.
723	**przeciw**	**against**
	prp	Studenci demonstrowali przeciw nowemu rządowi.
	pʐ̑ɛʨiv	-The students demonstrated against the new government.
724	**chwilka**	**moment, jiffy**
	f	Oddzwonimy do pana za chwilkę, dobrze?
	x̑vilka	-We'll call you in a moment, all right?
725	**adres**	**address**
	m	Napisz tutaj swój adres.
	adrɛs	-Write your address here.
726	**kuchnia**	**kitchen**
	f	Kuchnia angielska nie interesuje mnie zupełnie.
	kux̑ɲa	-I have no interest whatsoever in English food.
727	**ruch**	**movement, traffic**
	m	Na tej ulicy jest duży ruch.
	rux̑	-There is a lot of traffic on that street.
728	**osiem**	**eight**
	nu	Lot z Warszawy do Gdańska zajmuje dwie godziny, a powrót jedynie półtorej.
	ɔʨɛm	-It takes two hours to fly from Gdańsk to Warsaw, but only one and a half for the return trip.
729	**bank**	**bank**
	m	Musimy poprosić bank o pożyczkę.
	bank	-We must ask the bank for a loan.
730	**okno**	**window**
	n	Mogę otworzyć okno.
	ɔknɔ	-I can open the window.
731	**firma**	**company**
	f	To dobra firma do latania samolotem.
	firma	-They are a good company to fly with.
732	**ciąża**	**pregnancy**

	f	Nieplanowana ciąża to najgorsze co mogło się stać.
	t͡ɕɔ̃ʐa	-Unplanned pregnancy is the worst case scenario.
733	**odłożyć**	**put away, put off** [odkładać, odłożyć]
	vpf	Postanowił odłożyć swój wyjazd.
	ɔdˈwɔʐɨt͡ɕ	-He decided to put off his departure.
734	**śniadanie**	**breakfast**
	n	Oskarżono mnie, że zjadłem szefowi śniadanie.
	ɕɲadaɲɛ	-I was accused of eating the boss's breakfast.
735	**mistrz**	**master, champion**
	m	On jest mistrzem świata w piłkę nożną.
	mistʂ	-He is a soccer world champion.
736	**różny**	**different, diverse**
	adj	Myślimy w różny sposób.
	ruʐnɨ	-We have different ways of thinking.
737	**przysługa**	**favor**
	f	Nie proś mnie o przysługę, bo i tak jej nie spełnię.
	pʂɨswuga	-Don't ask me for a favor, I won't do it anyway.
738	**pobliże**	**surroundings**
	n	Każdy powinien dbać o czystośc w ich pobliżu.
	pɔbliʐɛ	-Everyone should take care of cleaning up their surroundings.
739	**leżeć**	**lie** [leżeć, —]
	vif	Zamierzasz leżeć w łóżku cały dzień?
	lɛʐɛt͡ɕ	-Are you going to lie in bed all day
740	**dawny**	**former, old**
	adj	W dawnych czasach ludzie nie mieli dostępu do internetu.
	davnɨ	-In the old times people didn't have access to the internet.
741	**dolec**	**dollar (coll), buck (doll)**
	m	W Stanach obiad kosztuje ze 20 dolców!
	ˈdɔlɛt͡s	-A dinner in the US costs about 20 bucks!
742	**program**	**program**
	m	Ten program telewizyjny wydawał się bardzo ciekawy.
	prɔgram	-The TV program seemed very interesting.
743	**zadanie**	**task, exercise**
	n	Wreszcie skończyłem zadanie, mogę opuścić szkołę.
	zadaɲɛ	-I have finally finished my exercise, now I can leave the school.
744	**wobec**	**towards, in the face of**
	prp	Moralność jest to podejście, jakie wyrabiamy sobie wobec ludzi, których nie lubimy.
	vɔbɛt͡s	-Morality is simply the attitude we adopt towards people we dislike.
745	**szalony**	**crazy, mad**
	adj	Myślisz, że jestem szalony?
	ʂalɔnɨ	-Do you think I'm crazy?
746	**wrażenie**	**impression**
	n	Mam wrażenie, że kręcimy się w kółko.
	vraʐɛɲɛ	-I have the impression we just keep going around in circles.
747	**kończyć (się)**	**finish, end; run out of** [kończyć, skończyć]
	vif; vifr	Myślę, że czas już kończyć to zebranie.
	kɔɲt͡ʂɨt͡ɕ	-I think it's time to end this meeting.
748	**biały**	**white**

	adj	Mam kota i psa. Kot jest czarny, a pies biały.
	biawł	-I have a cat and a dog. The cat is black and the dog is white.
749	**glina**	**clay; cop (coll)**
	f; m	Glina jest podstawowym składnikiem w garncarstwie.
	glina	-Clay is the essential ingredient in making pottery.
750	**zniszczyć (się)**	**destroy; wear off** [niszczyć, zniszczyć]
	vpf; vpfr	Musimy zniszczyć dowody.
	zɲiɕt͡ɕɨt͡ɕ	-We must destroy the evidence.
751	**chętnie**	**willingly, gladly**
	adv	Tak, chętnie.
	x̂ɛntɲɛ	-Yes, gladly.
752	**łikend**	**weekend**
	m	W pewien łikend wszystkie hotele w mieście były pełne, ponieważ odbywał się duży kongres.
	vɛɛkɛnd	-One weekend all of the hotels in the city were full because there was a large convention.
753	**pociąg**	**train; inclination**
	m; m	Pociąg przyjechał punktualnie.
	pɔt͡ɕɔŋg	-The train arrived on time.
754	**usta**	**mouth**
	fpl	Nie przeklinaj, bo inaczej wymyję ci usta mydłem.
	usta	-Don't curse or I'll wash your mouth out with soap.
755	**bezpieczeństwo**	**security**
	n	Powinieneś zwracać więcej uwagi na swoje bezpieczeństwo.
	bɛzpiet͡ɕɛɲstvɔ	-You should pay more attention to your own safety.
756	**użyć**	**use** [używać, użyć]
	vpf	Ona poradziła mu użyć roweru.
	ˈuʒɨt͡ɕ	-She advised him to use a bicycle.
757	**uratować (się)**	**save** [ratować, uratować]
	vpf2	Możemy uratować John?
	uratɔvat͡ɕ	-Can we save John?
758	**zginąć**	**die, be lost, disappear** [ginąć, zginąć]
	vpf	Mój zegarek znowu zginął.
	zginɔɲt͡ɕ	-My watch is lost again.
759	**z dala**	**away**
	phr	Trzymaj się z dala ode mnie.
	z‿dala	-Keep away from me.
760	**czarny**	**black**
	adj	Mamy dwa psy. Jeden jest czarny, a drugi biały.
	t͡ʂarnɨ	-We have two dogs. One is black and the other is white.
761	**dziewczynka**	**girl**
	f	Dziewczynka trzęsła się ze strachu.
	d͡ʑɛvt͡ʂɨnka	-The girl was trembling with fear.
762	**dumny**	**proud; arrogant**
	adj; adj	Mój ojciec jest ze mnie dumny.
	dumnɨ	-My father is proud of me.
763	**spodobać się**	**like, appeal** [podobać, spodobać]
	vpfr	Każdy powinien ci się spodobać.
	spɔˈdɔbat͡ɕ‿ɕɛ	-Whichever you take, you will like it.
764	**owszem**	**indeed; in fact**

prt; con — Jest mały margines błędu, owszem.
ɔvʂɛm — -There is a thin margin for error indeed.

765 **generał** — **general**
m — Generał skoncentrował wojska w Paryżu.
gɛnɛraw — -The general concentrated the soldiers in Paris.

766 **zabawa** — **fun**
f — Dziś udała nam się zabawa.
zabava — -We had great fun today.

767 **stop** — **alloy; stop**
m; i — Stop! Ten stop metali jest niebezpieczny.
stɔp — -Stop! This metal alloy is dangerous!

768 **nieprawdaż** — **right**
prt — Święta niedługo, nieprawdaż?
ɲɛpravdaʐ — -Christmas is soon, right?

769 **mecz** — **match, game**
m — Mecz piłki nożnej jest jutro.
mɛt͡ʂ — -The soccer game is tomorrow.

770 **koń** — **horse**
m — Koń jest zwierzęciem.
kɔɲ — -The horse is an animal.

771 **zgodnie** — **according to, in line with**
adv — Wszystko szło zgodnie z planem.
zgɔdɲɛ — -Everything went according to plan.

772 **pański** — **your, lordly**
adj — Otrzymałem pański list wczoraj.
paɲski — -I received your letter yesterday.

773 **kasa** — **cash (coll), cash desk**
f — Dostałeś tę kasę za ostatnią robotę?
kasa — -Did you get the cash for your last job?

774 **strzelać** — **shoot** [strzelać, strzelić]
vif — Przestań strzelać.
stʐɛlat͡ɕ — -Stop shooting.

775 **morderstwo** — **murder**
n — Większość ludzi uważa morderstwo za zło.
mɔrdɛrstvɔ — -Most people consider murder wrong.

776 **potrzebny** — **necessary**
adj — Nie jesteś potrzebny do tego zadania.
pɔtʐɛbnɨ — -You're not necessary for this task.

777 **zwłaszcza** — **especially**
adv — John lubi chodzić zwłaszcza do włoskich restauracji.
zvwaʂt͡ʂa — -John especially likes going to Italian restaurants.

778 **niebo** — **sky, heaven**
n — Niebo jest czyste, świeci słońce.
ɲɛbɔ — -The sky is clear and the sun is bright.

779 **opuścić (się)** — **leave; lower; slack off** [opuszczać, opuścić]
vpf; vpf; vpfr — Zamierzam opuścić szkołę.
ɔ'puɕt͡ɕit͡ɕ — -I'm going to leave school.

780 **budynek** — **building**
m — Ten budynek na wzgórzu to nasza szkoła.
bu'd͡ɨnɛk — -The building on the hill is our school.

781	**umieć**	**can, be able to**
	av	Chciałbym umieć pływać.
	umiɛt͡ɕ	-I wish I could swim.

782	**linia**	**line**
	f	Ta linia jest równoległa do tamtej.
	liɲa	-This line is parallel to that.

783	**niewiele**	**a little, not much/many**
	nu	Niewiele osób tak myśli.
	ɲɛviɛlɛ	-Not many people think so.

784	**przód**	**front**
	m	Nauczyciel kazał mi przejść do przodu.
	pʐud	-The teacher ordered me to step out to the front.

785	**zespół**	**team, band; syndrome**
	m; m	Jej ulubiony zespół to Warpaint.
	zɛspuw	-Her favorite band is Warpaint.

786	**wynocha**	**get out, go away**
	i	Wynocha stąd!
	vɨ̃ˈnɔxa	-Get out of here!

787	**wzgląd**	**sake, reason**
	m	Robię to tylko ze względu na ciebie.
	vzglɔnd	-I'm doing this only for your sake.

788	**krok**	**step**
	m	To mały krok dla człowieka, a wielki skok dla ludzkości.
	krɔk	-That's one small step for man, one giant leap for mankind.

789	**żart**	**joke**
	m	To nie jest żart.
	ʐart	-This is not a joke.

790	**prezydent**	**president**
	m	Gdzie jest prezydent?
	prɛzɨdɛnt	-Where's the president?

791	**wyjście**	**exit; solution**
	n; n	Nie ma dobrego wyjścia z takiej sytuacji.
	vɨjɕt͡ɕɛ	-There is no good solution in a situation like this.

792	**niebezpieczny**	**dangerous**
	adj	Ten pies jest zbyt niebezpieczny by biegać luzem.
	ɲɛbɛzpiɛt͡ʂnɨ	-That dog is too dangerous to be left loose.

793	**pistolet**	**gun**
	m	John ma pistolet.
	pistɔlɛt	-John has a gun.

794	**państwo**	**country; Mrs. and Mr.**
	n; n	Państwo Kowalscy musieli opuścić państwo przed wybuchem II wojny światowej.
	paɲstvɔ	-Mrs. and Mr. Kowalski had to leave the country before the start of World War II.

795	**zgoda**	**permission; agreement; okay**
	n; n; prt	To nie była zgoda.
	zgɔda	-It wasn't a permission.

796	**odebrać**	**pick up, receive, answer** [odbierać, odebrać]
	vpf	Zostań w domu, by móc odebrać telefon.
	ɔˈdɛbrat͡ɕ	-Stay home so that you can answer the phone.

797	**udział**	**part; contribution**
	m	Dużo ludzi wzięło udział w maratonie.
	udʑaw	-Lots of people took part in the marathon.
798	**grupa**	**group**
	f	Grupa nastolatków okradła mnie z moich pieniędzy.
	grupa	-A group of teenagers robbed me of my money.
799	**lancz**	**lunch**
	m	Jedliśmy lunch w południe.
	lʌntʃ	-We had lunch at noon.
800	**wygrać**	**win** [wygrywać, wygrać]
	vpf	Nasza drużyna może wygrać.
	vɨgratɕ	-Our team may win.
801	**zeszły**	**last**
	adj	Ktoś się włamał do mojego domu w zeszły weekend.
	zɛʂwɨ	-Someone broke into my house last weekend.
802	**wiara**	**faith, belief**
	f	Jej wiara w Boga była bardzo silna.
	viara	-Her belief in God is very firm.
803	**raport**	**report**
	m	Muszę dzisiaj oddać swój raport.
	rapɔrt	-I have to turn in my report today.
804	**niespodzianka**	**surprise**
	f	To jest niespodzianka.
	ɲɛspɔdʑanka	-It's a surprise.
805	**różnica**	**difference**
	f	Między tymi dwiema teoriami jest olbrzymia różnica.
	ruʐɲitsa	-There exists an enormous difference between the two theories.
806	**porucznik**	**lieutenant**
	m	Odszedłem z wojska ze stopniem porucznika.
	pɔruʈʂɲik	-I left the army as a lieutenant.
807	**metr**	**meter**
	m	Metr to 100 centymetrów.
	mɛtr	-A meter is 100 centimeters.
808	**lista**	**list**
	f	Tutaj jest lista rzeczy, które John musi zrobić.
	lista	-Here's a list of things that John needs to do.
809	**obraz**	**image, painting**
	m	Spójrz na ten obraz.
	ɔbraz	-Look at this painting.
810	**dzwonić**	**call, ring** [dzwonić, zadzwonić]
	vif	Nie musisz do mnie dzwonić.
	dʑvɔɲitɕ	-No need to call me.
811	**przejmować (się)**	**take over; worry about** [przejmować, przejąć]
	vif; vifr	Nie ma się czym przejmować.
	ˈpʃɛjmɔvatɕ̃	-It's nothing to worry about.
812	**wóz**	**car, vehicle, wagon**
	m	No, piękny wóz. Pewnie dałeś za niego majątek?
	vuz	-What a nice car you have! You must have paid a lot for it.
813	**liczyć (się)**	**count; matter, reckon** [liczyć, policzyć]

	vif; vifr	Możesz zawsze na mnie liczyć.
	liʧɨ̑tɕ	-You can always count on me.
814	**fakt**	**fact**
	m	Trudno zanegować ten fakt.
	fakt	-The fact cannot be denied.
815	**zostawać**	**stay, become** [zostawać, zostać]
	vif	Nie mam zamiaru zostawać tu w Krakowie.
	zɔˈstavatɕ	-I have no intention of staying here in Kraków.
816	**powietrze**	**air**
	n	Muzyka spowija nasze życie niczym powietrze.
	pɔviɛtʐɛ	-Music surrounds our lives like air.
817	**mózg**	**brain**
	m	Po tym egzaminie z angielskiego mój mózg jest usmażony.
	muzg	-After that English exam, my brain is fried.
818	**cisza**	**silence**
	f	Cisza ciągle narasta.
	tɕiʂa	-Silence keeps on intensifying.
819	**twierdzić**	**claim, state** [twierdzić, —]
	vif	Kobieta twierdzi, że została zaatakowana nożem.
	tviɛrdʑtɕ	-The woman claims she was attacked with a knife.
820	**sprawiać**	**cause** [sprawiać, sprawić]
	vif	Nie chciałem sprawiać ci kłopotów, chciałem ci pomóc.
	spraviatɕ	-I didn't mean to cause you trouble, I wanted to help you.
821	**wydostać (się)**	**get out** [wydostawać, wydostać]
	vpf2	Powinieneś wydostać się z miasta.
	vɨdɔstatɕ	-You should get out of town.
822	**wewnątrz**	**inside; inside**
	prp; adv	John czekał wewnątrz.
	vɛvnɔntʐ	-John was waiting inside.
823	**zmęczony**	**tired**
	adj	Dlaczego jestem taki zmęczony?
	zmɛnʧɔnɨ	-Why am I so tired?
824	**mila**	**mile**
	f	Do celu pozostało 150 mil.
	mila	-150 miles until you get to your destination.
825	**widok**	**view, sight**
	m	Uciekł na widok policjanta.
	vidɔk	-He ran at the sight of the policeman.
826	**pozbyć się**	**get rid of** [pozbywać, pozbyć]
	vpfr	Musisz się pozbyć złych nawyków.
	pɔˈzbɨtɕ ɕɛ	-You must rid yourself of bad habits.
827	**dług**	**debt**
	m	Zażądałem, żeby spłacił mi naraz cały dług.
	dwug	-I demanded that he pay the debt back at once.
828	**iż**	**that**
	con	Wielu uważa, iż eutanazja jest sposobem na ulżenie pacjentowi cierpień.
	iʃ	-Many consider that euthanasia is a way to relieve a patient's sufferings.
829	**korekta**	**adjustment**
	f	Określana również jako "korekta ryzyka".
	kɔrɛkta	-Also referred to as a 'risk adjustment'.

830	**piłka**	**ball**
	f	Moja piłka wpadła pod samochód.
	piwka	-My ball rolled under the car.
831	**pułkownik**	**colonel**
	m	Te rozkazy są bezpośrednio od pułkownika.
	puwkɔvɲik	-These are orders directly from the colonel.
832	**towar**	**merchandise, item**
	m	Ten towar jest niedostępny.
	tɔvar	-That item is out of stock.
833	**poradzić (się)**	**advise; cope; take advise** [radzić, poradzić]
	vpf; vpf; vpfr	John prawdopodobnie nie będzie w stanie poradzić sobie samemu z tym
	pɔradʑtɕ	problemem.
		-John probably won't be able to cope with the problem by himself.
834	**klasa**	**class**
	f	Nasza klasa składa się z 40 chłopców.
	klasa	-Our class consists of 40 boys.
835	**karta**	**card**
	f	Czuję, że teraz mam dobrą kartę.
	'karta	-I feel like I have a good card now.
836	**dziwnie**	**strange, strangely**
	adv	Moje wyjaśnienie może zabrzmieć dziwnie.
	dʑvɲɛ	-My explanation may sound strange.
837	**radio**	**radio**
	n	Wyłącz radio, proszę.
	'radʲjɔ	-Turn off the radio, please.
838	**interesować (się)**	**interest; be interested in** [interesować, zainteresować]
	vif; vifr	Interesuję się historią Polski.
	intɛrɛsɔvatɕ	-I'm interested in the history of Poland.
839	**możliwość**	**possibility**
	f	Jak tylko znajdę możliwość, poślę ci pieniądze.
	mɔʑlivɔɕtɕ	-As soon as there's a possibility I'll send you money.
840	**bawić (się)**	**amuse; play** [bawić, —]
	vif; vifr	Mój syn jest na dworze i bawi się z przyjaciółmi.
	'bavʲitɕ	-My son is outside playing with his friends.
841	**nadchodzić**	**come, approach** [nadchodzić, nadejść]
	vif	Nadchodzi Wielkanoc!
	nadxɔdʑtɕ	-Easter is coming!
842	**przyznać (się)**	**admit** [przyznawać, pryznać]
	vpf2	Myślę, że nadszedł czas aby przyznać, że nigdy mi na Tobie nie zależało.
	pʑɨznatɕ	-I think it's time for me to admit that I never cared about you.
843	**stawać (się)**	**stand up; stop; become** [stawać, stać]
	vif; vif; vifr	Ona staje się lepszą wersją siebie.
	'stavatɕ	-She becomes a better version of herself.
844	**pić**	**drink** [pić, wypić]
	vif	To bardzo ważne aby latem kiedy się pocimy pić dużo wody.
	pitɕ	-In summer it is essential to drink lots of water when we sweat.
845	**indziej**	**else**
	sfx	Musiałem wyjechać z Warszawy i urządzić się gdzieś indziej.
	'ĩndʑɛj	-I had to leave Warsaw and make my living somewhere else.
846	**oglądać (się)**	**watch** [oglądać, obejrzeć]

	vif2	To przyjemność oglądać mecz piłki nożnej w telewizji.
	oglⁿdatɕ	-It is a pleasure to watch a soccer game on TV.
847	**akurat**	**exactly; just; as if**
	prt; adv; i	Akurat! John był tu akurat chwilę temu.
	akurat	-As if! John was here just a moment ago.
848	**wujek**	**uncle**
	m	Brat mojego ojca to mój wujek.
	vujɛk	-My father's brother is my uncle.
849	**uciekać (się)**	**run away; resort** [uciekać, uciec]
	vif; vifr	Muszę uciekać, bo inaczej mnie aresztują.
	utɕɛkatɕ	-I must run away or I will be imprisoned.
850	**zastanawiać (się)**	**puzzle; dwell** [zastanawiać, zastanowić]
	vif; vifr	Naukowców do dzisiaj zastanawia jak powstał wszechświat.
	zastanaviatɕ	-The way the universe was created puzzles scientists to this day.
851	**kierunek**	**direction**
	m	Nie podoba mi się kierunek, w którym zmierza ta rozmowa.
	kiɛrunɛk	-I don't like the direction this conversation's going in.
852	**pojechać**	**go** [jechać, pojechać]
	vpf	Chciałbym pojechać do Ameryki.
	pɔjɛxatɕ	-I would like to go to America.
853	**okolica**	**area**
	f	Ta okolica jest niezwykle odludna.
	ɔkɔlitsa	-This area is extremely isolated.
854	**kwiat**	**flower**
	m	Ten kwiat jest piękny, nieprawdaż?
	kviat	-This flower is beautiful, isn't it?
855	**wyjechać**	**leave, move** [wyjeżdżać, wyjechać]
	vpf	Zdecydował się wyjechać za granicę.
	vɨjɛxatɕ	-He decided to move abroad.
856	**punkt**	**point**
	m	Punkt widzenia zależy od punktu siedzenia.
	punkt	-One's point of view depends on the point where one sits.
857	**szkodzić**	**harm** [szkodzić, zaszkodzić]
	vif	Tego typu pisma mogą szkodzić młodym ludziom.
	ʂkɔdzitɕ	-This kind of magazine can do harm to young people.
858	**daleki**	**far**
	adj	Nauczyciel był daleki od zadowolenia z wyniku.
	dalɛki	-The teacher was far from satisfied with the result.
859	**język**	**tongue; language**
	m; m	Aby opanować obcy język, trzeba mnóstwo ćwiczeń.
	jɛ̃zɨk	-It takes a great deal of practice to master a foreign language.
860	**wydarzyć się**	**happen** [wydarzać, wydarzyć]
	vpfr	Coś złego miało się zaraz wydarzyć.
	vɨ'daʐɨtɕ ɕɛ	-Something bad was about to happen.
861	**absolutnie**	**definitely**
	adv	John absolutnie nie jest głupi. Jest tylko leniwy.
	absɔlutɲɛ	-John is definitely not stupid. He's just lazy.
862	**sygnał**	**signal, sign**
	m	Daj nam zaraz sygnał do wymarszu.
	sɨgnaw	-Give us the sign to go soon.

863	**dane**	data
	fpl	Pamiętaj, te dane są ściśle tajne.
	'dãnɛ	-Remember, this data is classified.
864	**kość**	bone
	f	John dał swojemu psu kość.
	kɔɕt͡ɕ	-John gave a bone to his dog.
865	**tatuś**	daddy
	m	Wiesz, jak tatuś uwielbia kąpiele.
	tatuɕ	-You know how much daddy likes bath time.
866	**śmiało**	safely; bravely; come on
	adv; adv; i	Możesz śmiało skorzystać z tego auta.
	'ɕmʲjawɔ	-You can use this car safely.
867	**ubranie**	clothing
	n	Musisz załatwić sobie jakieś porządne ubranie.
	u'brãɲɛ	-You need to get yourself some decent clothing.
868	**kontakt**	contact; socket
	m; m	Jeśli kiedykolwiek nawiążemy kontakt z obcymi, jak się z nimi porozumiemy?
	kɔntakt	-If we ever got in touch with an alien race, how would we communicate with it?
869	**łódź**	boat
	f	John ma łódź.
	wud͡ʑ	-John has a boat.
870	**pytać (się)**	ask [pytać, spytać]
	vif2	Przestałbyś, proszę, pytać mnie o to?
	pɨtat͡ɕ	-Would you please quit asking me that?
871	**zmieniać (się)**	change, transform [zmieniać, zmienić]
	vif2	Moda jest formą brzydoty tak nie do zniesienia, że trzeba zmieniać ją co sześć miesięcy.
	zmiɛɲat͡ɕ	-Fashion is a form of ugliness so intolerable that we have to change it every six months.
872	**wiatr**	wind
	m	Pewnego dnia pobiegnę z wiatrem.
	viatr	-Someday I'll run with the wind.
873	**cholerny**	damn (coll)
	adj	Straciłem już czterech ludzi przez ten cholerny sygnał.
	xɔlɛrnɨ	-I've already lost four crewmen trying to send out that damn signal.
874	**chronić (się)**	protect, cover [chronić, —]
	vif2	John zrobiłby wszystko, aby chronić Jane.
	xrɔɲit͡ɕ	-John would do anything to protect Jane.
875	**laboratorium**	laboratory
	n	Sami musi iść do laboratorium.
	labɔratɔrium	-Sami has to go to the laboratory.
876	**wolność**	freedom
	f	Ten posąg wyobraża wolność.
	vɔlnɔɕt͡ɕ	-The statue expresses freedom.
877	**amen**	amen
	i	Wydaje mi się, że ksiądz nie mógł powiedzieć "Amen."
	amɛn	-I believe that the priest could not speak "Amen."
878	**okropny**	awful, terrible

	adj	To był okropny dzień.
	ɔkrɔpnɨ	-It was a terrible day.
879	**gorąco**	**hot; heat**
	adv; n	Jest bardzo gorąco.
	gɔrɔntsɔ	-It's very hot.
880	**akcja**	**action; share**
	f	Akcja tej sztuki dzieje się pod Krakowem.
	aktsja	-The action of the play takes place near Kraków.
881	**sto**	**one hundred**
	nu	Wiek to sto lat.
	stɔ	-A century is one hundred years.
882	**kazać**	**order** [kazać, —]
	vif	Mama każe ci wyłączyć komputer.
	kazatɕ	-Mum orders you to turn off your computer.
883	**stracić**	**lose** [tracić, stracić]
	vpf	Nie chcę stracić twarzy.
	stratɕitɕ	-I don't want to lose face.
884	**cholernie**	**damn (coll)**
	adv	My też użyjemy cholernie dużej przynęty.
	xɔlɛrɲɛ	-We're going to use damn big bait.
885	**tamten**	**that**
	prn	Czy mógłbym zobaczyć tamten?
	tamtɛn	-Can I see that one?
886	**zaufać**	**trust** [ufać, zaufać]
	vpf	On jest jedynym przyjacielem, któremu mogę naprawdę zaufać.
	zaufatɕ	-He is the only friend I can really trust.
887	**czytać**	**read** [czytać, przeczytać]
	vif	Wolę czytać niż pisać.
	tʂɨtatɕ	-I prefer reading to writing.
888	**wraz**	**together with**
	prp	Opowiadanie kończy się wraz z jego śmiercią.
	vras	-The story ends together with his death.
889	**szczególnie**	**especially**
	adv	Szczególnie w tym przypadku potrzebna była natychmiastowa pomoc medyczna.
	ʂtʂɛgulɲɛ	-Especially in this case immediate medical help was necessary.
890	**sprzedać (się)**	**sell** [sprzedawać, sprzedać]
	vpf2	Naprawdę chcesz sprzedać to w internecie?
	spʐɛdatɕ	-Are you seriously thinking about selling this online?
891	**spytać (się)**	**ask** [pytać, spytać]
	vpf2	Czy mógłbym spytać, jak się nazywasz?
	'spɨtatɕ	-May I ask you what your name is?
892	**wysłać**	**send** [wysyłać, wysłać]
	vpf	Mógłbyś wysłać ten list do Japonii?
	vɨswatɕ	-Could you send this letter to Japan?
893	**przypadek**	**case**
	m	To skrajny przypadek.
	pʂɨpadɛk	-It's an extreme case.
894	**duch**	**spirit, ghost**

	m	Duch prawdy i duch wiary - są to filary społeczeństwa.
	duχ	-The spirit of truth and the spirit of freedom — these are the pillars of society.
895	**naprawić**	**repair** [naprawiać, naprawić]
	vpf	Czy możesz to naprawić?
	napravitɕ	-Can you get it repaired?
896	**przyjechać**	**arrive, come** [przyjeżdżać, przyjechać]
	vpf	Jeśli chcesz do mnie przyjechać, przyjeżdżaj.
	pʐɨjɛxatɕ	-If you want to come for a visit, please do.
897	**szlag**	**damn it (coll)**
	i	A niech to szlag trafi!
	ʃlak	-Damn it!
898	**wybrać (się)**	**choose; go** [wybierać, wybrać]
	vpf; vpfr	Nadchodzi taki czas, że musisz wybrać: praca czy rodzina.
	ˈvɨbratɕ	-There comes a time when you need to choose: job or family.
899	**umysł**	**mind**
	m	Każdy wszechświat, na tyle prosty by dało się go zrozumieć, jest zbyt prosty by wytworzyć umysł zdolny go zrozumieć.
	umɨsw	-Any universe simple enough to be understood is too simple to produce a mind able to understand it.
900	**gadać**	**talk (coll)** [gadać, pogadać]
	vif	Nie gadać podczas lekcji!
	gadatɕ	-Don't talk during class!
901	**nóż**	**knife**
	m	Czy mogę pożyczyć twój nóż?
	nuʐ	-May I borrow your knife?
902	**armia**	**army**
	f	Nawet cała armia mnie nie pokona!
	armia	-A whole army wouldn't be able to defeat me!
903	**badanie**	**research, examination**
	n	Chciałbym zrobić badanie lekarskie mojej 2-letniej córeczki.
	badaɲɛ	-I'd like to get a medical examination for my two-year-old daughter.
904	**Ameryka**	**America**
	f	Ameryka cię kocha.
	ãˈmɛrɨka	-America loves you.
905	**strach**	**fear**
	m	Strach zaraża i niszczy wszystko, czego się dotknie.
	straχ	-Fear infects and corrupts everything it touches.
906	**uczyć (się)**	**teach; learn** [uczyć, nauczyć]
	vif; vifr	Musisz codziennie uczyć się polskiego.
	utʂɨtɕ	-You must learn Polish every day.
907	**zemrzeć**	**die** [—, zemrzeć]
	vpf	Nie dam ci tak zemrzeć bez honoru!
	zɛmʐɛtɕ	-I won't let you die an unhonorable death.
908	**zdecydowanie**	**definitely; resolution**
	adv; n	Z nas wszystkich John zdecydowanie wykazał się największym zdecydowaniem.
	zdɛtsɨdɔvaɲɛ	-Of us all, John definitely showed the greatest resolution.
909	**bzdura**	**nonsense**
	f	Ta plotka to bzdura.
	bzdura	-This gossip is nonsense.

910 | **małżeństwo** | **marriage**
n
mawʒɛɲstvɔ
John ostatecznie zakończył małżeństwo z Jane.
-John ended his marriage with Jane after all.

911 | **stopa** | **foot**
f
stɔpa
Ten piasek jest tak gorący, że zaraz spai mi stopy.
-The sand is so hot it's going to burn my feet soon.

912 | **forsa** | **money (coll)**
f
fɔrsa
Ty! Ręce do góry, a ty pakuj forsę do torby.
-You! Keep your hands up. You put money in the bag.

913 | **słodki** | **sweet**
adj
swɔtki
Cukier jest słodki.
-Sugar is sweet.

914 | **pieprz** | **pepper**
m
piɛpʐ
Podaj mi, proszę, sól i pieprz.
-Please give me salt and pepper.

915 | **niedaleko** | **near**
adv
ɲɛdalɛkɔ
Moje mieszkanie jest niedaleko.
-My apartment is near here.

916 | **południe** | **south; noon**
n; n
pɔwudɲɛ
Obiad jem codziennie w południe.
-I eat lunch every day at noon.

917 | **nos** | **nose**
m
nɔs
Słoń ma długi nos.
-An elephant has a long nose.

918 | **profesor** | **professor**
m
prɔfɛsɔr
Ten profesor jest autorytetem w dziedzinie Beksińskiego.
-That professor is an authority on Beksiński.

919 | **wart** | **worth**
adj
vart
Ile wart jest ten pierścionek?
-How much is this ring worth?

920 | **warto** | **worth; worth**
prt; vb
'vartɔ
Warto obejrzeć ten film dwa lub trzy razy.
-The movie is worth seeing at least two or three times.

921 | **rozmowa** | **conversation**
f
rɔzmɔva
Jak wypadła rozmowa?
-How did your conversation go?

922 | **pomagać** | **help** [pomagać, pomóc]
vif
pɔmagatɕ
Jane obiecała swojej mamie, że będzie jej częściej pomagać.
-Jane promised her mother that she would help her more often.

923 | **dziadek** | **grandfather**
m
'dʑadɛk
Mój dziadek pochodzi z Wrocławia.
-My grandfather comes from Wrocław.

924 | **odbiór** | **reception, response**
m
ɔdbiur
Sztuka spotkała się z negatywnym odbiorem.
-The play had a negative reception.

925 | **dusza** | **soul**
f
duʂa
Na pytanie "Czym jest przyjaźń?" odpowiedział "To jedna dusza podzielona na dwa ciała."
-To the question, "What is a friend?" his reply was "A single soul dwelling in two bodies."

926	**jakość**	**quality**
	f	Wolę jakość niż ilość.
	jakɔɕtɕ	-I prefer quality to quantity.
927	**podziękować**	**thank** [dziękować, podziękować]
	vpf	Chcę ci za to podziękować.
	pɔdʑɛŋkɔvatɕ	-I want to thank you for that.
928	**opowiedzieć (się)**	**tell; support** [opowiadać, opowiedzieć]
	vpf; vpfr	Proszę opowiedzieć nam o swojej rodzinie.
	ˌɔpɔˈvʲjɛdʑɛtɕ	-Please tell us about your family.
929	**sklep**	**shop**
	m	Ten sklep jest zamykany o dziewiątej.
	sklɛp	-This shop is closed at nine.
930	**pełny**	**full**
	adj	Mój żołądek jest pełny.
	pɛwnɨ	-My stomach's full.
931	**teren**	**area**
	m	John i Jane w tej chwili sprzątają teren.
	tɛrɛn	-John and Jane are now cleaning up the area.
932	**aha**	**oh; yep**
	i; i	Aha, no i praca też go nie cieszy.
	axa	-Oh, and he's dissatisfied with his job.
933	**zapach**	**smell**
	m	Te kwiaty mają wyjątkowy zapach.
	zapax	-These flowers have a unique smell.
934	**zechcieć**	**be willing to** [chcieć, zechcieć]
	vpf	Może pan zechcieć przejść się po ogrodzie.
	zɛxtɕɛtɕ	-You may be willing to take a walk in the garden, sir.
935	**zmiana**	**change, shift**
	f	Moja zmiana kończy się za kilka godzin.
	zmiana	-My shift's over in a couple of hours.
936	**zdarzać się**	**happen** [zdarzać, zdarzyć]
	vifr	Takie rzeczy mogą się zdarzać.
	zdaʐatɕ	-Things like that can happen.
937	**szaleństwo**	**madness**
	n	Szaleństwo to najgorsze co może mnie spotkać.
	ʂalɛɲstvɔ	-Madness is the last thing I want to happen to me.
938	**zazwyczaj**	**usually, usual**
	adv	Mamy mniej śniegu niż zazwyczaj.
	zazvɨtʂaj	-We have less snow than usual.
939	**piątek**	**Friday**
	m	Nareszcie piątek.
	piɔntɛk	-Finally, it's Friday.
940	**poprzez**	**through, by**
	prp	Możesz się ze mną skontaktować poprzez mojego agenta.
	pɔpʐɛz	-You can contact me through my agent.
941	**umierać**	**die** [umierać, umrzeć]
	vif	Nie chcę umierać.
	umiɛratɕ	-I don't want to die.
942	**odzyskać**	**get back, regain** [odzyskiwać, odzyskać]

	vpf	Nareszcie odzyskałem swój skradziony zegarek.
	ɔdʑiskat͡ɕ	-I finally got my stolen watch back.
943	**pisać**	**write** [pisać, napisać]
	vif	Potrafię pisać 50 słów na minutę.
	pisat͡ɕ	-I can type 50 words a minute.
944	**północ**	**north; midnight**
	f; f	Kierujemy się na północ.
	puwnɔt͡s	-We are heading North.
945	**brawo**	**applause; bravo**
	n; i	Chciałem powiedzieć "brawo" i powiedziałem.
	bravɔ	-I wanted to say "bravo," so I said "bravo".
946	**napisać**	**write** [pisać, napisać]
	vpf	Powinienem był wczoraj napisać ten list.
	napisat͡ɕ	-I should have written this letter yesterday.
947	**znajdować (się)**	**find; be located** [znajdować, znaleźć]
	vif; vifr	Znajdujemy się obecnie na starym mieście w Gdańsku.
	znajdɔvat͡ɕ	-We find ourselves in Gdańsk's old town.
948	**silny**	**strong; powerful**
	adj; adj	Jest niski, ale silny.
	ɕilnɨ	-He is short but strong.
949	**decyzja**	**decision**
	f	Niestety, decyzja jest ostateczna.
	dɛt͡sɨzja	-Unfortunately, the decision is final.
950	**pochodzić**	**come from** [pochodzić, —]
	vif	Pochodzę z Polski.
	pɔxɔdʑit͡ɕ	-I come from Poland.
951	**babcia**	**grandmother**
	f	Moja babcia mówi powoli.
	babt͡ɕa	-My grandmother speaks slowly.
952	**minąć (się)**	**pass by** [mijać, minąć]
	vpf2	Nasze poglądy mijają się ze sobą.
	ˈmʲinɔ̃nt͡ɕ	-Our views are different.
953	**może**	**maybe**
	prt	Może źle, że to zrobiłem.
	mɔʐɛ	-Maybe I shouldn't have done that.
954	**zniknąć**	**disappear** [znikać, zniknąć]
	vpf	Nie możesz teraz tak po prostu zniknąć!
	ˈzʲniknɔ̃nt͡ɕ	-You can't just disappear now!
955	**ryba**	**fish**
	f	Popatrz, w jeziorze pływa dużo kolorowych ryb.
	ˈrɨba	-Look, there's a lot of colorful fish in the lake.
956	**położyć (się)**	**put; lie down** [kłaść, położyć]
	vpf; vpfr	Czy mógłbym się gdzieś położyć?
	pɔwɔʐɨt͡ɕ	-Is there someplace I can lie down?
957	**łatwy**	**easy**
	adj	Masz łatwy dostęp do jeziora.
	watvɨ	-You have easy access to the lake.
958	**sztuka**	**art, piece**
	f	Życie to nie nauka, to sztuka.
	ʂtuka	-Life is not science, it's art.

959	**przypominać (się)**	**remind** [przypominać, przypomnieć]
	vif2	Dlaczego muszę ci przypominać o sprzątaniu pokoju?
	pʂɨpɔmˈinatɕ	-Why do I have to remind you to keep your room clean.
960	**odnaleźć (się)**	**find** [odnajdować, odnaleźć]
	vpf2	Pomaga to młodemu mężczyźnie odnaleźć swoje miejsce na świecie, jeżeli miał on mentora.
	ɔdnalɛztɕ	-It helps a young man find his place in the world if he has a mentor.
961	**biedny**	**poor**
	adj	On jest biedny.
	biɛdnɨ	-He is poor.
962	**gdziekolwiek**	**anywhere**
	prn	Możesz iść gdziekolwiek chcesz.
	gdʑɛkɔlviɛk	-You can go anywhere you like.
963	**zejść (się)**	**come down; gather** [schodzić, zejść]
	vpf; vpfr	Wujek kazał mi zejść z drzewa.
	zɛjɕtɕ	-Uncle told me to come down from the tree.
964	**stacja**	**station**
	f	Gdzie znajduje się najbliższa stacja metra?
	statsja	-Where is the nearest subway station?
965	**ranny**	**injured; early**
	adj; adj	Został ciężko ranny w postrzale.
	rannɨ	-He was shot and seriously injured.
966	**trwać**	**last** [trwać, —]
	vif	To nie może tak trwać.
	trvatɕ	-It can't last any longer.
967	**doczekać (się)**	**look forward; last** [doczekiwać, doczekać]
	vpf; vpfr	Nie mogłem doczekać się rozpoczęcia gry.
	dɔtʂɛkatɕ	-I was looking forward to the start of the game.
968	**ruszyć (się)**	**move** [ruszać, ruszyć]
	vpf2	Pomógłbyś mi to ruszyć?
	ˈruʃɨtɕ	-Would you help me move this?
969	**książę**	**prince**
	m	Książę stał się królem tego dnia.
	kɕɔ̃ʒɛ̃	-The prince became a king that day.
970	**utrzymać (się)**	**keep; provide for** [utrzymywać, utrzymać]
	vpf; vpf2	Pracowałem ciężko aby się utrzymać.
	utʐɨmatɕ	-I worked hard in order to provide for myself.
971	**ofiara**	**victim, sacrifice**
	f	Ofiara wypadku złożyła największą ofiarę – swoje życie.
	ɔfiara	-The victim of the accident made the biggest sacrifice – his life.
972	**czyżby**	**really; really**
	prt; i	Czyżby?! Czyżby on naprawdę chciał nas okłamać?
	ˈtʂɨʒbɨ	-Really?! Is he really going to lie to us?
973	**wątpić**	**doubt** [wątpić, zwątpić]
	vif	Tak czy inaczej, należy wątpić w zdrowy rozsądek.
	vɔntpitɕ	-One way or another, you should doubt common sense.
974	**zbrodnia**	**crime**
	f	Do popełnienia zbrodni doszło w godzinach wieczornych.
	zbrɔdɲa	-The crime was committed in the evening hours.
975	**gwiazda**	**star**

	f	Jaka gwiazda jest dziś na topie?
	gviazda	-Which star is "the hotness" today?
976	**zwierzę**	**animal**
	n	Jak się nazywa to zwierzę po japońsku?
	zviεʐ̃ε̃	-What do you call this animal in Japanese?
977	**zaczekać**	**wait** [czekać, zaczekać]
	vpf	Będzie musiała na niego zaczekać.
	za'ʧɛkaʨ̂	-She'll have to wait for him.
978	**wyraźnie**	**clearly**
	adv	Powiedź to wyraźnie.
	vɨraʑɲɛ	-Say it clearly.
979	**strzał**	**shot**
	m	John wydawało się, że usłyszał strzał.
	stʐaw	-John thought he heard a shot.
980	**zadowolony**	**satisfied, happy**
	adj	Z twojego milczenia wnioskuję, że nie jesteś zadowolony z mojej odpowiedzi.
	zadɔvɔlɔnɨ	-I take it from your silence that you are not satisfied with my answer.
981	**przeszłość**	**past**
	f	Studiujemy przeszłość, dla dobra przyszłości.
	pʐɛ̂ʂwɔʨ̂ɕ	-We study the past for the sake of the future.
982	**łeb**	**head (coll)**
	m	Aż bym go uderzył w ten pusty łeb!
	wɛb	-I would love to hit him in his empty head!
983	**winien**	**owe; should**
	adj; av	Ile jestem ci winien?
	viɲɛn	-How much do I owe you?
984	**ząb**	**tooth**
	m	Który ząb boli?
	zɔmb	-Which tooth hurts?
985	**agent**	**agent**
	m	Zagraniczny agent, tajniak na jakiejś specjalnej misji zwiadowczej.
	agɛnt	-A foreign agent, undercover on some kind of special scout mission.
986	**cena**	**price**
	f	Cena była absurdalnie wysoka.
	t͡sɛna	-The price was absurdly high.
987	**cudowny**	**wonderful**
	adj	Jego nowy samochód jest cudowny.
	t͡sudɔvnɨ	-His new car is wonderful.
988	**złoto**	**gold**
	n	Przyznał, że to on ukradł złoto.
	zwɔtɔ	-He admitted that he stole the gold.
989	**równie**	**equally; as well as**
	adv	On mówi po tajsku równie dobrze jak po angielsku.
	ruvɲɛ	-He can speak Thai as well as English.
990	**dno**	**bottom**
	n	Jej pierścionek wpadł do rzeki i opadł na dno.
	dnɔ	-Her ring fell into a river and sank to the bottom.
991	**restauracja**	**restaurant**
	f	Czy jest tu jakaś dobra restauracja w okolicy?
	rɛstauratsja	-Are there any good restaurants around here?

992	**przekonać (się)**	**convince; realize** [przekonywać, przekonać]
	vpf; vpfr	Chyba nigdy nie zdołasz go przekonać, że nie ma racji.
	pẑɛkɔnaʨ	-It's unlikely that you'll ever be able to convince him that he's wrong.
993	**tańczyć**	**dance** [tańczyć, zatańczyć]
	vif	Idziemy tańczyć dzisiaj wieczorem.
	taɲʧ̑iʨ	-We're going dancing tonight.
994	**pijany**	**drunk**
	adj	John biegał po ulicach pijany i nagi.
	pijanɨ	-John was running around the streets drunk and naked.
995	**po prostu**	**simply, just**
	phr	Kiedy tam dotrzesz, po prostu spróbujesz uwieść żonę Johna.
	pɔ‿ˈprɔstu	-When you get there, you will simply attempt to seduce John's wife.
996	**głęboko**	**deep, deeply**
	adv	Osłucham cię. Oddychaj proszę głęboko.
	gwɛmbɔkɔ	-I will listen to your chest. Breathe deeply, please.
997	**pamięć**	**memory**
	f	Ten widok trwale wrył się jej w pamięć.
	pamiɛɲʨ̑	-That scene was imprinted in her memory.
998	**ślad**	**footprint; trace**
	m; m	Zobacz, ktoś zostawił świeże ślady na śniegu.
	ɕlad	-Look, there are some fresh footprints in the snow.
999	**szoł**	**show**
	n	Tournee po Stanach z własnym show.
	ʃɔw	-A tour of the States with my own show.
1000	**zagrać**	**play** [grać, zagrać]
	vpf	Chcesz zagrać w filmie?
	zagraʨ̑	-Do you want to play in a movie?
1001	**poziom**	**level**
	m	Próbował pan sprawdzić poziom oleju?
	ˈpɔʑɔ̃m	-Have you thought of checking the oil level?
1002	**zajmować (się)**	**occupy; care; work** [zajmować, zająć]
	vif; vifr; vifr	John powinien lepiej zajmować się swoimi dziećmi.
	zajˈmɔvaʨ̑	-John should take better care of his children.
1003	**wyobrazić**	**imagine** [wyobrażać, wyobrazić]
	vpf	Czy umie pan sobie wyobrazić, jakie byłoby życie bez telewizji?
	ˌviɔˈbraʑiʨ̑	-Can you imagine what life would be like without television?
1004	**trzeci**	**third**
	adj	Na trzeci dzień było wesele.
	tʐɛʨ̑i	-On the third day a wedding took place.
1005	**troszkę**	**a little**
	nu	Musimy pojechać troszkę na około.
	ˈtrɔʃkɛ	-We need to make a slight detour.
1006	**alarm**	**alarm**
	m	Kiedy John wychodzi w nocy, uruchamia alarm antywłamaniowy.
	alarm	-When John leaves at night, he turns on the burglar alarm.
1007	**studia**	**studies**
	fpl	To głupie z twojej strony zaniedbywać swoje studia.
	studia	-It is silly of you to neglect your studies.
1008	**znacznie**	**much**

	adv	On jest znacznie wyższy ode mnie.
	znat͡ʂɲɛ	-He is much taller than me.
1009	**czerwony**	**red**
	adj	Myślę, że założę ten czerwony sweter.
	t͡ʂɛrvɔnɨ	-I think I will wear this red sweater.
1010	**przeszkadzać**	**disturb, bother** [przeszkadzać, przeszkodzić]
	vif	John nie chciał przeszkadzać Marii gdy się uczyła.
	pʐɛʂkad͡ʐat͡ɕ	-John didn't want to bother Jane while she was studying.
1011	**zachować (się)**	**keep; behave** [zachowywać, zachować]
	vpf; vpfr	Musisz zachować absolutną ciszę.
	zaxɔvat͡ɕ	-You must keep absolutely quiet.
1012	**kolor**	**color**
	m	Mój ulubiony kolor to brązowy.
	kɔlɔr	-My favorite color is brown.
1013	**rzeka**	**river**
	f	Rzeka to ciek wodny.
	ʐɛka	-A river is a stream of water.
1014	**ochrona**	**protection, security**
	f	Ochrona powinna zająć się utrzymaniem porządku.
	ɔxrɔna	-Security should take care of maintaining the place peaceful.
1015	**zabierać (się)**	**take; get to** [zabierać, zabrać]
	vif; vifr	Muszę się za to zabrać i w końcu zabrać stąd starą szafę.
	zabiɛrat͡ɕ	-I need to finally get to it and take the old wardrobe away from here.
1016	**fory**	**head start**
	fpl	Dam ci fory i zaczekam 5 minut, zanim zacznę.
	fɔrɨ	-I'll give you a head start and wait 5 minutes before I start.
1017	**idiota**	**idiot (coll)**
	m	Tak, w Białymstoku też mówimy "idiota", gdy chcemy kogoś obrazić.
	idiɔta	-Yes, in Białystok too, we say "idiot" when we are insulting someone.
1018	**sala**	**room, hall**
	f	Sala do zebrań jest zajęta.
	sala	-The meeting room is occupied now.
1019	**podnieść (się)**	**pick up, raise; stand up** [podnosić, podnieść]
	vpf; vpfr	Zapomniałem podnieść słuchawki przed wybraniem numeru.
	pɔdɲɛɕt͡ɕ	-I forgot to pick up the receiver before dialing the number.
1020	**przyszły**	**future**
	adj	Chciałabym wiedzieć kto będzie moim przyszłym mężem.
	pʐɨʂwɨ	-I'd like to know who my future husband is.
1021	**powtarzać (się)**	**repeat** [powtarzać, powtórzyć]
	vif2	Jeśli chcesz mówić jak rodzimy użytkownik, musisz powtarzać to samo zdanie raz za razem
	pɔvtaʐat͡ɕ	-If you want to sound like a native speaker, you must be willing to repeat the same sentence over and over.
1022	**samobójstwo**	**suicide**
	n	Popełni samobójstwo, jeśli nie będzie mógł zobaczyć syna.
	samɔbujstvɔ	-He will commit suicide if he can't see his son.
1023	**kurde**	**heck (coll)**
	i	Widziałem też konferencję prasową... kurde!
	'kurdɛ	-Saw that press conference, too… heck!
1024	**nadejść**	**come, arrive** [nadchodzić, nadejść]

	vpf	Lato musi w końcu nadejść.
	'nadɛjɕʨ̑	-Summer has to come eventually.
1025	**dokument**	**document**
	m	Uczeń zdecydował się skrócić swój dokument poprzez wyrzucenie z niego zbędnych szczegółów.
	dɔkumɛnt	-The student decided to shorten his document by taking out unnecessary details.
1026	**życzyć**	**wish** [życzyć, zażyczyć]
	vif	Życzę ci wesołych Świąt Bożego Narodzenia!
	ʐɨt͡ʂɨʨ	-I wish you a Merry Christmas!
1027	**kościół**	**church**
	m	Zbierają datki na kościół.
	kɔɕʨ͡ɕiuw	-They are collecting money for the church.
1028	**dookoła**	**around**
	adv	Podróżował dookoła kraju.
	dɔɔkɔwa	-He traveled around the country.
1029	**wchodzić**	**enter** [wchodzić, wejść]
	vif	Nie wolno wchodzić do pokoju.
	vx͡ɔdʑʨ͡ɕ	-You must not enter the room.
1030	**kompletnie**	**completely**
	adv	Jestem kompletnie wyczerpany.
	kɔmplɛtɲɛ	-I'm completely exhausted.
1031	**Francja**	**France**
	f	Francja graniczy z Włochami.
	'frãnt͡ɕ͡ʲja	-France borders Italy.
1032	**lot**	**flight**
	m	To mój pierwszy lot samolotem.
	lɔt	-That was the first flight ever.
1033	**uśmiech**	**smile**
	m	Przepłynąłbym ocean by jeszcze raz zobaczyć twój uśmiech.
	uɕmiɛx̑	-I would swim through the ocean just to see your smile again.
1034	**kawał**	**piece; joke**
	m; m	Kiedy opowiedziałem kawał, publiczność wybuchnęła śmiechem.
	kavaw	-The audience burst into laughter when I told my joke.
1035	**zapewne**	**undoubtfully, perhaps**
	prt	Oni odeszli stąd zapewne na dobre.
	zapɛvnɛ	-They have left here, perhaps for good.
1036	**nawzajem**	**each other; you too**
	adv	Patrzą na siebie nawzajem.
	navzajɛm	-They're staring at each other.
1037	**żołnierz**	**soldier**
	m	Żołnierz dał mi wody.
	ʐɔwɲɛʐ̑	-The soldier gave water to me.
1038	**miecz**	**sword**
	m	Mój miecz jest być może tępy, ale na kogoś takiego jak ty zupełnie wystarczy.
	miɛt͡ʂ̑	-My sword may be blunt, but that's more than enough for someone like you.
1039	**piekło**	**hell**
	n	Niebo i piekło istnieją w sercu człowieka.
	piɛkwɔ	-Heaven and hell exist in the hearts of man.
1040	**zaszczyt**	**honor**

	m	Niegrzecznie byłoby odmówić, to wielki zaszczyt.
	zaȿʧ̑ɕ̇it	-It would be rude to refuse, It's a great honor.
1041	**otwierać (się)**	**open** [otwierać, otworzyć]
	vif2	Czy muszę otwierać okno?
	ɔtviɛraʨ̑	-Do I have to open the window?
1042	**parę**	**a couple, a few**
	nu	Chcemy zwiedzić jutro parę świątyń.
	parɛ̃	-We want to visit a couple of temples tomorrow.
1043	**napić się**	**drink** [pić, napić]
	vpfr	Czuję, że muszę się napić.
	ˌnapʲiʨ̑‿ɕɛ	-I feel like I need a drink.
1044	**przedstawić (się)**	**introduce** [przedstawiać, przedstawić]
	vpf2	W środę mamy przedstawić Jane Johnowi.
	pʃɛtstaviɕ	-We are introducing Jane to John on Wednesday.
1045	**test**	**test**
	m	Jutro będzie test z matematyki.
	tɛst	-There will be a math test tomorrow.
1046	**pokład**	**deck, board**
	m	Kilkoro pasażerów weszło na pokład samolotu.
	pɔkwad	-A few passengers went on board the plane.
1047	**bilet**	**ticket**
	m	Zgubiłem mój bilet.
	bilɛt	-I've lost my ticket.
1048	**spodnie**	**pants, trousers**
	fpl	Włożył czyste spodnie.
	spɔdɲɛ	-He put on clean trousers.
1049	**detektyw**	**detective**
	m	Niesamowity z ciebie detektyw, John.
	dɛtɛktɨv	-You are a great detective, John.
1050	**kieszeń**	**pocket**
	f	Wyjął mały prezent z kieszeni i dał mi go do ręki.
	kiɛȿɛɲ	-He took a small gift out of his pocket and gave it to me.
1051	**obejrzeć (się)**	**watch** [oglądać, obejrzeć]
	vpf2	Mogliśmy z okna obejrzeć zachód słońca.
	ɔbɛjʑ̑ɛʨ̑	-We could see the sunset from the window.
1052	**pozwalać**	**allow, let** [pozwalać, pozwolić]
	vif	Nie możesz sobie pozwalać na zaniedbywanie zdrowia.
	pɔˈzvalaʨ̑	-You can't allow yourself to neglect your health.
1053	**pragnąć**	**desire** [pragnąć, zapragnąć]
	vif	Niczego nie pragnę tak jak ciebie.
	pragnɔɲʨ̑	-I desire you above all.
1054	**wolne**	**a day off, vacation**
	n	Mam dziś wolne.
	ˈvɔlnɛ	-I have a day off today.
1055	**święty**	**holy, saint, sacred**
	adj	Najwidoczniej to drzewo jest dla tubylców święte.
	ɕviɛntɨ	-Apparently, this tree is sacred to the locals.
1056	**połowa**	**half**
	f	Połowa pracy za nami.
	pɔwɔva	-The job is half done.

1057 | **ufać** | **trust** [ufać, zaufać]
vif
ufat͡ɕ | Powinieneś być mądrzejszy i mu nie ufać.
-You should have known better than to trust him.

1058 | **ksiądz** | **priest**
m
kɕɔndʐ | Ten polski ksiądz zaczyna mnie nudzić.
-This Polish priest is starting to bore me.

1059 | **darmo** | **for free**
adv
darmɔ | Wolność nie jest za darmo.
-Freedom is not free.

1060 | **potrwać** | **take** [trwać, potrwać]
vpf
pɔtrvat͡ɕ | Kuracja może potrwać do 6 miesięcy.
-The treatment may take up to 6 months.

1061 | **niezbyt** | **not too...**
adv
ˈɲɛzbɨt | Jesień była długa i niezbyt chłodna.
-The autumn was long and not too cold.

1062 | **herbata** | **tea**
f
xɛrbata | Herbata bez lodu.
-Tea without ice.

1063 | **piosenka** | **song**
f
pjɔsɛnka | Jak się nazywa ta piosenka, którą Krawczyk śpiewał w programie?
-What is that song that Krawczyk was singing in the TV show called?

1064 | **park** | **park**
m
park | Ten park jest piękniejszy od tamtego.
-This park is more beautiful than that.

1065 | **zdarzyć się** | **happen** [zdarzać, zdarzyć]
vpfr
ˈzdaʒɨt͡ɕ‿ɕɛ | Wszystko się może zdarzyć.
-Anything might happen.

1066 | **zmęczyć (się)** | **tire; get tired** [męczyć, zmęczyć]
vpf; vpfr
zmɛnt͡ʂɨt͡ɕ | Zmęczyłem się jego ciągłym gadaniem.
-I got tired of his constant talk.

1067 | **wróg** | **enemy**
m
vrug | Wróg mojego wroga jest moim przyjacielem.
-An enemy of an enemy is a friend.

1068 | **przedtem** | **before**
adv
pʐɛdtɛm | Nigdy przedtem jej nie widziałem.
-I had never seen her before.

1069 | **las** | **forest**
m
las | Ten las jest nawiedzony.
-This forest is haunted.

1070 | **śmieć** | **trash; dare** [śmieć, —]
m; vif
ɕmiɛt͡ɕ | Nie śmiem wyrzucać śmieci w tym miejscu.
-I wouldn't dare to throw trash here.

1071 | **wakacje** | **holiday**
fpl
vakat͡sjɛ | Jak minęły Ci wakacje?
-How was your holiday?

1072 | **drzewo** | **tree; wood**
n; n
dʐɛvɔ | Drzewo łatwo się pali.
-Wood burns easily.

1073 | **szacunek** | **respect**

	m	Zasługują na szacunek.
	ŝat͡sunɛk	-They deserve respect.
1074	**zero**	**zero**
	nu	Zero absolutne jest najniższą możliwą temperaturą.
	zɛrɔ	-Absolute zero is the lowest possible temperature.
1075	**setka**	**a hundred**
	f	Setka skazanych uciekła tamtego dnia.
	sɛtka	-A hundred prisoners escaped on that day.
1076	**ciężki**	**heavy; difficult**
	adj; adj	John miał ciężki tydzień.
	t͡ɕɛ̃ʐki	-John has had a difficult week.
1077	**kod**	**code**
	m	Każda kategoria ma przypisany unikalny kod.
	kɔd	-Each category is assigned a unique code.
1078	**drużyna**	**team**
	f	Nie jest ważne która drużyna wygrywa mecz.
	druʐɨna	-It doesn't matter which team wins the game.
1079	**stół**	**table**
	m	Musisz posprzątać stół.
	stuw	-You must clear the table.
1080	**nosić (się)**	**wear, carry** [nosić, nieść]
	vif2	John zdjął swój płaszcz, bo robiło się zbyt gorąco, żeby go nosić.
	nɔɕit͡ɕ	-John took off his coat because it was getting too hot to wear it.
1081	**auto**	**car**
	n	Tato naprawił auto.
	ˈawtɔ	-Father fixed the car.
1082	**autobus**	**bus**
	m	Czy ten autobus jedzie na plażę?
	autɔbus	-Does this bus go to the beach?
1083	**odpowiadać**	**answer; correspond, suit** [odpowiadać, odpowiedzieć]
	vif; vif	John zadał kilka pytań, na które Jane nie chciała odpowiadać.
	ɔdpɔviadat͡ɕ	-John asked a few questions that Jane didn't want to answer.
1084	**wysoko**	**high**
	adv	Jak wysoko możesz podskoczyć?
	vɨsɔkɔ	-How high can you jump?
1085	**bezpiecznie**	**safe, safely**
	adv	Nigdzie nie jest bezpiecznie.
	bɛzpiɛt͡ʂɲɛ	-No place is safe.
1086	**doprawdy**	**really**
	prt	To doprawdy straszne.
	dɔpravdɨ	-It's really horrible.
1087	**przekazać**	**give, forward** [przekazywać, przekazać]
	vpf	Zapomniałem przekazać mu wiadomość.
	pʐɛkazat͡ɕ	-I forgot to give him the message.
1088	**wybierać (się)**	**choose; go** [wybierać, wybrać]
	vif; vifr	Powinieneś wybierać sobie przyjaciół bardzo ostrożnie.
	vɨbiɛrat͡ɕ	-You should choose your friends very carefully.
1089	**niedobrze**	**bad; sick**
	adv; adv	Niedobrze mi. Chce mi się wymiotować.
	ɲɛdɔbʐɛ	-I feel very sick. I want to throw up.

1090	**umowa**	**agreement, deal**
	f	Umowa stoi.
	umɔva	-We have a deal.
1091	**zabijać (się)**	**kill** [zabijać, zabić]
	vif2	Może i jestem nieszczęśliwy, ale nie zamierzam się zabijać.
	zaˈbʲijätɕ	-Maybe I am unhappy, but I don't intend to commit suicide.
1092	**scenariusz**	**scenario**
	m	Oczywiście jest też inny scenariusz.
	stsɛnariuŝ	-There is, of course, another scenario.
1093	**funt**	**pound**
	m	To będzie 30 funtów
	funt	-It's 30 pounds
1094	**układ**	**system; deal**
	m; m	Z kolegą mamy pewien układ, ale nie możemy zdradzić szczegółów.
	ukwad	-We have a certain deal with my friend but I won't get into the details.
1095	**kontrola**	**control**
	f	Kontrola jakości znowu spieprzyła robotę.
	kɔntrɔla	-Quality control screws up their job again.
1096	**normalny**	**common; normal**
	adj; adj	Nie możemy udawać, że John jest normalny.
	nɔrmalnɨ	-We can't pretend John is normal.
1097	**wątpliwość**	**doubt**
	f	Cokolwiek ci powiedzą, miej wątpliwość.
	vɔntplivɔɕtɕ	-Whatever they tell you, doubt it.
1098	**rachunek**	**bill**
	m	Zapłacę rachunek.
	raxunɛk	-I'll pay the bill.
1099	**dotąd**	**so far; till**
	prn; con	Jak dotąd, wszystko idzie zgodnie z planem.
	dɔtɔnd	-Everything according to the plan so far.
1100	**projekt**	**project, design**
	m	Na razie ten projekt nie jest jeszcze pewny.
	prɔjɛkt	-As for now, the project is still in the air.
1101	**dźwięk**	**sound, noise**
	m	Nagły dźwięk odwrócił ich uwagę od gry.
	dʑviɛŋk	-A sudden noise abstracted their attention from the game.
1102	**proces**	**process**
	m	To jest skomplikowany proces.
	prɔtsɛs	-It is a complicated process.
1103	**kochany**	**lovely, dear**
	adj	Jesteś kochana.
	kɔˈxãnɨ	-You're so lovely.
1104	**pełno**	**lots; full of**
	adv; adv	Mamy pełno rzeczy do zrobienia.
	pɛwnɔ	-We have lots of things to do.
1105	**rzucić (się)**	**throw, quit, dash** [rzucać, rzucić]
	vpf	Gdyby miał pan rzucić pracę, co by pan zrobił?
	ʒutɕitɕ	-If you were to quit your job, what would you do?
1106	**używać**	**use** [używać, użyć]

	vif	Proszę używać automatycznego rozpoznawania mowy!
	użɨvat͡ɕ	-Please use automatic speech recognition!
1107	**impreza**	**party**
	f	Impreza trwała ponad 3 godziny.
	imprɛza	-The party lasted more than three hours.
1108	**czysty**	**clean**
	adj	Rząd dołożył wszelkich starań, by nasz kraj stał się czysty i zielony.
	t͡ʂɨstɨ	-The government has made efforts to make our country clean and green.
1109	**oczywisty**	**obvious**
	adj	Powód szybko stało się oczywisty.
	ɔt͡ʂɨvistɨ	-The reason soon became obvious.
1110	**sprzęt**	**equipment**
	m	Powiedziano mi właśnie, że mam wziąć swój własny sprzęt.
	spʐɛnt	-I've just been told that I have to bring my own equipment.
1111	**wesoły**	**happy; fun**
	adj; adj	Mieliśmy wesoły dzień na plaży.
	vɛˈsɔwɨ	-We had a fun day at the beach.
1112	**spędzić**	**spend** [spędzać, spędzić]
	vpf	Chciałbym spędzić z tobą resztę życia.
	ˈspɛ̃nd͡ʑit͡ɕ	-I'd like to spend the rest of my life with you.
1113	**działo**	**cannon**
	n	Przygotować działo do wystrzału!
	d͡ʑawɔ	-Prepare the cannon to fire!
1114	**czynić**	**do, act** [czynić, uczynić]
	vif	Mama zawsze powtarzała, że powinniśmy czynić dobrze
	t͡ʂɨɲit͡ɕ	-Mum used to say we should act good.
1115	**okoliczność**	**circumstances; case**
	f	Zawsze powinniśmy mieć zapięte pasy bezpieczeństwa, na okoliczność wypadku.
	ɔkɔlit͡ʂnɔɕt͡ɕ	-We should always wear a seatbelt in case we have an accident.
1116	**długi**	**long**
	adj	Z braku czegoś lepszego do roboty, John postanowił wybrać się na długi spacer.
	dwugi	-For the lack of something better to do, John decided to take a long walk.
1117	**obecnie**	**nowadays, currently**
	adv	Burdż Chalifa jest obecnie najwyższym wieżowcem na świecie.
	ɔbɛt͡ʂɲɛ	-Burj Khalifa is currently the tallest skyscraper in the world.
1118	**przypuszczać**	**suppose** [przypuszczać, przypuścić]
	vif	Przypuszczam, że byłeś słaby z języków obcych.
	pʐɨpuʂt͡ʂat͡ɕ	-I suppose you were bad at languages.
1119	**nareszcie**	**finally**
	adv	Nareszcie znalazłem pracę.
	narɛʂt͡ɕɛ	-Finally, I found a job.
1120	**wyjątek**	**exception**
	m	Każda zasada ma swój wyjątek.
	vɨjɔntɛk	-Every rule has its exception.
1121	**prawy**	**right, just**
	adj	John zawsze był prawym człowiekiem.
	pravɨ	-John was a just man.
1122	**księżyc**	**moon**

	m	Księżyc wschodzi nad górami.
	kɕɛ̃ʑits	-The moon is coming up over the mountains.
1123	**klub**	**club**
	m	Klub ma trzydziestu członków.
	klub	-The club has thirty members.
1124	**gratulować**	**congratulate** [gratulować, pogratulować]
	vif	Chcę ci pogratulować wygranej w konkursie.
	gratulɔvatɕ	-I want to congratulate you on your win in the competition.
1125	**rzeczywistość**	**reality**
	f	Czasem trudno odróżnić rzeczywistość od fantazji.
	ʐɛt͡ʂɨvistɔɕtɕ	-Sometimes reality and fantasy are hard to distinguish.
1126	**energia**	**energy**
	f	Odkrywamy nowe źródła, takie jak solarna i atomowa energia.
	ɛnɛrgia	-We are exploring new sources, such as solar and atomic energy.
1127	**udowodnić**	**prove** [udowadniać, udowodnić]
	vpf	Możesz to udowodnić?
	ˌudɔˈvɔdʲɲitɕ	-Can you prove it?
1128	**poważny**	**serious**
	adj	Nie bądź taki poważny. To tylko gra.
	pɔvaʐnɨ	-Don't be so serious. It's only a game.
1129	**przedstawienie**	**performance, play**
	n	Kiedy zacznie się przedstawienie?
	pʐɛdstaviɛɲɛ	-When will the performance begin?
1130	**odwiedzić (się)**	**visit** [odwiedzać, odwiedzić]
	vpf2	Mój wujek przyjedzie jutro nas odwiedzić.
	ɔdˈvʲjɛd͡ʑitɕ	-My uncle is coming to visit us tomorrow.
1131	**litość**	**mercy**
	f	Miej litość!
	ˈlʲitɔɕtɕ	-Have mercy!
1132	**przyjaciółka**	**friend**
	f	Jest tu moja przyjaciółka, Jane.
	pʐɨjat͡ɕiuwka	-My friend, Jane is here.
1133	**prędko**	**soon; fast**
	adv; adv	Pobiegnijmy prędko, a prędko ujrzymy widok z góry.
	prɛntkɔ	-Let's run fast and we'll soon see the view from the top.
1134	**przyjąć (się)**	**accept; assume; stay** [przyjmować, przyjąć]
	vpf; vpf; vpfr	Możemy przyjąć, że on nie chce przyjąć tego do wiadomości.
	pʐɨjɔnt͡ɕ	-We can assume he doesn't want to accept this fact.
1135	**zadać (się)**	**ask; hang out** [zadawać, zadać]
	vpf; vpfr	Muszę zadać to pytanie: czy koniecznym było zadać obrażenia 12 osobom?
	zadatɕ	-I have to ask this question: was it really necessary to cause damage to 12 people?
1136	**panienka**	**young lady**
	f	A dokąd to się wybierasz, panienko?
	paɲɛnka	-Where do you think you're going, young lady?
1137	**odpocząć**	**rest** [odpoczywać, odpocząć]
	vpf	Po godzinnym marszu, zatrzymaliśmy się aby odpocząć.
	ɔdpɔt͡ʂɔnt͡ɕ	-After walking for an hour, we stopped to take a rest.
1138	**fajny**	**cool (coll)**

	adj	Fajny dzień, prawda?
	fajnɨ	-It is a cool day, isn't it?
1139	**bomba**	**bomb**
	f	W 1945 roku na Hiroszimę zrzucona została bomba atomowa.
	bɔmba	-An atomic bomb was dropped on Hiroshima in 1945.
1140	**taniec**	**dance**
	m	John obejrzał taniec Jane.
	taɲɛt͡s	-John watched Jane dance.
1141	**żonaty**	**married**
	adj	Pamiętaj, że jesteś teraz żonaty.
	zɔnatɨ	-Remember you're a married man now.
1142	**bar**	**bar**
	m	John idzie z kumplami do baru.
	bar	-John is going to a bar with his pals.
1143	**cud**	**miracle**
	m	Tylko cud może ją teraz uratować.
	t͡sud	-Nothing but a miracle can save her now.
1144	**wynik**	**score, result**
	m	Wynik potwierdził moje przypuszczenia.
	vɨɲik	-The result confirmed my hypothesis.
1145	**przystojny**	**handsome**
	adj	Myślisz, że jestem przystojny?
	pʐɨstɔjnɨ	-Do you think I'm handsome?
1146	**chłop**	**man (coll); peasant (coll)**
	m; m	Jakby ci chłopi zebrali się razem, mogli by się nas pozbyć.
	xwɔp	-If those peasants gathered together they could overthrow us.
1147	**bezpieczny**	**safe**
	adj	Będziesz ze mną bezpieczny.
	bɛzpiɛt͡ʂnɨ	-You'll be safe with me.
1148	**wstyd**	**shame**
	m	Wstyd, że nie przyszedłeś na ślub swojej siostry.
	vstɨd	-It's a shame you didn't come to your sister's wedding.
1149	**suma**	**sum, amount**
	f	Całość to więcej niż suma jej składników.
	suma	-The whole is greater than the sum of the parts.
1150	**normalnie**	**normally; properly**
	adv; adv	Ważne jest dbanie o zęby, by w późniejszym wieku móc normalnie jeść.
	nɔrˈmalɲɛ	-It's important to take good care of your teeth so you'll be able to eat properly when you get older.
1151	**następnie**	**then; next**
	adv; adv	Kobieta ostrożnie przeliczyła pieniądze, a następnie rzekła: - Wciąż brakuje 0.99.
	nastɛmpɲɛ	-Carefully, the woman counted the money, and then said, "But you're still missing the 0.99."
1152	**plecy**	**back**
	fpl	Moje plecy wciąż bolą.
	plɛt͡sɨ	-My back still hurts.
1153	**major**	**major**
	m	Major ostatnio wydaje dziwne rozkazy.
	majɔr	-The major has been giving out strange orders lately.

1154	**uważnie**	**carefully**
	adv	Słuchaj uważnie, bo przegapisz to, o czym on mówi.
	uvaʑɲɛ	-Listen carefully, or you'll miss what he says.
1155	**zachód**	**west; sunset**
	m; m	Piękny zachód słońca, nieprawdaż?
	zaxud	-A beautiful sunset, isn't it?
1156	**zbliżać (się)**	**get close; approach** [zbliżać, zbliżyć]
	vif; vifr	Nie zbliżać się do miejsca zbrodni.
	zblizatɕ	-Do not approach the crime scene.
1157	**konieczny**	**necessary**
	adj	Poświęcenie było konieczne, aby utrzymać pokój na świecie.
	kɔ̃'ɲɛʧ̑nɨ	-The sacrifice was necessary to keep the world in peace.
1158	**kosztować**	**cost, taste** [kosztować, skosztować]
	vif	To będzie kosztować ok. 10 tys. złotych.
	kɔʂtɔvatɕ	-It will cost around 10,000 złoty.
1159	**wyłączyć (się)**	**turn off** [wyłączać, wyłączyć]
	vpf2	Nie zapomnij wyłączyć gazu zanim wyjdziesz.
	vɨ'wɔ̃nʧ̑itɕ	-Don't forget to turn the gas off before going out.
1160	**mamusia**	**mommy**
	f	Mamusia płakała.
	mamuɕa	-Mommy cried.
1161	**wprost**	**directly**
	adv	Nie mógł powiedzieć tego bardziej wprost.
	vprɔst	-He couldn't have put it more directly.
1162	**pole**	**field**
	n	Myślałem że to pole tekstowe jest polem do wyszukiwania.
	pɔlɛ	-I thought that the text box was a search field.
1163	**kumpel**	**buddy (coll)**
	m	Mój kumpel mnie szukał.
	kumpɛl	-My buddy was looking for me.
1164	**pomyłka**	**mistake**
	f	Przepraszam, czy to nie pomyłka?
	pɔmɨwka	-Excuse me, it's not a mistake?
1165	**w zamian**	**instead of; in return for**
	phr; phr	Przysłała mi prezent w zamian za moją radę.
	v‿zã'mʲjan	-She sent me a present in return for my advice.
1166	**ocalić (się)**	**save** [ocalać, ocalić]
	vpf2	Nie możemy wszystkich ocalić.
	ɔ'ʦ̑alʲitɕ	-We can't save everyone.
1167	**sekret**	**secret**
	m	To sekret.
	sɛkrɛt	-It's a secret.
1168	**odpowiedzialny**	**responsible**
	adj	Kto jest za to odpowiedzialny?
	ɔdpɔviɛdʑalnɨ	-Who is responsible for this?
1169	**oddech**	**breath**
	m	Wstrzymał oddech.
	ɔddɛx	-He held his breath.
1170	**przeprosić (się)**	**apologize** [przepraszać, przeprosić]

	vpf2	Powinieneś za to przeprosić.
	pʃɛˈprɔɕitɕ̃	-You should apologize for that.
1171	**podobnie**	**similarly, similar**
	adv	Wygląda podobnie.
	pɔdɔbɲɛ	-It looks similar.
1172	**zajęcia**	**class**
	fpl	Oni zawsze opuszczają zajęcia szkolne.
	zaˈjɛ̃ntɕa	-They always skip class.
1173	**ho**	**ho**
	i	Ho, ho, ho, wesołych Świąt!
	xɔ	-Ho, ho, ho, Merry Christmas!
1174	**lis**	**fox**
	m	Otoczony lis jest groźniejszy od szakala.
	lis	-A cornered fox is more dangerous than a jackal.
1175	**plaża**	**beach**
	f	Plaża jest idealnym miejscem do zabawy dla dzieci.
	plaʐa	-A beach is an ideal place for children to play.
1176	**Meksyk**	**Mexico**
	m	Kanada i Meksyk mają wspólną granicę z USA.
	mɛksɨk	-Canada and Mexico both share a border with the USA.
1177	**kwestia**	**issue**
	f	Ta kwestia jest bardzo złożona.
	kvɛstia	-This issue is very complex.
1178	**ucho**	**ear**
	n	John jest głuchy na jedno ucho.
	uxɔ	-John is deaf in one ear.
1179	**ledwo**	**barely, hardly**
	adv	Jestem tak zmęczony, że ledwo idę.
	lɛdvɔ	-I am so tired that I can hardly walk.
1180	**klient**	**client, customer**
	m	Klient ma zawsze rację.
	kliɛnt	-The customer is always right.
1181	**służyć**	**serve [służyć, —]**
	vif	Kiedyś służył w armii.
	swuʐɨtɕ	-He used to serve in the army.
1182	**kłamać**	**lie [kłamać, skłamać]**
	vif	Powtarzał sobie, że nie powinien tyle kłamać.
	kwamatɕ	-He kept telling himself that he must not lie that much.
1183	**ostrożny**	**careful**
	adj	Od teraz musisz być bardziej ostrożny.
	ɔstrɔʐnɨ	-You must be more careful from now on.
1184	**niewiarygodny**	**unbelievable; unreliable**
	adj; adj	Niemożliwe, tn człowiek jest kompletnie niewiarygodny!
	ɲeviarɨgɔdnɨ	-Impossible, this man is completely unreliable.
1185	**interesujący**	**interesting**
	adj	Zjawisko zainteresowania czymś samo w sobie stanowi bardzo interesujący temat.
	intɛrɛsujɔntsɨ	-The phenomenon of interest is in itself, a most interesting subject.
1186	**zakup**	**purchase**

	m	Dziękujemy za zakup w naszym sklepie.
	zakup	-Thank you for the purchase you made in our shop.
1187	**obrona**	**defense**
	f	W futbolu amerykańskim obrona ma specjalne zadania.
	ɔbrɔna	-In American football the defense has a specific job.
1188	**kontynuować**	**continue** [kontynuować, —]
	vif	Możesz kontynuować?
	kɔntɨnuɔvaʨ	-Can you continue?
1189	**tęsknić**	**miss** [tęsknić, zatęsknić]
	vif	Będę za tobą tęsknić.
	tɛ̃skɲiʨ	-I will miss you.
1190	**żałować**	**regret** [żałować, pożałowac]
	vif	Myślę, że będziesz żałować, jeśli sprzedasz gitarę ojca.
	ʐawɔvaʨ	-I think you'll regret it if you sell your father's guitar.
1191	**znieść (się)**	**abolish; bear** [znosić, znieść]
	vpf2	Nie mogę znieść faktu, że mają znieść zakaz spożywania alkoholu na ulicach.
	zɲɛɕʨ	-I can't bear with the fact that they want to abolish the prohibition of drinking in the streets.
1192	**kamień**	**stone**
	m	Proszę przesuń ten kamień stąd tam.
	kamiɛɲ	-Please move this stone from here to there.
1193	**pierś**	**breast, chest**
	f	Proszę odsłonić pierś, będę osłuchiwać pana płuca.
	piɛrɕ	-Please, bare your chest, I will examine your lungs.
1194	**poczucie**	**sense**
	n	Zupełnie zatracił poczucie obowiązku.
	pɔʧuʨɛ	-He has completely lost all sense of duty.
1195	**wymagać**	**require, demand** [wymagać, wymóc]
	vif	To ćwiczenie wymaga cierpliwości.
	vɨmagaʨ	-This exercise requires patience.
1196	**ciemność**	**darkness**
	f	Ciemność jest brakiem światła.
	ʨɛmnɔɕʨ	-Darkness is the absence of light.
1197	**okropnie**	**awfully, awful**
	adv	Czy zawsze jest tak okropnie w kwietniu?
	ɔkrɔpɲɛ	-Is it always so awful in April?
1198	**angielski**	**English**
	adj	Przetłumacz to, proszę, na angielski.
	angiɛlski	-Translate this to English, please.
1199	**pokaz**	**show**
	m	Jej przeprosiny były tylko na pokaz.
	pɔkaz	-Her apology was nothing but show.
1200	**kilometr**	**kilometer**
	m	Spudłować o centymetr, to tak jak spudłować o kilometr.
	kilɔmɛtr	-A miss by an inch is a miss by a kilometer.
1201	**ukryć (się)**	**hide** [ukrywać (), ukryć]
	vpf2	Próbował ukryć swą niekompetencję.
	ukrɨʨ	-He tried to hide his incompetence.
1202	**sukces**	**success**

	m	Trzymaj się mojego planu, a misja zakończy się sukcesem.
	suktsɛs	-Just stick to my plan and the mission will be a success.
1203	**poniedziałek**	**Monday**
	m	Spodziewam się wrócić w przyszły poniedziałek.
	pɔɲɛdʑawɛk	-I expect to be back next Monday.
1204	**pełnić**	**fulfill, perform** [pełnić, —]
	vif	Niektóre zawody nie pełnią już dawnej roli w społeczeństwie.
	pɛwɲitɕ	-Some jobs don't fulfill the role they used to in society.
1205	**kurs**	**course**
	m	Ustaw kurs na Gdynię!
	kurs	-Set our course to Gdynia!
1206	**puszczać (się)**	**let, release** [puszczać, puścić]
	vif2	Puszczaj mnie!
	ˈpuʃtʃatɕ	-Let me go!
1207	**zresztą**	**anyway, besides**
	prt	Zresztą, kto potrzebuje mężczyzn.
	zrɛʂtɔ̃	-Besides, who needs men.
1208	**wyciągnąć (się)**	**pull out; stretch** [wyciągać, wyciągnąć]
	vpf; vpf2	Oni musieli wyciągnąć kulę, która utkwiła w pobliżu jego kręgosłupa.
	vɨɕɔŋgnɔnɕ	-They had to pull out a bullet lodged near his spine.
1209	**przeznaczenie**	**destiny**
	n	Wierzysz w przeznaczenie?
	pʐɛznatʃɛɲɛ	-Do you believe in destiny?
1210	**mylić (się)**	**confuse; be wrong** [mylić, pomylić]
	vif; vifr	Mogę się mylić.
	mɨlitɕ	-I may be wrong.
1211	**prysznic**	**shower**
	m	Wezmę prysznic.
	prɨʂɲits	-I'll take a shower.
1212	**akta**	**files**
	fpl	Akta zostały skradzione.
	akta	-The files were stolen.
1213	**operacja**	**operation, surgery**
	f	Operacja nie może czekać.
	ɔpɛratsja	-The operation cannot wait.
1214	**piwnica**	**basement**
	f	Ta piwnica jest olbrzymia.
	pivɲitsa	-This basement is huge.
1215	**narkotyk**	**drug**
	m	Zaczyna się niewinnie, a potem narkotyk powoduje, że lądujesz na dnie.
	narkɔtɨk	-It starts harmlessly and then the drug makes you end up at the bottom.
1216	**misja**	**mission**
	f	Mam swoje poczucie misji.
	misja	-I have my own sense of mission.
1217	**bohater**	**hero**
	m	Nie każdy bohater nosi pelerynę.
	bɔxatɛr	-Not every hero wears a cape.
1218	**deszcz**	**rain**
	m	Czekam aż spadnie deszcz.
	dɛʂtʃ	-I'm waiting for the rain to come.

1219	**kolano**	**knee**
	n	Mamy rannego, oberwał strzałą w kolano.
	kɔlanɔ	-We have a casualty that took an arrow to the knee.
1220	**władza**	**power, authority**
	f	W rzeczywistości interesuje ich tylko władza.
	vwadʐa	-In reality, all they are interested in is power.
1221	**he**	**hm**
	i	He, co masz na myśli?
	xɛ	-Hm, what do you mean?
1222	**marzenie**	**dream**
	n	Zrealizowała swoje marzenie o zostaniu wielkim naukowcem.
	maʐɛɲɛ	-She realized her dream to become a great scientist.
1223	**zegarek**	**watch**
	m	Jej zegarek pokazywał trzecią nad ranem.
	zɛgarɛk	-Her watch showed three o'clock in the morning.
1224	**dotrzeć**	**reach, get** [docierać, dotrzeć]
	vpf	Udało nam się dotrzeć tam na czas.
	dɔtʐɛtɕ	-We managed to get there on time.
1225	**jasno**	**clearly, bright**
	adv	Rozstawmy namiot póki jest jeszcze jasno.
	jasnɔ	-Let's put up the tent while it is still bright.
1226	**talent**	**talent**
	m	Mam naturalny talent do matematyki.
	talɛnt	-I have a natural talent for maths.
1227	**płacz**	**cry**
	m	Na co ten płacz? Wszystko będzie dobrze.
	pwatʂ	-Why do you cry? Everything will be OK.
1228	**morze**	**sea**
	n	Kiedy byłem dzieckiem, jeździłem nad morze każdego lata.
	mɔʐɛ	-When I was a child, I used to go to the sea every summer.
1229	**odpowiedzieć**	**reply, answer** [odpowiadać, odpowiedzieć]
	vpf	Czy muszę odpowiedzieć po angielsku?
	ɔdpɔviɛdʑɛtɕ	-Do I have to answer in English?
1230	**cofnąć (się)**	**reverse; go back** [cofać, cofnąć]
	vpf; vpfr	Mógłbyś się, proszę, cofnąć?
	ˈtsɔfɔ̃ntɕ	-Would you go back, please?
1231	**nagroda**	**reward, bounty**
	f	Słyszałem, że za jego głowę jest wysoka nagroda.
	nagrɔda	-I heard there is a big bounty on his head.
1232	**przeczytać**	**read** [czytać, przeczytać]
	vpf	Czy umiesz przeczytać pismo japońskie?
	pʐɛtʂitatɕ	-Can you read Japanese?
1233	**pokonać**	**beat, defeat** [pokonywać, pokonać]
	vpf	Chciałbym umieć wymyślić, jak pokonać system.
	pɔkɔnatɕ	-I wish I could figure out how to beat the system.
1234	**ściana**	**wall**
	f	Za tą ścianą jest jakiś pusty pokój.
	ɕtɕana	-There is an empty room behind this wall.
1235	**gej**	**gay**

	m	Bycie gejem bywa problematyczne.
	gɛj	-Being gay is problematic at times.
1236	**okres**	**period**
	m	Wczoraj padało, po tym jak była susza przez długi okres czasu.
	ɔkrɛs	-It rained yesterday after it had been dry for a long period of time.
1237	**bok**	**side**
	m	Zejdźmy na bok, jedzie samochód.
	bɔk	-Let's move to the side, there is a car coming.
1238	**pomimo**	**despite**
	prp	Pomimo tego że się starałem, nie będę miał gotowego raportu do piątku.
	pɔmimɔ	-Despite all my efforts, I will not have the report ready by Friday.
1239	**polegać**	**rely** [polegać, —]
	vif	Możesz polegać na tym słowniku.
	pɔlɛgatɕ	-You can rely on this dictionary.
1240	**gram**	**gram**
	m	Należy dodać 300 gramów mąki.
	gram	-We need to add 300 grams of flour.
1241	**pozycja**	**position**
	f	To nie jest najwygodniejsza pozycja w jakiej kiedykolwiek się znajdowałem.
	pɔzɨtsja	-This is not the most comfortable position I've ever been in.
1242	**dziewięć**	**nine**
	nu	Jeden, dwa, trzy, cztery, pięć, sześć, siedem, osiem, dziewięć, dziesięć.
	dʑɛviɛntɕ	-One, two, three, four, five, six, seven, eight, nine, ten.
1243	**faktycznie**	**actually, really**
	adv	Ciekawe, czy to faktycznie był zbieg okoliczności.
	faktɨt͡ʂɲɛ	-I wonder if it really was a coincidence.
1244	**udawać**	**imitate, pretend** [udawać, udać]
	vif	Przestań udawać, że nie rozumiesz.
	udavatɕ	-Stop pretending to not understand.
1245	**Niemiec**	**German**
	m	Ten Niemiec myśli, że wszystko mu wolno.
	ɲɛmiɛts	-This German thinks he can do anything he wants.
1246	**gdyż**	**because**
	con	Jest ostatnią osobą, którą poprosiłbym o pomoc, gdyż jest całkowicie nieodpowiedzialny.
	gdɨʐ	-He's the last person I would ask help from, because he is completely unreliable.
1247	**gazeta**	**newspaper**
	f	Ta gazeta sprzedaje coraz mniej egzemplarzy.
	gazɛta	-This newspaper is selling fewer and fewer copies.
1248	**samotny**	**lonely**
	adj	Czuję się taki samotny, że chciałbym z kimś porozmawiać.
	samɔtnɨ	-I feel so lonely that I want someone to talk with.
1249	**przeżycie**	**experience**
	n	To przeżycie zostanie ze mną do końca.
	pʐɛʐɨtɕɛ	-This experience will stay with me until the end.
1250	**dziennie**	**a day, daily**
	adv	Raz dziennie...
	dʑɛnɲɛ	-Once a day...
1251	**śpiewać**	**sing** [śpiewać, zaśpiewać]

	vif	Jane umie śpiewać kilka japońskich piosenek.
	ɕpievaʨ	-Jane can sing some Japanese songs.
1252	**wpaść**	**fall; pop in** [wpadać, wpaść]
	vpf	Proszę po południu wpaść do mnie do biura.
	fpaɕʨ	-Please pop into my office in the afternoon.
1253	**wschód**	**east; sunrise**
	m; m	Wschód słońca był niewiarygodnie piękny.
	vsxud	-Sunrise was incredibly beautiful.
1254	**wstać**	**get up** [wstawać, wstać]
	vpf	Spróbował wstać wcześnie.
	vstaʨ	-He tried to get up early.
1255	**pojawić się**	**appear, show up** [pojawiać, pojawić]
	vpfr	W końcu zdecydowałeś się pojawić.
	pɔˈjavʲiʨ_ɕɛ	-You have finally decided to show up.
1256	**kręcić (się)**	**record; spin** [kręcić, —]
	vif; vifr	Musisz wszystko kręcić kamerą?
	krɛnʨiʨ	-Do you have to record everything with your camera?
1257	**oddział**	**branch, division**
	m	Powinniście ruszać w drogę zanim zamknę kolejny oddział.
	ɔddʑaw	-You guys should hit the road before I close down another branch.
1258	**dach**	**roof**
	m	Dach mojego domu jest czerwony.
	dax	-The roof of my house is red.
1259	**ukraść**	**steal** [kraść, ukraść]
	vpf	Miłości nie można ukraść, nie można jej też nikomu oddać.
	ukraɕʨ	-Love is something that you can neither steal nor give away.
1260	**ludzki**	**human**
	adj	To typowo ludzki problem.
	ludʑki	-This is typically a human problem.
1261	**smakować**	**taste** [smakować, zasmakować]
	vif	Ta kanapka smakuje wyśmienicie, babciu.
	smakɔvaʨ	-This sandwich tastes really good, grandma.
1262	**baba**	**woman (coll)**
	f	I co, zabierasz swoją babę na wesele?
	baba	-Are you bringing your woman to the wedding?
1263	**dostawać (się)**	**get; get to** [dostawać, dostać]
	vif; vifr	Chciałby codziennie dostawać prezent.
	dɔstavaʨ	-I would like to get a present every day.
1264	**dotyczyć (się)**	**concern** [dotyczyć, —]
	vif2	Ta sprawa cię nie dotyczy.
	dɔtɨtʂiʨ	-This does not concern you.
1265	**postawić (się)**	**put; build; oppose** [—, postawić]
	vpf; vpf; vpfr	Każdy mężczyzna powinien postawić dom.
	pɔstaviʨ	-Every man should build a house.
1266	**liceum**	**high school**
	n	Uczę matematyki w liceum.
	lʲiˈtsɛwũm	-I'm a high school math teacher.
1267	**przydać się**	**be of use** [przydawać, przydać]
	vpfr	Noszenie w kieszeni małej latarki może się przydać.
	pʐɨdaʨ	-Having a small flashlight in your pocket may be of use.

1268	**kłamstwo**	**lie**
	n	Mogła powiedzieć mi kłamstwo.
	kwamstvɔ	-She may have told me a lie.
1269	**wykorzystać**	**abuse, make use of** [wykorzystywać, wykorzystać]
	vpf	Uczniowie powinni jak najlepiej wykorzystać swój czas wolny.
	vɨkɔʑɨstatɕ	-Students should make good use of their free time.
1270	**kamera**	**camera**
	f	Proszę uśmiechnąć się do kamery.
	kamɛra	-Please smile at the camera.
1271	**wiecznie**	**forever; always**
	adv; adv	Nie lubię tej spódniczki - wiecznie się podciąga do góry.
	viɛtɕʂɲɛ	-I don't like this skirt. It always rides up.
1272	**zjednoczyć (się)**	**unite** [jednoczyć(się), zjednoczyć]
	vpf2	Żeby wygrać tę wojnę, musimy się zjednoczyć.
	zjɛdnɔtʂɨtɕ	-If we want to win this war, we need to unite.
1273	**zdjąć**	**take off, remove** [zdejmować, zdjąć]
	vpf	Czy mogę zdjąć płaszcz?
	zdʲjɔ̃ntɕ	-May I take off my coat?
1274	**wspomnienie**	**memory**
	n	Co za ciekawe wspomnienie!
	vspɔmɲɛɲɛ	-What an interesting memory!
1275	**palec**	**finger, toe**
	m	Skaleczył się nożem w palec
	palɛts	-He cut his finger with the knife.
1276	**pozwolenie**	**permission, license**
	n	Mam na to twoje pozwolenie?
	pɔzvɔlɛɲɛ	-Do I have your permission to do so?
1277	**kot**	**cat**
	m	To nie jest kot. To jest pies.
	kɔt	-That's not a cat. It's a dog.
1278	**bić (się)**	**beat; hit; fight** [bić, —]
	vif; vifr	Przestań mnie bić!
	bitɕ	-Stop beating me!
1279	**przerwa**	**break**
	f	To była długa przerwa.
	pʐɛrva	-That was a long break.
1280	**morderca**	**murderer**
	m	Morderca został uznany winnym i skazany na dożywotnie więzienie.
	mɔrdɛrtsa	-The murderer was convicted and sentenced to life in prison.
1281	**łazienka**	**bathroom**
	f	Cała łazienka była ze stali nierdzewnej.
	waʑɛnka	-The entire bathroom was made out of stainless steel.
1282	**palić (się)**	**burn, light, smoke** [palić, zapalić]
	vif2	Teraz jest dla nas oczywiste, że nie powinniśmy byli palić śmieci tak blisko domu.
	palitɕ	-In retrospect, it may seem obvious that we shouldn't have been burning our trash so close to our house.
1283	**kapelusz**	**hat**
	m	Tutaj jest kapelusz ojca.
	kapɛluʂ	-Here is the father's hat.

1284 **głośno** — loudly, loud
adv
gwɔɕnɔ
Nie zbiegaj po schodach tak głośno.
-Don't run down the stairs so loudly.

1285 **dwadzieścia** — twenty
nu
dvadʑɛɕtɕa
Jest godzina czternasta dwadzieścia.
-It's twenty past two pm right now.

1286 **rola** — role
f
rɔla
Jaka była twoja rola w tym wszystkim?
-What was your role in this whole thing?

1287 **wejście** — entrance
n
vɛjɕtɕɛ
Widzisz wejście do parku?
-Do you see the entrance to the park?

1288 **baza** — base, headquarters
f
baza
To miejsce wspaniale nadaje się jako baza.
-This place will make great headquarters.

1289 **odbić (się)** — reflect; bounce [odbijać(się), odbić]
vpf; vpfr
ɔdbitɕ
Spróbuj odbić piłkę pod nim.
-Try to bounce the ball under him.

1290 **byle** — as long as; just any
con; prt
bɨlɛ
Możesz jeść wszystko, byle nie za dużo.
-You may eat anything as long as you don't eat too much.

1291 **wywiad** — interview
m
vɨviad
Wywiad jest po niemiecku i nie mogę zrozumieć słów z tego.
-The interview is in German and I can't understand a word of it.

1292 **królowa** — queen
f
krulɔva
Królowa była na tyle łaskawa, że nas zaprosiła.
-The queen was gracious enough to invite us.

1293 **ryzyko** — risk
n
rɨzɨkɔ
Ryzyko śmierci z powodu spadających części samolotów jest 30 razy większe niż zabicie przez rekina.
-The risk of dying from falling airplane parts are 30 times greater than the chances of being killed by a shark.

1294 **kontrakt** — contract
m
kɔntrakt
Podpisz kontrakt.
-Sign the contract.

1295 **ramię** — shoulder, arm
n
ramiɛ̃
Szli pod ramię.
-The couple was walking arm in arm.

1296 **biznes** — business
m
biznɛs
Biznes to biznes.
-Business is business.

1297 **śmierdzieć** — stink [śmierdzieć, —]
vif
ɕmierdʑɛtɕ
Musisz iść się umyć, bo zaczynasz śmierdzieć.
-You have to go take a bath because you start to stink.

1298 **stopień** — degree; step
m; m
stɔpiɛɲ
Trzeba się mocno natrudzić, żeby dostać stopień naukowy.
-You need to do a lot of work to get a science degree.

1299 **sędzia** — judge, referee
m
sɛndʑa
Sędzia musi być bezstronny.
-The referee must be fair to both teams.

1300	**życzenie**	**wish**
	n	"Jakie jest Twoje życzenie?" zapytał mały, biały królik.
	żȋt͡ʃɛɲɛ	-"What is your wish?" asked the little white rabbit.
1301	**lotnisko**	**airport**
	n	Poproszę na lotnisko Lecha Wałęsy.
	lɔtɲiskɔ	-To Lech Wałęsa airport, please.
1302	**skrzywdzić (się)**	**hurt** [krzywdzić, skrzywdzić]
	vpf2	Nigdy nie chciałem skrzywdzić pana córki.
	ˈskʃɪvʲd͡ʑit͡ɕ	-I never wanted to... hurt your daughter.
1303	**idealnie**	**perfectly**
	adv	Jest idealnie białe.
	idɛalɲɛ	-It's perfectly white.
1304	**trakt**	**track**
	m	Ten ten starożytny trakt zaprowadzi was do serca dawnej Polski.
	trakt	-This ancient track will lead you to the heart of Poland of the past time.
1305	**wdzięczny**	**grateful**
	adj	Jestem ci bardzo wdzięczny za radę.
	vd͡ʑɛnt͡ʃnɨ	-I am very grateful to you for your advice.
1306	**oddychać**	**breathe** [oddychać, odetchnąć]
	vif	Kiedyś marzyłem o tym, żeby być w stanie oddychać pod wodą.
	ɔddɨxat͡ɕ	-I used to dream about being able to breathe underwater.
1307	**spacer**	**walk**
	m	A może spacer?
	spat͡sɛr	-How about a walk?
1308	**niedawno**	**recently**
	adv	Powitajmy sąsiadów, którzy się niedawno wprowadzili.
	ɲɛdavnɔ	-Let's greet our new neighbors that have moved in recently.
1309	**sypialnia**	**bedroom**
	f	W moim nowym domu pokój dzienny jest na parterze, a sypialnia na pierwszym piętrze.
	sɨpialɲa	-In my new house, the living room is on the ground floor and the bedroom is on the first floor.
1310	**próba**	**attempt, try**
	f	Jego próba skończyła się niepowodzeniem.
	pruba	-His attempt ended in failure.
1311	**wszelki**	**any, every**
	adj	Skorzystam z wszelkich środków, które będą konieczne do złapania złodzieja.
	vʃɛlki	-I will use any mean necessary to catch the thief.
1312	**cierpieć**	**suffer** [cierpieć, ucierpieć]
	vif	Ona bardzo cierpi z powodu straty syna.
	t͡ɕɛrpiɛt͡ɕ	-She suffers a lot because of the loss of her son.
1313	**mięso**	**meat**
	n	Od tofu wolę mięso.
	miɛ̃sɔ	-I'd prefer meat to tofu.
1314	**zwycięstwo**	**victory, win**
	n	Zwycięstwo jest wątpliwe, ale nie niemożliwe.
	zvɨt͡ɕɛ̃stvɔ	-Victory is unlikely but not impossible.
1315	**szczery**	**honest**
	adj	Ponieważ był szczery, zatrudniłem go.
	ʃt͡ʃɛrɨ	-Since he was honest, I hired him.

1316 **ciemno** — **dark**

adv
ˈt͡ɕɛ̃mnɔ
Tu jest naprawdę ciemno. Nic nie widzę.
-It's really dark in here. I can't see anything.

1317 **latać** — **fly** [latać, —]

vif
latat͡ɕ
Strusie nie umieją latać.
-Ostriches can't fly.

1318 **dojść** — **come, go** [dochodzić, dojść]

vpf
dɔjɕt͡ɕ
Pokażę ci jak dojść do parku.
-I will show you how to go to the park.

1319 **dzieło** — **piece, work**

n
d͡ʑɛwɔ
„Medytacje metafizyczne” to dzieło Kartezjusza.
-"Meditations" is a work by Descartes.

1320 **bogaty** — **rich, wealthy**

adj
bɔgatɨ
Kiedyś marzyłem, by zostać bardzo bogaty.
-I used to dream about becoming very wealthy.

1321 **zabójca** — **killer**

m
zabujt͡sa
Badania potwierdziły, że zabójca był praworęczny.
-The examination confirmed the killer was right-handed.

1322 **płakać** — **cry** [płakać, zapłakać]

vif
pwakat͡ɕ
Dziecko przestało płakać
-The baby stopped crying.

1323 **mile** — **kindy**

adv
milɛ
Zostałem bardzo mile przyjęty.
-I was welcomed very kindly.

1324 **pozostać** — **stay, remain** [pozostawać, pozostać]

vpf
pɔˈzɔstat͡ɕ
Planuję pozostać tam na tydzień.
-I plan to stay there for one week.

1325 **odwaga** — **courage**

f
ɔdvaga
Jej odwaga podczas choroby jest motywacją dla nas wszystkich.
-Her courage during her illness is an inspiration to us all.

1326 **uderzyć (się)** — **hit; bump** [uderzać, uderzyć]

vpf; vpfr
uˈdɛʒɨt͡ɕ
Miałem ochotę uderzyć ją w twarz.
-I felt like hitting her in the face.

1327 **wsparcie** — **support**

n
vspart͡ɕɛ
Mogę liczyć na twoje wsparcie?
-Can I count on your support?

1328 **bronić (się)** — **defend** [bronić, obronić]

vif2
brɔɲit͡ɕ
Ludzie mają prawo by się bronić.
-People have the right to defend themselves.

1329 **aresztować (się)** — **arrest** [aresztować, zaaresztować]

vif2
arɛʂtɔvat͡ɕ
Mogli cię za to aresztować.
-You could get arrested for that.

1330 **upewnić (się)** — **assure** [upewniać, upewnić]

vpf2
ˈupɛvʲɲit͡ɕ
Proszę upewnić się, że podpisano i zapieczętowano dokument.
-Please assure you have signed and sealed the form.

1331 **starczyć** — **last** [starczać, starczyć]

vpf
start͡ʂɨt͡ɕ
Ta pochodnia starczy na 6 godzin.
-This torch will last for 6 hours.

1332 **znany** — **known, famous**

	adj	On jest znany jako Król.
	znanɨ	-He is known as King.
1333	**sobota**	**Saturday**
	f	Czy jutro jest sobota?
	sɔbɔta	-Is it Saturday tomorrow?
1334	**zapraszać**	**invite** [zapraszać, zaprosić]
	vif	Chciałbym cię zaprosić na imprezę noworoczną.
	zapraʃãt͡ɕ	-I would like to invite you to my New Year's party.
1335	**naturalnie**	**naturally**
	adv	Włosy Meg kręcą się naturalnie.
	naturalɲɛ	-Meg's hair curls naturally.
1336	**jednostka**	**unit**
	f	Należy dodać 3 jednostki sodu.
	jɛdnɔstka	-We need to add 3 units of sodium.
1337	**Amerykanin**	**American**
	m	Ten młody Amerykanin mówił łamanym polskim.
	amɛrɨkaɲin	-The young American spoke broken Polish.
1338	**niewinny**	**innocent**
	adj	Jestem przekonany, że jest niewinny.
	ɲɛvinnɨ	-I'm convinced he's innocent.
1339	**płacić**	**pay** [płacić, zapłacić]
	vif	Czynsz proszę płacić z góry.
	pwat͡ɕit͡ɕ	-Pay your rent in advance, please.
1340	**kluczyk**	**key, car key**
	m	Możesz podać mi kluczyki?
	ˈklut͡ʃɨk	-Can you give me the car key?
1341	**ranek**	**morning**
	m	Czyż nie jest ładny ranek?
	ranɛk	-Isn't it a lovely morning?
1342	**mądry**	**wise, clever**
	adj	Chciałbym być mądry.
	mɔndrɨ	-I wish I were clever.
1343	**gotować (się)**	**cook, boil; prepare** [gotować, ugotować]
	vif2; vifr	Kochanie, skończyłem gotować jedzenie.
	gɔtɔvat͡ɕ	-My love, I've finished cooking the food.
1344	**nauka**	**science; learning**
	f; f	Często mówi się, że najlepszą metodą nauki języka jest nauka z rodzimym jego
	nauka	użytkownikiem.
		-It's often said that the best way of learning a foreign language is learning from a native speaker.
1345	**materiał**	**material, fabric**
	m	Lepiej żebyś zobaczył materiał na własne oczy.
	matɛriaw	-You had better see the fabric with your own eyes.
1346	**scena**	**scene, stage**
	f	Ta scena pokazana została w zwolnionym tempie.
	st͡sɛna	-The scene was shown in slow motion.
1347	**artykuł**	**article**
	m	Artykuł jest wysokiej jakości.
	artɨkuw	-This article is of high quality.
1348	**zwrócić (się)**	**give back; throw up; refer** [zwracać, zwrócić]

	vpf; vpf; vpfr	Postanowiłem zwrócić wszystkie pieniądze, które ukradłem.
	ˈzvrutɕitɕ	-I've made up my mind to give back all the money I stole.
1349	**oficer**	**officer**
	m	To ja, główny oficer medyczny oddziału.
	ɔfitsɛr	-I'm the Chief medical officer of this troop.
1350	**wytłumaczyć (się)**	**explain** [tłumaczyć, wytłumaczyć]
	vpf2	Musisz wytłumaczyć się z zaniedbania swoich obowiązków.
	vɨtwumatʂɨtɕ	-You must explain your negligence of the duty.
1351	**szybki**	**fast, quick**
	adj	Szybki, brązowy lis skacze prosto przez leniwego psa.
	ʂɨbki	-The quick brown fox jumps over the lazy dog.
1352	**głód**	**hunger**
	m	Jabłko tymczasowo zaspokoiło mój głód.
	gwud	-The apple satiated my hunger temporarily.
1353	**muzeum**	**museum**
	n	Muzeum Prado jest zamknięte, ponieważ dziś jest poniedziałek.
	muzɛum	-The Prado Museum is closed because today is Monday.
1354	**uwolnić (się)**	**release** [uwalniać, uwolnić]
	vpf2	Medyczne innowacje są najlepszą drogą, by nas uwolnić od udręk.
	uˈvɔlʲnitɕ	-Medical innovations are the best way to release us from our sufferings.
1355	**butelka**	**bottle**
	f	Ile kosztuje butelka piwa?
	butɛlka	-How much does a bottle of beer cost?
1356	**komputer**	**computer**
	m	Czy ten komputer jest podłączony do internetu?
	kɔmputɛr	-Is this computer connected to the Internet?
1357	**mleko**	**milk**
	n	Piłem mleko.
	mlɛkɔ	-I was drinking milk.
1358	**wykonać**	**perform, execute** [wykonywać, wykonać]
	vpf	Tę pracę można wykonać w pół godziny.
	vɨkɔnatɕ	-This work can be performed in half an hour.
1359	**dar**	**gift**
	m	Muzyka to dar od Boga.
	dar	-Music is a gift from God.
1360	**torba**	**bag**
	f	Na biurku jest torba.
	tɔrba	-There is a bag on the desk.
1361	**pilnować (się)**	**watch** [pilnować, upilnować]
	vif2	Lepiej się pilnuj, kolego.
	pilnɔvatɕ	-You better watch yourself, buddy.
1362	**czysto**	**purely; clean**
	adv; adv	Na Wschód wybrałem się z czysto naukowych powodów.
	tʂɨstɔ	-My reasons for going to the East are purely scientific.
1363	**zarobić (się)**	**earn; overwork** [zarabiać, zarobić]
	vpf; vpfr	Próbuję tylko zarobić parę groszy.
	zaˈrɔbʲitɕ	-I'm just trying to earn a little.
1364	**podobny**	**similar**
	adj	Tutejszy klimat podobny jest do tego na Hokkaido.
	pɔdɔbnɨ	-The climate here is similar to that of Hokkaido.

1365	**tamto**	**that**
	prn	Tamto miejsce jest zajęte.
	tãmtɔ	-That seat is taken.

1366	**sprawić (się)**	**cause; buy; do well** [sprawiać, sprawić]
	vpf; vpf; vpfr	On wie, jak sprawić, by kobiety płakały.
	ˈspravʲitɕ	-He knows how to cause women to cry.

1367 **pogrzeb** — **funeral**
m
pɔgʐɛb
Pogrzeb Johna będzie w ten weekend.
-John's funeral will be this weekend.

1368 **tytuł** — **title**
m
tɨtuw
„I Love You" to tytuł większej ilości piosenek, niż ktokolwiek może zaśpiewać w swoim życiu.
-"I Love You" is the title of more songs than anyone can sing in her lifetime.

1369 **zainteresowany** — **interested**
adj
zaintɛrɛsɔvanɨ
Nie jestem zainteresowany.
-I am not interested.

1370 **któryś** — **one; any**
prn; prn
kturɨɕ
Któryś z nas musi iść.
-One of us will have to go.

1371 **pożyczyć** — **borrow, lend** [pożyczać, pożyczyć]
vpf
pɔʑɨt͡ʂɨtɕ
Czy mogę pożyczyć twoje radio?
-Can I borrow your radio?

1372 **kontrolować (się)** — **control** [kontrolować, skontrolować]
vif2
kɔntrɔlɔvat͡ɕ
Chciałbym nauczyć się kontrolować swój apetyt.
-I wish I could figure out how to control my appetite.

1373 **spod** — **from under**
prp
spɔt
Wielki pająk wyszedł spod kamienia.
-A huge spider came from under the stone.

1374 **procent** — **percent; interest**
nu; m
ˈprɔt͡sɛ̃nt
100 procent ludzi umiera i tego odsetka zwiększyć niepodobna.
-100 percent of us die, and the percentage cannot be increased.

1375 **wyspa** — **island**
f
ˈvɨspa
Przez kogo została odkryta ta wyspa?
-By whom was the island discovered?

1376 **plus** — **plus; plus; plus**
m; adj; con
plus
Opłata wynosi 100 dolarów za noc plus podatek.
-The room charge is 100 USD a night plus tax.

1377 **silnik** — **engine**
m
ɕilɲik
Proszę wyłączyć silnik.
-Please turn off your engine.

1378 **koszmar** — **nightmare**
m
kɔʂmar
To był tylko koszmar.
-It was only a nightmare.

1379 **czek** — **check**
m
t͡ʂɛk
Wysłała mi w załączeniu czek.
-She sent me the enclosed check.

1380 **jajko** — **egg**
n
jajkɔ
Co było pierwsze? Jajko czy kura?
-What came first? The egg or the hen?

1381 **odrobina** — **a little**

	f	Odrobina szczęścia czasem prowadzi do niespodziewanego sukcesu.
	ɔdrɔbina	-A little bit of luck sometimes leads to unexpected success.
1382	**podpisać (się)**	**sign** [podpisywać, podpisać]
	vpf2	Proszę się podpisać tutaj.
	pɔdpisaʨ	-You sign here, please.
1383	**sierżant**	**sergeant**
	m	Jakąś chwilę temu sierżant odebrał jakiś sygnał.
	ɕɛrʐant	-A while ago the sergeant picked up a signal.
1384	**obóz**	**camp**
	m	Dadaab to obóz uchodźców w Kenii.
	ɔbuz	-Dadaab is a refugee camp in Kenya.
1385	**oby**	**may**
	prt	Oby szczęście ci sprzyjało.
	ɔbɨ	-May fortune smile on you.
1386	**skorzystać**	**use** [korzystać, skorzystać]
	vpf	Czy mógłbym skorzystać z twojego telefonu?
	skoˈʒɨstaʨ	-Might I use your phone?
1387	**łapać (się)**	**catch, grab** [łapać, złapać]
	vif2	Złapałem się na tym, że śpiewałem pod prysznicem.
	wapaʨ	-I caught myself singing in the shower.
1388	**okulary**	**glasses**
	fpl	Dobre okulary pomogą ci czytać.
	ɔkularɨ	-A good pair of glasses will help you to read.
1389	**rozwiązanie**	**solution**
	n	Rozwiązanie tego problemu trwało 5 minut.
	rɔzviõzaɲɛ	-The solution to the problem took me five minutes.
1390	**papier**	**paper**
	m	Jaki jest ten papier w dotyku?
	papiɛr	-How does the paper feel?
1391	**nazwać (się)**	**call, name** [nazywać, nazwać]
	vpf2	John chciał mieć miejsce w kraju, które mógłby nazwać domem.
	nazvaʨ	-John wanted a place in the country he could call home.
1392	**służba**	**service**
	f	Służba krajowi to twój najwyższy obowiązek.
	swuʐba	-Service for the country is your highest responsibility.
1393	**zakończyć (się)**	**end** [kończyć, zakończyć]
	vpf2	Możemy to zakończyć.
	zakɔɲʧ̑iʨ	-We can end it.
1394	**tajemnica**	**mystery, secret**
	f	Hej, co to za wielka tajemnica? No, dalej, powiedz mi o co w tym chodzi.
	tajɛmɲitsa	-Hey, what's the big secret? Come on; let me in on it.
1395	**dyrektor**	**director**
	m	Dyrektor chce poprawić strukturę przedsiębiorstwa.
	dɨrɛktɔr	-The director wants to improve the company's structuring.
1396	**planeta**	**planet**
	f	To jest nasza planeta.
	planɛta	-That's our planet.
1397	**przypomnieć (się)**	**remind** [przypominać, przypomnieć]
	vpf2	Proszę mi przypomnieć, abym wysłał listy.
	ˌpʃɨpõˈmʲɲɛʨ	-Please remind me to post the letters.

1398	**wycofać (się)**	**withdraw, retreat** [wycofywać, wycofać]
	vpf2	Najprawdopodobniej wolałbym jednak wycofać swoją kandydaturę.
	vɪtsɔfatɕ	-However, I would most likely wish to withdraw my candidacy.
1399	**smutny**	**sad**
	adj	Czemu miałbyś być taki smutny?
	smutnɨ	-Why should you be so sad?
1400	**płaszcz**	**coat**
	m	Założyłem płaszcz na lewą stronę.
	pwaʂt͡ʂ	-I put my coat on inside out.
1401	**przybyć**	**arrive** [przybywać, przybyć]
	vpf	O której godzinie powinien przybyć samolot z Guadalajara?
	pʐɨbɨt͡ɕ	-At what time should the plane from Guadalajara arrive?
1402	**na żywo**	**live**
	phr	Nadają mecz na żywo.
	ʑɨvɔ	-They're broadcasting the game live.
1403	**bałagan**	**mess**
	m	Przepraszam za bałagan.
	bawagan	-Sorry about the mess.
1404	**dłoń**	**hand**
	f	Dobry chirurg ma sokoli wzrok, lwie serce i kobiecą dłoń.
	dwɔɲ	-A good surgeon has an eagle's eye, a lion's heart, and a lady's hand.
1405	**piętro**	**floor**
	n	Złapał mnie za rękę i zaciągnął na drugie piętro.
	piɛntrɔ	-He caught my hand and pulled me to the second floor.
1406	**wezwać**	**call** [wzywać, wezwać]
	vpf	Musimy wezwać pomoc.
	vɛzvat͡ɕ	-We've got to call for help.
1407	**sprzedaż**	**sale**
	f	Na sprzedaż: butki dziecięce, nieużywane.
	spʐɛdaʐ	-For sale: baby shoes, never worn.
1408	**przysłać**	**send** [przysyłać, przysłać]
	vpf	Patrz jaką paczkę przysłał mi kuzyn ze Stanów Zjednoczonych.
	pʐɨswat͡ɕ	-Look at this package my cousin sent me from The United States.
1409	**doświadczenie**	**experience**
	n	On ma doświadczenie i wiedzę.
	dɔɕviadt͡ʂɛɲɛ	-He has both experience and knowledge.
1410	**obcy**	**foreign; stranger; alien**
	adj; m; m	Jestem tu obcym.
	ɔbtsɨ	-I'm a stranger here.
1411	**woleć**	**prefer** [woleć, —]
	vif	Wolę umrzeć, niż patrzeć jak płonie moje miasto.
	vɔlɛt͡ɕ	-I prefer to die rather than watch my city burn.
1412	**słaby**	**weak; bad**
	adj; adj	On jest mały i słaby.
	swabɨ	-He is small and weak.
1413	**lekcja**	**lesson**
	f	To jest nasza pierwsza lekcja.
	lɛktsja	-This is our first lesson.
1414	**spojrzenie**	**look**

	n	Gdyby spojrzenie mogło zabijać, byłbym już martwy.
	spɔjʒɛɲɛ	-If looks could kill, I'd be dead by now.
1415	**typ**	**type; guy (coll)**
	m; m	To nowy typ robota sprzątającego.
	tɨp	-It's a new type of cleaning robot.
1416	**dostęp**	**access**
	m	Bardzo łatwy jest dostęp do Twoich prywatnych informacji.
	dɔstɛmp	-It's very easy to get access to your private information.
1417	**stworzyć**	**create, make** [tworzyć, stworzyć]
	vpf	Potem musicie stworzyć maszynę do transferu świadomości.
	ˈstfɔʒɨtɕ	-Well, then you have to create the machine to transfer the consciousness.
1418	**obowiązek**	**responsibility, duty**
	m	Obowiązek ponad wszystko.
	ɔbɔviõzɛk	-Responsibility above all.
1419	**grozić**	**threaten** [grozić, pogrozić]
	vif	Ten mały dzieciak próbował mi grozić.
	grɔzitɕ	-That little kid tried to threaten me.
1420	**śledztwo**	**investigation**
	n	Policja chciała przeprowadzić gruntowne śledztwo.
	ɕlɛdʑtvɔ	-The police were heading for a thorough investigation.
1421	**doskonały**	**perfect**
	adj	Nikt nie jest doskonały.
	dɔskɔnawɨ	-Nobody is perfect.
1422	**gardło**	**throat**
	n	Gardło mnie piecze.
	gardwɔ	-My throat burns.
1423	**zabawić (się)**	**stay; entertain; have fun** [zabawiać, zabawić]
	vpf; vpfr; vpfr	Poszedł na miasto się zabawić.
	zaˈbavʲitɕ	-He went to the city center to have fun.
1424	**sprawiedliwość**	**justice**
	f	To jest sprawiedliwość.
	spraviɛdlivɔɕtɕ	-That's justice.
1425	**żywy**	**alive**
	adj	Pacjent jest bardziej żywy, niż martwy.
	ˈʒɨvɨ	-The patient is rather alive than dead.
1426	**poprawka**	**correction**
	f	Musimy wprowadzić kilka małych poprawek do dokumentu.
	pɔprafka	-We need to introduce a few small corrections to the document.
1427	**papieros**	**cigarette**
	m	Ktoś mi powiedział, że każdy spalony papieros zabiera 7 minut życia.
	papiɛrɔs	-Someone told me that every cigarette you smoke takes seven minutes away from your life.
1428	**rak**	**cancer; crawfish**
	m; m	To może być rak.
	rak	-It could be cancer.
1429	**strata**	**loss, waste**
	f	Niektórzy uważają, że nauka takich języków jak klingoński, interlingua czy esperanto to strata czasu.
	strata	-Some people consider it a waste of time to study languages such as Klingon, Interlingua and Esperanto.

1430	**wpływ**	**impact**
	m	Najazd Normanów na Anglię miał duży wpływ na język angielski.
	vpwɨv	-The Normans' conquest of England had a great impact on the English language.
1431	**włożyć**	**put in, put on** [wkładać, włożyc]
	vpf	Szukałem w szafie czegoś, co mógłbym na siebie włożyć.
	'vwɔʒɨtɕ	-I looked in my closet for something to wear.
1432	**drań**	**bastard (coll)**
	m	Arogancki drań, ale go lubię.
	draɲ	-He's an arrogant bastard, but I like him.
1433	**opowieść**	**story**
	f	To była łamiąca serce opowieść.
	ɔpɔviɛɕtɕ	-It was a heartbreaking story.
1434	**zamek**	**castle; lock; zip**
	m; m; m	Pamiętaj, żeby zainstalować nowy zamek w zamku?
	zamɛk	-Remember to install a new lock in the castle.
1435	**złożyć (się)**	**assemble; consist of** [składać, złożyć]
	vpf; vpfr	Woda składa się z wodoru i tlenu.
	'zwɔʒɨtɕ	-Water consists of hydrogen and oxygen.
1436	**granica**	**limit, border**
	f	Pomiędzy lękiem niszczącym a konstruktywnym isnieje tylko cienka granica.
	graɲitsa	-There is a thin line between helpful and destructive fears.
1437	**rzadko**	**rarely**
	adv	On bardzo rzadko chodzi do kina.
	ʐatkɔ	-He rarely goes to the movies.
1438	**maj**	**May**
	m	I wtedy przyszedł maj.
	maj	-And then came May.
1439	**zakład**	**bet; workshop**
	m; m	Przegrałam zakład.
	zakwad	-I lost the bet.
1440	**fair**	**fair**
	adj	Ej! To nie fair.
	fɛr	-Hey. That's not fair.
1441	**głupio**	**stupid, foolishly**
	adv	Wyglądałabyś głupio w sukience swojej matki.
	'gwupiɔ	-You would look stupid wearing your mother's dress.
1442	**zwykły**	**common, plain**
	adj	Mamy zwykły, bardzo mały dom.
	zvɨkwɨ	-We have a very small, plain house.
1443	**jeździć**	**drive** [jeździć, jechać]
	vif	Na tamtym wzgórzu można jeździć samochodem.
	jɛʑdʑitɕ	-You can drive a car on that hill.
1444	**padać**	**rain, fall** [padać, upadać]
	vif	Zaczniemy, gdy tylko skończy padać.
	padatɕ	-We'll start as soon as it stops raining.
1445	**natura**	**nature**
	f	Natura jest bardzo nieprzewidywalna.
	natura	-Nature is very unpredictable.
1446	**romans**	**romance**

	m	Właśnie odkryłem, że moja żona miała romans.
	rɔmans	-I just found out that my wife had a romance.
1447	**głównie**	**mainly**
	adv	W Hiszpanii pada głównie na równinach.
	gwuvɲɛ	-The rain in Spain falls mainly on the plain.
1448	**podstawa**	**basis; stand**
	f; f	Podstawa moich sukcesów leży w moim szczęściu.
	pɔdstava	-The basis of my success was luck.
1449	**łączyć (się)**	**connect** [łączyć, połączyć]
	vif2	Nie jest łatwo łączyć zamiłowania ze źródłami dochodów.
	wɔnt͡ʂɨt͡ɕ	-It is not easy to connect hobbies to profits.
1450	**osiągnąć**	**achieve** [osiągać, osiągnąć]
	vpf	Trudno ci będzie osiągnąć sukces, jeśli nie będziesz się lepiej uczyć.
	ɔˈɕɔ̃ŋgnɔ̃nt͡ɕ	-It's unlikely that you'll achieve success if you don't study a bit harder.
1451	**róg**	**corner; horn**
	m; m	Spotkajmy się na rogu.
	rug	-Let's meet at the corner.
1452	**radzić (się)**	**advise; cope; take advice** [radzić, poradzić]
	vif; vif; vifr	Nie umiem sobie radzić w świecie biznesu.
	ˈrad͡ʑit͡ɕ	-I can't make out in the business world.
1453	**pozostawać**	**stay, remain** [zostawać, pozostawać]
	vpf	Wieloryby mogą pozostawać zanurzone przez długi czas.
	ˌpɔzɔˈstavat͡ɕ	-Whales can remain submerged for a long time.
1454	**wyrzucić**	**throw** [wyrzucać, wyrzucić]
	vpf	Zamierzam ich wyrzucić.
	vɨˈʒut͡ɕit͡ɕ	-I'm going to throw them out.
1455	**poszukać**	**look for** [szukać, poszukać]
	vpf	Dziewczyna poszła do lasu, żeby poszukać grzybów.
	pɔˈʃukat͡ɕ	-The girl went into the forest to look for mushrooms.
1456	**niedziela**	**Sunday**
	f	Co niedziela chodzę do kościoła.
	ɲɛˈd͡ʑɛla	-I go to church every Sunday.
1457	**postarać się**	**do ... best** [starać, postarać]
	vpfr	Musimy się postarać, by tego rodzaju wypadek już nigdy się nie zdarzył.
	pɔˈstarat͡ɕ ɕɛ	-We must do our best to prevent this type of incident from recurring.
1458	**odchodzić**	**leave, go away** [odchodzić, odejść]
	vif	On odszedł.
	ɔdˈxɔd͡ʑt͡ɕ	-He left.
1459	**dupek**	**asshole (coll)**
	m	John to prawdziwy dupek!
	dupɛk	-John is a real asshole!
1460	**żal**	**regret**
	m	Dla mnie, żal jest najcięższą karą.
	ʐal	-For me, regret is the harshest punishment.
1461	**drogi**	**expensive**
	adj	Ten samochód jest niesłychanie drogi.
	drɔgi	-This car is unbelievably expensive.
1462	**wioska**	**village, countryside**
	f	Zanim powstała tama, była tu wioska.
	viɔska	-There used to be a village here before the dam was made.

1463	**niemal**	**almost, nearly**
	adv	Kawa była tak gorąca, że niemal oparzyłem się w język.
	ɲɛmal	-The coffee was so hot that I nearly burned my tongue.
1464	**cela**	**cell**
	f	Przyzwyczajaj się do widoku celi więziennej.
	ˈt͡sɛla	-Get used to the view of a prison cell.
1465	**choćby**	**at least, even; even if**
	adv; con	Pojadę, choćbym miał wydać majątek.
	xɔt͡ɕbɨ	-I'll go even if I had to spend a fortune on it.
1466	**ciepło**	**heat**
	n	Ciepło to forma energii.
	t͡ɕɛpwɔ	-Heat is a form of energy.
1467	**połączenie**	**connection, call**
	n	Jak mogę wykonać połączenie telefoniczne do Japonii?
	pɔwɔnt͡ʂɛɲɛ	-How can I make a telephone call to Japan?
1468	**ilość**	**quantity, amount**
	f	Ilość dymu, jaka wydobywa się z elektronicznego papierosa, wcale nie jest szkodliwa.
	ilɔɕt͡ɕ	-The amount of smoke that comes out of an electronic cigarette isn't bad at all.
1469	**okazać (się)**	**show; turn out** [okazywać, okazać]
	vpf; vpfr	Musisz okazać żywsze zainteresowanie rozmówcą.
	ɔkazat͡ɕ	-You need to show a genuine interest in the other person.
1470	**szampan**	**champagne**
	m	Jeszcze dwie minuty i możemy otwierać szampana.
	ʂampan	-Two more minutes and we can open up the champagne.
1471	**podłoga**	**floor**
	f	Podłoga była bardzo zimna.
	pɔdwɔga	-The floor was very cold.
1472	**krzywda**	**harm**
	f	Nie chcę zrobić ci krzywdy.
	gʐɨvda	-I mean no harm.
1473	**zamknięty**	**closed**
	adj	Ten mężczyzna był zamknięty w sobie. Żona sprawiła, że się otworzył.
	zamkɲɛntɨ	-The man was closed in on himself. His wife made him open up.
1474	**oj**	**oh, oops**
	i	Ostatnio rośnie mi opona na brzuchu. Oj, to chyba wiek średni...
	ɔj	-I'm getting a spare tire around my waist. Oh, I guess it's middle age creeping up on me.
1475	**posiadać**	**have, own** [posiadać, posiąść]
	vif	Posiadam trzy domy na Bali.
	pɔɕadat͡ɕ	-I own three houses in Bali.
1476	**pachnieć**	**smell** [pachnieć, zapachnieć]
	vif	To nowy perfum? Bardzo ładnie pachnie.
	paxɲɛt͡ɕ	-Is that a new perfume? It smells really nice.
1477	**lody**	**ice cream**
	fpl	Nie ma nic lepszego niż lody latem.
	lɔdɨ	-There is nothing like ice cream in the summer.
1478	**whisky**	**whiskey**
	n	John przemycił butelkę whisky do pokoju szpitalnego Marii.
	vxiskɨ	-John smuggled a bottle of whiskey into Jane's hospital room.

1479	**towarzystwo**	**association, company**
	n	Utworzyli niezależne ogólnokrajowe towarzystwo.
	tɔvaʐɨstvɔ	-They have formed their own nationwide association.
1480	**raj**	**paradise**
	m	Ta wyspa do raj dla dzieci.
	raj	-The island is a paradise for children.
1481	**poczuć**	**feel; smell** [czuć, poczuć]
	vpf2; vpf	Poczułem się jakby ktoś ugodził mnie mieczem.
	pɔt͡ʂut͡ɕ	-I felt as if someone stabbed me with a knife.
1482	**doświadczyć**	**experience** [doświadczać, doświadczyć]
	vpf	Chciałbym doświadczyć bycia w kosmosie.
	dɔˈɕfʲjatt͡ʂɨt͡ɕ	-I would like to experience being in space.
1483	**gorący**	**hot**
	adj	To był gorący, letni dzień.
	gɔrɔnt͡sɨ	-It was a hot summer day.
1484	**szczegół**	**detail**
	m	Samo to jest godne upamiętnienia, ale jeden szczegół mnie niepokoi.
	ʂt͡ʂɛguw	-This is a really good thing, but one detail keeps bothering me.
1485	**specjalny**	**special**
	adj	Dzisiaj jest specjalny dzień.
	spɛt͡sjalnɨ	-Today is a special day.
1486	**kino**	**cinema**
	n	To kino ma dwa piętra.
	kinɔ	-This cinema has two floors.
1487	**świadek**	**witness**
	m	Nasz jedyny świadek odmawia zeznań.
	ɕviadɛk	-Our only witness is refusing to testify.
1488	**pocałować (się)**	**kiss** [całować, pocałować]
	vpf2	Chciałabym ciebie pocałować.
	ˌpɔt͡saˈwɔvat͡ɕ	-I'd like to kiss you.
1489	**czwartek**	**Thursday**
	m	W czwartek było naprawdę zimno, czyż nie?
	t͡ʂvartɛk	-Thursday was certainly cold.
1490	**ekstra**	**extra; extraordinary**
	adv; adj	Dodałem trochę ekstra do jego konta.
	ɛkstra	-I put a little extra in his account.
1491	**most**	**bridge**
	m	Most jest w budowie.
	mɔst	-The bridge is under construction.
1492	**letni**	**summer; warm**
	adj; adj	Jaki jest twój ulubiony letni napój?
	lɛtɲi	-What's your favorite summer drink?
1493	**cycek**	**boob (coll)**
	m	Patrz, prawie cycek wypadł jej ze stanika!
	t͡sɨt͡sɛk	-Look, her boob is almost out of her bra.
1494	**zachowywać (się)**	**act, behave; keep** [zachowywać, zachować]
	vifr; vif	Przestań zachowywać się jak dziecko.
	ˌzaxɔˈvɨvat͡ɕ	-Quit acting like a child.
1495	**skóra**	**skin; leather**

	f; f	Jej skóra jest gładka.
	skura	-Her skin is smooth.
1496	**odpowiedzialność**	**responsibility**
	f	To twoja odpowiedzialność.
	ɔdpɔviɛdʑalnɔɕtɕ	-That's your responsibility.
1497	**laska**	**staff; girl (coll)**
	f	Choćbym też chodził w dolinie cienia śmierci, nie będę się bał złego, albowiemeś ty ze mną; laska twoja, i kij twój, te mię cieszą.
	laska	-Even though I walk through the valley of the shadow of death, I will fear no evil, for you are with me; your rod and your staff, they comfort me.
1498	**wojsko**	**army, military**
	n	Możemy tylko mieć nadzieję, że rząd wycofa swoje wojsko.
	vɔjskɔ	-We can only hope the government decides to withdraw the army.
1499	**dziecinka**	**baby (coll)**
	f	Kocham cię, dziecinko.
	ˈdʑɛˈtɕĩnka	-I love you baby.
1500	**taksówka**	**taxi**
	f	Moja taksówka powinna być lada moment.
	taksufka	-My taxi should be here soon.
1501	**komórka**	**cell; cellphone (coll)**
	f; f	Moja komórka jest zupełnie wyładowana.
	kɔmurka	-My cellphone is fully charged.
1502	**kupa**	**pile; a ton of; poo (coll)**
	f; f; f	To kupa pieniędzy!
	kupa	-It's not a ton of money.
1503	**krzyczeć**	**scream, shout** [krzyczeć, krzyknąć]
	vif	Krzyczeć na całe gardło.
	gʐɨt͡ʂɛtɕ	-To scream at the top of your lungs.
1504	**ciasto**	**cake, pie**
	n	Podzielcie te ciasto pomiędzy was trzech.
	t͡ɕastɔ	-Divide this cake among you three.
1505	**wydać (się)**	**spend; seem** [wydawać, wydać]
	vpf; vpfr	On ma więcej pieniędzy niż jest w stanie wydać.
	vɨdatɕ	-He has more money than he can spend.
1506	**nastrój**	**mood**
	m	Wyłącz telewizor. Psuje nastrój.
	nastruj	-Turn the TV off. It spoils the mood.
1507	**lato**	**summer**
	n	Wydaje się, że mamy już lato.
	latɔ	-It seems like summer is finally here.
1508	**ciąć (się)**	**cut** [ciąć, pociąć]
	vif2	Widzę, że lubisz ciąć nożyczkami.
	t͡ɕɔɲt͡ɕ	-I can see you like cutting with your scissors.
1509	**gaz**	**gas**
	m	To pachnie jak gaz.
	gaz	-It smells like gas.
1510	**przeczucie**	**feeling**
	n	Mam przeczucie, że to się źle skończy.
	pʐɛt͡ʂutɕɛ	-I have a feeling this is going to end badly.
1511	**wtorek**	**Tuesday**

	m	Dziś jest wtorek.
	vtɔrɛk	-Today is Tuesday.
1512	**kurczak**	**chicken**
	m	Mój kurczak jest tutaj.
	kurt͡ʂak	-My chicken is here.
1513	**odcisk**	**print; blister**
	m; m	Od robienia tych odcisków palca zrobią mi się odciski.
	ɔdt͡ɕisk	-After all those fingerprints I'm gonna get corns on my fingers.
1514	**uderzenie**	**hit**
	n	Jego uderzenie było tak szybkie, że nie widziałem ręki.
	udɛʐɛɲɛ	-His hit was so fast that I couldn't see his arm.
1515	**stanąć**	**stand** [—, stanąć]
	vpf	Żeby kupić bilet, musisz stanąć w kolejce.
	stanɔɲt͡ɕ	-You must stand in line to buy the ticket.
1516	**kula**	**ball, sphere; bullet**
	f; f	Kula przeszła przez jego piersi.
	kula	-The bullet penetrated his chest.
1517	**sieć**	**net, network**
	f	Znowu nie mogę zalogować się do sieci.
	ɕɛt͡ɕ	-I can't access the network again.
1518	**wyrok**	**judgment, verdict**
	m	Jej nadzieje się rozmyły gdy usłyszała wyrok.
	vɨrɔk	-Her hopes were dashed when she heard the verdict.
1519	**twardy**	**hard**
	adj	Lód jest zbyt twardy, żeby go przełamać.
	tvardɨ	-The ice is too hard to crack.
1520	**kółko**	**circle**
	n	Zróbcie stare dobre kółko wokół mnie.
	kuwkɔ	-You guys make a big old circle around me.
1521	**ulubiony**	**favorite**
	adj	Tenis to mój ulubiony sport.
	ulubiɔnɨ	-Tennis is my favorite sport.
1522	**stawiać (się)**	**place, build; oppose** [stawiać, postawić]
	vif; vifr	Przestań się stawiać i dołącz do nas.
	staviat͡ɕ	-Stop opposing and join us.
1523	**jednocześnie**	**simultaneously**
	adv	Czasem trudno jest być jednocześnie taktownym i szczerym.
	ˌjɛdnɔˈt͡ʂɛɕɲɛ	-Sometimes it's hard to be tactful and honest at the same time.
1524	**pas**	**belt, seatbelt**
	m	Proszę, zapnij swój pas.
	pas	-Fasten your seat belt, please.
1525	**toaleta**	**toilet**
	f	Toaleta znajduje się za schodami.
	tɔalɛta	-The toilet is behind the staircase.
1526	**zapewniać**	**provide, ensure** [zapewniać, zapewnić]
	vif	Zapewniam cię, że mogę zapewnić wodę dla całej wioski.
	zapɛvɲat͡ɕ	-I ensure you that I can provide water for the whole village.
1527	**przejść (się)**	**pass, complete; stroll** [przechodzić/ przechadzać, przejść]
	vpf; vpfr	Nie dam rady przejść 10 mil w tym upale.
	pʐɛjɕt͡ɕ	-I can't bear to pass ten miles in this heat.

1528	**cent**	cent
	m	Na ziemi leży cent, podnieś go.
	tsɛnt	-There's a cent on the ground, pick it up.
1529	**krótko**	**briefly, shortly**
	adv	Chcę cię krótko przestrzec: uważaj na siebie!
	krutkɔ	-I would like to briefly warn you; be careful!
1530	**wyjeżdżać**	**go, leave, move** [wyjeżdżać, wyjechać]
	vif	Boi się wyjeżdżać za granicę.
	vɨˈjɛʒd͡ʐatɕ	-She's afraid of going abroad.
1531	**przestrzeń**	**space**
	f	Staram się zostawiać ci przestrzeń.
	pʐɛstʐɛɲ	-I try to leave some space for you.
1532	**ratować (się)**	**save** [ratować, uratować]
	vif2	Ten żołnierz poświęcił własne życie by ratować przyjaciela.
	ratɔvatɕ	-The soldier saved his friend at the cost of his own life.
1533	**płaca**	**salary, earnings**
	f	Jaka jest minimalna płaca w Estonii?
	pwat͡sa	-What's the minimum salary in Estonia?
1534	**stanowisko**	**position**
	n	Jesteśmy pewni, że nadajecie się na to trudne stanowisko.
	stanɔviskɔ	-We're confident that you are up to the challenge of the new position.
1535	**ślepy**	**blind; a blind person**
	adj; m	John jest ślepy na jedno oko.
	ɕlɛpɨ	-John is blind in one eye.
1536	**niebieski**	**blue**
	adj	Ten kolor jest zwany "niebieski w poświacie księżyca o północy".
	ɲɛbiɛski	-We call that color "midnight blue".
1537	**tłum**	**crowd**
	m	W parku był tłum ludzi.
	twum	-There was a crowd of people in the park.
1538	**lek**	**medicine**
	m	Poczujesz się lepiej, jeśli wypijesz ten lek.
	lɛk	-You'll feel better if you drink this medicine.
1539	**połączyć (się)**	**connect** [łączyć, połączyć]
	vpf2	Proszę połączyć mnie z Johnem.
	pɔwɔnt͡ʂɨtɕ	-Please connect me with John.
1540	**szeryf**	**sheriff**
	m	Najlepszy dla śledztwa byłby kompetentny szeryf.
	ʂɛrɨf	-The best thing for the investigation would have been a competent sheriff.
1541	**poniżej**	**below; less; below**
	prp; prp; adv	Thomas A. Edison tak bardzo kochał swoją pracę, że sypiał średnio poniżej czterech godzin na dobę.
	pɔɲiʐɛj	-Thomas A. Edison so loves his work that he sleeps an average of fewer than four hours of each twenty-four.
1542	**wściekły**	**angry, furious**
	adj	Gdyby od razu powiedziała mi prawdę, nie byłbym wściekły.
	vɕt͡ɕɛkwɨ	-Had she told me the truth in the first place, I wouldn't be angry now.
1543	**umiejętność**	**skill**
	f	Znajomość języków to przydatna umiejętność.
	umiɛjɛntnɔɕtɕ	-Language knowledge is a useful skill.

1544	**zaproszenie**	**invitation**
	n	Odrzuciła jego zaproszenie.
	zaprɔʂɛɲɛ	-She turned down his invitation.

1545	**przenieść (się)**	**move; carry** [przenosić, przenieść]
	vpf2; vpf	Pudełko jest na tyle lekkie, że można je przenieść.
	pʂɛɲɛɕtɕ	-This box is light enough to carry.

1546	**przemoc**	**violence**
	f	Krew i przemoc ich fascynuje.
	pʂɛmɔts	-Blood and violence fascinate them.

1547	**trafić**	**hit, get** [trafiać , trafić]
	vpf	Moglibyśmy trafić gorzej.
	trafitɕ	-We could get it worse.

1548	**koncert**	**concert**
	m	Czy ktoś pójdzie ze mną na koncert Lady Gaga?
	kɔntsɛrt	-Can anybody come with me to a Lady Gaga concert?

1549	**pozostały**	**remaining**
	adj	Pozostali członkowie oddziału mają pozostać w bazie.
	pɔzɔstawɨ	-Remaining members of the troop are supposed to stay in headquarters.

1550	**dziewczę**	**girl**
	n	To dziewczę śni mi się po nocach.
	dʑɛvtʂɛ̃	-I see this girl in my dreams.

1551	**potwór**	**monster**
	m	Pod moim łóżkiem jest potwór.
	pɔtvur	-There's a monster under my bed.

1552	**niebezpieczeństwo**	**danger, hazard**
	n	Może im grozić niebezpieczeństwo.
	ɲɛbɛzpiɛtʂɛɲstvɔ	-They may be in danger.

1553	**ucieczka**	**escape**
	f	To najlepsza ucieczka jaką kiedykolwiek widziałem.
	utɕɛtʂka	-That's the best escape I've ever seen.

1554	**zastrzelić (się)**	**shoot** [strzelać, zastrzelić]
	vpf2	Jeden z napastników próbował mnie zastrzelić.
	zastʂɛlitɕ	-One of the gunmen tried to shoot me.

1555	**radość**	**joy, happiness**
	f	Możemy czerpać radość ze spotkania ludzi w książkach.
	radɔɕtɕ	-We can feel joy meeting people in the books.

1556	**główny**	**main, major**
	adj	To twój główny problem.
	gwuvnɨ	-That is your major problem.

1557	**pustynia**	**desert**
	f	Nigdy nie znajdziemy wyjścia z tej pustyni.
	pustɨɲa	-We'll never get out of this desert.

1558	**dzielnica**	**district**
	f	Ta dzielnica nie jest zbyt bezpieczna.
	dʑɛlɲitsa	-This district is not really safe.

1559	**honor**	**honor**
	m	Musisz wybierać: honor albo śmierć.
	xɔnɔr	-You must choose between honor and death.

1560	**skomplikowany**	**complicated**

	adj	To jest naprawdę skomplikowane zadanie.
	skɔmplikɔvanɨ	-This task is really complicated.
1561	**wymiar**	**dimension; size**
	m; m	Jak gdybyśmy odkryli przerażający wymiar samych siebie.
	vɨmiar	-As if we discover a terrifying dimension in ourselves.
1562	**podejść**	**approach** [podchodzić, podejść]
	vpf	Powiedziałam Johnowi, że musi podejść do swojej nauki bardziej poważnie.
	ˈpɔdɛjɕtɕ	-I told John that he had to approach his studies more seriously.
1563	**rozwiązać (się)**	**solve; untie** [rozwiązywać, rozwiązać]
	vpf2; vpf2	Czy mógłbyś rozwiązać ten problem?
	rɔzviɔ̃zatɕ	-Could you solve the problem?
1564	**dokonać**	**do, make** [dokonywać, dokonać]
	vpf	John i Jane chcieli dokonać razem wielkich rzeczy.
	dɔkɔnatɕ	-John and Jane wanted to do great things together.
1565	**gapić się**	**stare (coll)** [gapić, —]
	vpfr	Przestań się gapić.
	ˈɡapʲitɕ‿ɕɛ	-Stop staring.
1566	**opieka**	**care**
	f	Potrzebna mi twoja opieka.
	ɔpiɛka	-I need your care.
1567	**licho**	**deuce; poorly**
	n; adv	Ten komputer jest wykonany bardzo licho.
	lixɔ	-This computer was made really poorly.
1568	**osobisty**	**personal, individual**
	adj	Potrzebuję trochę przestrzeni osobistej.
	ɔsɔbistɨ	-I need some personal space.
1569	**oficjalnie**	**officially**
	adv	Ta sprawa jest oficjalnie rozwiązana.
	ɔfitsjalɲɛ	-The case has officially been solved.
1570	**pożegnać (się)**	**say goodbye** [żegnać, pożegnać]
	vpf2	Przepraszam, ale muszę się pożegnać.
	pɔʐɛɡnatɕ	-I'm sorry but I have to bid my farewell.
1571	**występ**	**performance**
	m	Bilety na piątkowy występ nie były dostępne.
	vɨstɛmp	-The tickets were not available for Friday's performance.
1572	**wieś**	**village**
	f	To wieś, gdzie on się urodził.
	viɛɕ	-This is the village where he was born.
1573	**złazić**	**get down (coll)** [złazić, zleźć]
	vpf	Masz złazić z tego drzewa, nie będę się powtarzać.
	ˈzwazʲi.tɕ	-Get down at once, I won't repeat myself.
1574	**prawnik**	**lawyer**
	m	Prawnik powiedział, że ta sprawa jest bardzo trudna.
	pravɲik	-The lawyer said it's a very difficult case.
1575	**zasnąć**	**fall asleep** [zasypiać, zasnąć]
	vpf	Biedny John, od trzech godzin próbuje zasnąć.
	zasnɔɲtɕ	-Poor John's been trying to get to sleep for three hours now.
1576	**jednakże**	**however, but yet**
	con	Jednakże inne sprawy chyba też trzeba wziąć pod uwagę.
	jɛdnaɡʐɛ	-However, other things would need to be taken into account as well.

1577	**praktycznie**	**basically, practically**
	adv	To jest praktycznie niemożliwe, abyś skończył tą pracę w jeden dzień.
	praktʦ̑͡ʃɲɛ	-It's basically impossible for you to finish the work in a day.
1578	**maszyna**	**machine**
	f	Nie wiem kiedy maszyna musi zostać wyłączona.
	maʂ̑ina	-I don't know when the machine must be turned off.
1579	**dotknąć (się)**	**touch** [dotykać, dotknąć]
	vpf2	Czy mogę dotknąć twojej brody?
	dɔtknɔɲʦ̑͡	-Can I touch your beard?
1580	**wartość**	**value**
	f	Ten słownik ma dla nas wielką wartość.
	vartɔɕʦ̑͡	-This dictionary is of great value to us.
1581	**tekst**	**text**
	m	Trzeba przetłumaczyć tekst na język białoruski.
	tɛkst	-The text needs to be translated into Belarusian.
1582	**zamienić (się)**	**change, switch** [zamieniać, zamienić]
	vpf2	Chcę zamienić dziesięć tysięcy jenów na dolary.
	zã'mʲɛ̃ɲiʦ̑͡	-I want to change ten thousand yen to dollars.
1583	**zadziałać**	**work** [działać, zadziałać]
	vpf	Czy lekarstwo może zadziałać?
	zad͡zawaʦ̑͡	-Can this medicine work?
1584	**obawa**	**concern, anxiety**
	f	Istnieje obawa, że substancje radioaktywne rozprzestrzenią się od Tokio na wszystkie regiony Japonii.
	ɔbava	-There is a concern that radiation will spread across every region of Japan, starting with Tokyo.
1585	**chleb**	**bread**
	m	Ten chleb jest bardzo smaczny.
	x̑lɛb	-This bread is delicious.
1586	**idealny**	**ideal, perfect**
	adj	Oni mają ogromną wiarę w siebie, co powoduje że ich związek jest idealny.
	idɛalnɨ	-They just have immense faith in each other which makes their relationship perfect.
1587	**zasługiwać**	**deserve** [zasługiwać, zasłużyć]
	vif	Ci zbrodniarze zasługują na karę.
	ˌzaswu'ɟivaʦ̑͡	-Those criminals deserve to be punished.
1588	**choroba**	**disease**
	f	Życie - śmiertelna choroba przenoszona drogą płciową.
	x̑ɔrɔba	-Life is a fatal sexually transmitted disease.
1589	**zazdrosny**	**jealous**
	adj	Jesteś zazdrosny.
	zazdrɔsnɨ	-You're jealous.
1590	**wbrew**	**against**
	prp	W końcu przyjąłem jego propozycję, wbrew sobie.
	vbrɛv	-At last I accepted his proposal against my will.
1591	**sprowadzać (się)**	**bring, import; come down** [sprowadzać, sprowadzić]
	vif; vifr	Chciałbym sprowadzić auto z USA.
	sprɔvad͡zaʦ̑͡	-I would like to import a car from the US.
1592	**skontaktować (się)**	**contact** [kontaktować, skontaktować]

	vpf2	Nie krępuj się skontaktować ze mną.
	skɔntaktɔvat͡ɕ	-Feel free to contact me.
1593	**toast**	**toast**
	m	Wznieśmy toast z okazji dwudziestej rocznicy!
	tɔast	-A toast to your 20th Anniversary!
1594	**ogromny**	**huge**
	adj	Kupiliśmy ogromny fortepian, który zajął połowę dużego pokoju.
	ɔgrɔmnɨ	-We bought a huge piano which took up half of our living room.
1595	**lekarstwo**	**medicine**
	n	Czy masz jakieś lekarstwo na kaszel?
	lɛkarstvɔ	-Do you have any cough medicine?
1596	**obecność**	**presence**
	f	Jej obecność jest dla mnie ważna.
	ɔbɛtsnɔɕt͡ɕ	-Her presence is important to me.
1597	**ciśnienie**	**pressure**
	n	Sprawdź ciśnienie w swoich oponach.
	t͡ɕiɕɲɛɲɛ	-Check your tire pressure.
1598	**wydział**	**department**
	m	Istniał specjalny wydział obsługujący przyjaciół Johna.
	vɨd͡zaw	-There was a special department that used to take care of John's friends.
1599	**przesłuchanie**	**interview, interrogation**
	n	Zrobiła z drugiej randki rodzinne przesłuchanie.
	pʐɛswuxaɲɛ	-She made the second date a family interview.
1600	**zapewnić**	**provide, ensure** [zapewniać , zapewnić]
	vpf	Rodzice chcą zapewnić synowi jak najlepszą edukację.
	zaˈpɛvʲɲit͡ɕ	-The parents want to provide the best education for their son .
1601	**brach**	**bro (coll)**
	m	Co tam u ciebie, brachu?
	brax	-How's it going, bro?
1602	**wyłącznie**	**exclusively, only**
	adv	Zamierzam uczyć się wyłącznie do egzaminów.
	vɨˈwɔ̃nt͡ʂɲɛ	-I plan to study only for the exams.
1603	**bal**	**ball; log**
	m; m	Ozdobą balu z jakiegoś powodu, był wielki, drewniany bal.
	bal	-The decoration of the ball, for some reason, was a huge wooden log.
1604	**nakaz**	**warrant, order**
	m	Macie nakaz rewizji?
	nakaz	-Do you have a search warrant?
1605	**powtórzyć (się)**	**repeat** [powtarzać, powtórzyć]
	vpf2	Możesz powtórzyć, ile razy tu byłeś?
	pɔˈftuʒɨt͡ɕ	-Could you please repeat how many times you've been here?
1606	**przynosić**	**bring** [przynosić, przynieść]
	vif	John nie musi przynosić drugiego śniadania. Zrobię mu coś do jedzenia.
	pʂɨˈnɔɕit͡ɕ	-John doesn't need to bring a brunch. I'll make something for him to eat.
1607	**zostawiać**	**leave** [zostawiać, zostawić]
	vif	Nie powinieneś zostawiać dziecka samego.
	zɔstaviat͡ɕ	-You shouldn't leave the baby alone.
1608	**kuzyn**	**cousin**
	m	Mój kuzyn jest trochę starszy ode mnie.
	kuzɨn	-My cousin is a little older than me.

1609	**pokazywać (się)**	**show** [pokazywać, pokazać]
	vif2	Mówię ostatni raz: pokaż się!
	ˌpɔkaˈzɨvatɕ̃	-I'm telling you for the last time: show yourself!
1610	**telewizor**	**TV**
	m	Mógłbyś wyłączyć twój telewizor?
	tɛlɛvizɔr	-Could you please turn your TV off?
1611	**wygrywać**	**win** [wygrywać, wygrać]
	vif	Nie możesz zawsze wygrywać.
	vɨˈgrɨvatɕ̃	-You can't win all the time.
1612	**anioł**	**angel**
	m	Protagonistą tego nowego filmu jest dziecko-anioł.
	aɲɔw	-The protagonist of the new film is a child angel.
1613	**spóźnienie**	**delay, be late**
	n	Strasznie przepraszam za spóźnienie.
	ˈspuʑɲɛ̃ɲɛ	-I'm terribly sorry for being late.
1614	**ni**	**neither … nor**
	con	Ni to się stara ni to pracuje.
	ɲi	-Neither does he do his best nor work.
1615	**śnieg**	**snow**
	m	Pada śnieg w Paryżu
	ɕɲɛg	-It's snowing in Paris.
1616	**adwokat**	**lawyer**
	m	Marnujesz się tu jako adwokat.
	advɔkat	-What a waste of your lawyer qualifications!
1617	**postać**	**form; person; stand** [postawać, postać]
	f; f; vpf	Abraham Lincoln to sławna postać.
	pɔstatɕ̃	-Abraham Lincoln is a famous person.
1618	**księżniczka**	**princess**
	f	Księżniczka została zjedzona przez rekina.
	kɕɛ̃ʑɲit͡ʂka	-The princess was eaten by the shark.
1619	**niezupełnie**	**not entirely, not exactly**
	adv	Wiesz, to niezupełnie jest prawda.
	ɲɛzuˈpɛwʲɲɛ	-You know, that's not entirely true.
1620	**zaprosić**	**invite** [zapraszać, zaprosić]
	vpf	Nie dotarło do mnie, że on może zaprosić mnie na obiad.
	zaˈprɔɕitɕ̃	-It never occurred to me that he might invite me to dinner.
1621	**zakochany**	**in love**
	adj	Jest po uszy zakochany w Jane.
	zakɔxanɨ	-He's head over heels in love with Jane.
1622	**junior**	**junior**
	m	John junior znów się w coś wpakował.
	juɲɔr	-John junior got in trouble again.
1623	**dziura**	**hole**
	f	Uważaj! Tam jest wielka dziura.
	d͡ʑura	-Watch out! There's a big hole there.
1624	**ego**	**ego**
	n	Masz tak wielkie ego, że ledwo mieści się w Polsce.
	ɛgɔ	-Your ego is so big Poland can hardly contain it.
1625	**spaść**	**fall, drop** [spadać, spaść]

	vpf	Ceny powinny spaść.
	spaɕt͡ɕ	-The prices should drop.
1626	**kradzież**	**theft, stealing**
	f	Wyrzucili go za kradzież.
	krad͡ʑɛʐ	-He was fired for theft.
1627	**ciocia**	**auntie**
	f	Siostra mojej mamy to moja ciocia.
	t͡ɕɔt͡ɕa	-The sister of my mother is my auntie.
1628	**policjant**	**policeman**
	m	Policjant złapał biegnącego mężczyznę.
	pɔlit͡sjant	-The policeman captured the running man.
1629	**pierścionek**	**ring**
	m	John otworzył pudełko i wyjął piękny pierścionek.
	pierɕt͡ɕɔnɛk	-John opened the box and took out a beautiful ring.
1630	**dosłownie**	**literally**
	adv	To dosłownie idiota.
	dɔswɔvɲɛ	-He is literally stupid.
1631	**zabójstwo**	**kill, murder**
	n	Ku mojemu zaskoczeniu antropolog został oskarżony o zabójstwo.
	zabujstvɔ	-To my surprise, the anthropologist was accused of murder.
1632	**ptak**	**bird**
	m	Ptak rozpostarł skrzydła.
	ptak	-The bird spread its wings.
1633	**wrzesień**	**September**
	m	Trzydzieści dni mają wrzesień, kwiecień, czerwiec i listopad.
	vʐɛɕɛɲ	-September, April, June and November all have 30 days.
1634	**ciężarówka**	**truck**
	f	Ale wielka ciężarówka!
	t͡ɕɛ̃zarufka	-What a big truck!
1635	**garnitur**	**suit**
	m	Noszę garnitur, ale nie noszę krawata.
	garɲitur	-I wear a suit with no tie.
1636	**rosnąć**	**grow** [rosnąć, urosnąć]
	vif	Drzewo przestało rosnąć.
	rɔsnɔɲt͡ɕ	-The tree has stopped growing.
1637	**wariat**	**lunatic, psycho**
	m	Prawdopodobnie jakiś wariat szukający łatwej kasy.
	variat	-Probably some lunatic looking for cash.
1638	**imperium**	**empire**
	n	W XV wieku Żydzi schronili się w Imperium Osmańskim uciekając przed hiszpańską inkwizycją.
	impɛrium	-Jews fled the Spanish Inquisition and took shelter in the Ottoman Empire in the fifteenth century.
1639	**precz**	**away; get out**
	adv; i	Precz! Nakazuję ci odejść precz.
	prɛt͡ʂ	-Get out! I order you to go away.
1640	**ostrzec**	**warn** [ostrzegać, ostrzec]
	vpf	Musisz ostrzec Johna.
	ɔstʐɛts	-You've got to warn John.
1641	**inspektor**	**inspector**

	m	Inspektor obiecał zająć się tą sprawą natychmiast.
	inspɛktɔr	-The inspector promised to look into the matter right away.
1642	**wzdłuż**	**along; in length**
	prp; adv	Szliśmy wzdłuż plaży.
	vzdwuʐ	-We walked along the beach.
1643	**partner**	**partner**
	m	John to mój partner w przestępstwie.
	partnɛr	-John is my partner in crime.
1644	**nagranie**	**recording**
	n	Wciśnij zielony przycisk, by odtworzyć nagranie, a czerwony, by je zatrzymać.
	naˈgrãɲɛ	-Press the green button to play the video and the red one to stop it.
1645	**znosić (się)**	**endure; lay; wear out** [znosić, znieść]
	vif; vif; vifr	Ile jeszcze będę musiał znosić tę kurę, która znosi jajka z krzykiem.
	znɔɕit͡ɕ	-How much longer do I have to endure the screams of the hen that's laying eggs.
1646	**powodować**	**cause** [powodować, spowodować]
	vif	To ludzie powodują globalne ocieplenie.
	pɔvɔdɔvat͡ɕ	-It's human that causes global warming.
1647	**hałas**	**noise**
	m	Słyszałeś ten hałas?
	xawas	-Did you hear that noise?
1648	**złotko**	**tin foil; darling**
	n; n	Nie musisz dziś pracować, złotko.
	ˈzwɔtkɔ	-You don't have to work today, honey.
1649	**przerwać (się)**	**stop; break** [przerywać, przerwać]
	vpf; vpfr	Postanowiłem przerwać naukę francuskiego.
	pʐɛrvat͡ɕ	-I've decided to stop studying French.
1650	**start**	**start; start**
	m; i	Proszę ustawić się na linii startu.
	start	-Please stand on the start line.
1651	**Japonia**	**Japan**
	f	Japonia jest jedną z gospodarczych potęg świata.
	japɔɲa	-Japan is one of the greatest economic powers in the world.
1652	**ostro**	**hot; sharply**
	adv	Ciężarówka ostro skręciła w lewo.
	ˈɔstrɔ	-The truck sharply turned to the left.
1653	**fantastycznie**	**fantastic, amazing**
	adv	To fantastycznie!
	fantastɨt͡ʂɲɛ	-That's fantastic!
1654	**pogoda**	**weather**
	f	Na północy pogoda jest kiepska.
	pɔgɔda	-The weather is bad in the north.
1655	**ciuch**	**cloth (coll)**
	m	Rozejrzyj się, a na pewno znajdziesz jakiś spoko ciuch.
	t͡ɕux	-Take a good look and you will find a cool cloth for sure.
1656	**sukienka**	**dress**
	f	Sukienka jest wykonana z cienkiego materiału.
	sukiɛnka	-The dress is made of thin fabric.
1657	**składać (się)**	**assemble; consist of** [składać, złożyć]

	vif; vifr	Składam ten zestaw księżniczki już od 6 godzin i potrzebuję przerwy.
	skwadat͡ɕ	-I've been assembling the princess set for the past 6 hours and I need a break.
1658	**podjąć (się)**	**take; take up** [podejmować, podjąć]
	vpf; vpfr	Komisja obiecała wkrótce podjąć działania.
	pɔdjɔnt͡ɕ	-The commission has promised to take action soon.
1659	**pomówić**	**talk, defame** [pomawiać, pomówić]
	vpf	Najpierw powinniśmy pomówić z właścicielem sklepu.
	pɔmuvʲit͡ɕ	-Perhaps we should talk to the shopkeeper first.
1660	**włazić**	**get in** [włazić, wleźć]
	vif	No właź tu w końcu.
	ˈvwazʲid͡ʑ	-Come on, get in there.
1661	**przyprowadzić**	**bring along** [przyprowadzać, przyprowadzić]
	vpf	Czy możemy przyprowadzić Johna?
	pʃɨprɔˈvad͡ʑit͡ɕ	-Can we bring John along?
1662	**ludzkość**	**humanity**
	f	Przywróciłeś mi wiarę w ludzkość.
	lud͡ʑkɔɕt͡ɕ	-You have restored my faith in humanity.
1663	**bum**	**boom**
	i	Gdy usłyszałem wielkie bum, wezwałem pomoc.
	bum	-When I heard the big boom, I called for help.
1664	**strzała**	**arrow**
	f	Strzała nie trafiła w cel.
	st͡ʂawa	-The arrow fell short of the target.
1665	**dołączyć (się)**	**join** [dołączać, dołączyć]
	vpf2	Jest gotowy, by do nas dołączyć pod jednym warunkiem.
	dɔˈwɔnt͡ʂɨt͡ɕ	-He is ready to join us under one condition.
1666	**humor**	**mood; humor**
	m; m	Sam nie wiem, czemu mam dziś rano tak zły humor.
	xumɔr	-I don't see why I am in a bad mood this morning.
1667	**właściciel**	**owner**
	m	Właściciel mieszkania świetnie mówi po angielsku.
	vwaɕt͡ɕit͡ɕel	-The owner of the flat speaks excellent English.
1668	**płynąć**	**flow, swim** [płynąć, popłynąć]
	vif	Chcesz płynąć przez może na tej małej łódce?
	pwɨnɔnt͡ɕ	-Do you want to swim the sea in this small boat?
1669	**aparat**	**camera; apparatus**
	m; m	Zostaw mój aparat fotograficzny w spokoju.
	aparat	-Leave my camera alone.
1670	**spokojny**	**calm**
	adj	Moi znajomi zawsze mówią, że jestem zbyt spokojny, ale moja rodzina mówi, że jestem zbyt irytujący.
	spɔkɔjnɨ	-My friends always say I'm too calm, but my family always says I'm too annoying.
1671	**kariera**	**career**
	f	Kariera jest dla mnie ważniejsza od rodziny.
	karjɛra	-For me, a career is more important than family.
1672	**lekko**	**lightly, slightly**
	adv	Kręci mi się lekko w głowie.
	lɛkkɔ	-I'm slightly dizzy.
1673	**liczba**	**number**

	f	Dwanaście to liczba parzysta.
	liʧ͡ba	-Twelve is an even number.
1674	**kara**	**punishment**
	f	W Singapurze przestępców kara się chłostą.
	kara	-In Singapore, they use whip punishment.
1675	**wyobrażać**	**imagine** [wyobrażać, wyobrazić]
	vif	Nawet sobie nie wyobrażasz jak tęskniłam.
	viɔbraʐaʨ͡	-You can't even imagine how much I've been missing you.
1676	**zaledwie**	**only; just**
	adv; con	Gdybyś przyszedł zaledwie dwie minuty wcześniej, złapałbyś autobus.
	zalɛdviɛ	-If you had come only two minutes earlier, you could have caught the bus.
1677	**obrzydliwy**	**disgusting**
	adj	Jesteś obrzydliwy!
	ɔbʐɨdlivɨ	-You're disgusting!
1678	**oczekiwać**	**expect, await** [oczekiwać, —]
	vif	Nie powinieneś oczekiwać pomocy od innych.
	ɔʧ͡ɛkivaʨ͡	-You should not expect the help of others.
1679	**dotykać (się)**	**touch** [dotykać, dotknąć]
	vif2	Proszę nie dotykać.
	dɔˈtɨkaʨ͡	-Please do not touch.
1680	**uniknąć**	**avoid, dodge** [unikać, uniknąć]
	vpf	Aby uniknąć zamieszania, drużyny ubrały stroje w różnych kolorach.
	uɲiknɔɲʨ͡	-To avoid confusion, the teams wore different colors.
1681	**szczyt**	**peak, top**
	m	Dotarliśmy na szczyt góry.
	ʃʧ͡ɨt	-We reached the top of the mountain.
1682	**morda**	**face (coll); shut up (coll)**
	f; i	Mam już dosyć patrzenia na twoją okropną mordę.
	mɔrda	-I've had enough of looking at your disgusting face.
1683	**przeprowadzić (się)**	**carry out; move** [przeprowadzać, przeprowadzić]
	vpf; vpfr	Gdybym miał więcej pieniędzy, mógłbym przeprowadzić się do większego domu.
	ˌpʃɛprɔˈvaʥiʨ͡	-If I had more money, I could move to a bigger house.
1684	**przeżyć**	**survive, live through** [przeżywać, przeżyć]
	vpf	Chciałbym móc przeżyć moje życie, robiąc tylko to, co chcę.
	pʐɛʐɨʨ͡	-I wish I could live through my life doing only what I wanted to do.
1685	**delikatnie**	**gently**
	adv	John przybrał na wadze, mówiąc delikatnie.
	dɛlikatɲɛ	-John has gained weight, gently speaking.
1686	**podejrzany**	**suspicious; suspect**
	adj; m	Podejrzany jest uzbrojony i niebezpieczny.
	pɔdɛjʐanɨ	-The suspect is armed and dangerous.
1687	**pracownik**	**employee, worker**
	m	To rzetelny pracownik.
	praʦɔvɲik	-He is a careful employee.
1688	**pusty**	**empty**
	adj	Portfel Johna jest prawie pusty.
	pustɨ	-John's wallet is almost empty.
1689	**łza**	**tear**

	f	Poczułem jak łza spływa po mojej twarzy.
	wza	-I felt a tear pouring down my face.
1690	**psi**	**doglike, canine**
	adj	Zobaczyłem w ciemnościach psi kształt.
	pɕi	-In the darkness I saw a doglike shape.
1691	**plotka**	**rumor, gossip**
	f	Zastanawiam się czy ta plotka jest prawdziwa.
	plɔtka	-I wonder if this rumor is true.
1692	**kierowca**	**driver**
	m	Kierowca autobusu odniósł niewielkie obrażenia.
	kiɛrɔvtsa	-The bus driver suffered minor injuries.
1693	**domyślać się**	**suspect, deduct** [domyślać, domyśleć]
	vifr	Domyśl się sam.
	dɔmɨɕlatɕ	-Deduct it yourself.
1694	**ledwie**	**hardly, barely**
	adv	Ledwie zdał ten egzamin.
	lɛdviɛ	-He barely passed the examination.
1695	**świnia**	**pig**
	f	Ta świnia próbowała tylko odnaleźć właściciela.
	ɕviɲa	-This pig was just trying to find his owner.
1696	**pudełko**	**box**
	n	Pudełko jest puste.
	pudɛwkɔ	-The box is empty.
1697	**śmiać się**	**laugh** [śmiać, roześmiać]
	vifr	Nie powinienem się śmiać.
	ˈɕmʲjätɕ‿ɕɛ	-I shouldn't be laughing.
1698	**schować (się)**	**hide** [chować, schować]
	vpf2	John nie umiał wymyślić dobrego miejsca, aby to schować.
	sxɔvatɕ	-John couldn't think of a good place to hide it.
1699	**zaufanie**	**trust**
	n	Amerykanie stracili zaufanie do Toyoty.
	zaufaɲɛ	-Americans have lost their trust in Toyota.
1700	**zielony**	**green**
	adj	Zielony ci pasuje.
	ʑɛlɔnɨ	-Green suits you.
1701	**przechodzić**	**pass, cross** [przechodzić, przejść]
	vif	Nie możesz przechodzić na czerwonym.
	pʂɛxɔdʑitɕ	-You can't cross the street when it's red.
1702	**wręcz**	**simply, even; openly**
	prt; adv	Nie tylko go nie zaatakowała, ale wręcz go pochwaliła.
	vrɛntʂ	-It wasn't just that she didn't blame him. She even praised him.
1703	**zdolny**	**capable, talented**
	adj	John był bardzo zdolny, ale się nie uczył.
	zdɔlnɨ	-John was very talented, but he did not study.
1704	**dowódca**	**commander**
	m	Świadkiem strzelaniny był dowódca John.
	dɔvudtsa	-Witness to the tragic shooting was commander John.
1705	**kutas**	**dick**
	m	Straszny z ciebie kutas.
	kutas	-You're such a dick.

1706	**portfel**	**wallet**
	m	To nie on ukradł mi portfel.
	pɔrtfɛl	-My wallet wasn't stolen by him.
1707	**wygodnie**	**comfortable; easily**
	adv; adv	Gdzie będzie Ci wygodnie?
	vɨgɔdɲɛ	-Where's comfortable for you?
1708	**przetrwać**	**survive [—, przetrwać]**
	vpf	Możemy przetrwać wszystko.
	pʐɛtrvaʨ	-We can survive anything.
1709	**strój**	**outfit**
	m	John przebrał się w strój formalny.
	struj	-John changed into his formal outfit.
1710	**nauczyciel**	**teacher**
	m	Wczoraj nauczyciel zapowiedział, że dziś zrobi nam sprawdzian.
	nau͡tʂɨʨel	-Yesterday the teacher told us that he would give us a test today.
1711	**zaskoczyć (się)**	**surprise [zaskakiwać, zaskoczyć]**
	vpf2	Czasem mam wrażenie, że nic nie może cię zaskoczyć.
	zaskɔ͡tʂɨʨ	-Sometimes I feel like nothing can surprise you.
1712	**obudzić (się)**	**wake up [budzić, obudzić]**
	vpf2	Proszę mnie obudzić o siódmiej.
	ɔbud͡zɨʨ	-Please wake me at seven.
1713	**lord**	**lord**
	m	Pan pozwoli, że przedstawię – Lord John.
	lɔrd	-Allow me to introduce, Sir – Lord John.
1714	**pieprzony**	**frigging (coll)**
	adj	Ten pieprzony dupek nigdy nie zostawi mnie w spokoju.
	pjɛpʐɔnɨ	-This frigging asshole will never leave me alone.
1715	**bywać**	**visit, happen [bywać, —]**
	vif	Często u niej bywam.
	bɨvaʨ	-I often visit her.
1716	**okręt**	**ship**
	m	Przecież to najszybszy okręt na Karaibach.
	ɔkrɛnt	-This is the fastest ship in the Caribbean.
1717	**rozum**	**mind**
	m	Myślałam już, że tracę rozum.
	rɔzum	-I thought I was losing my mind.
1718	**zwolnić (się)**	**slow down; fire [zwalniać, zwolnić]**
	vpf; vpf2	A może by tak zwolnić wszystkich i zatrudnić grupę nowych osób?
	ˈzvɔlʲɲiʨ	-Why don't we fire everyone and hire a group of new people?
1719	**pływać**	**swim [pływać, popływać]**
	vif	On uczy się pływać.
	pwɨvaʨ	-He's learning to swim.
1720	**ostrzegać**	**warn [ostrzegać, ostrzec]**
	vif	Ten system ma nas ostrzegać przed tsunami.
	ɔˈstʂɛgaʨ	-This system was designed to warn us about the tsunami.
1721	**skakać**	**jump [skakać, skoczyć]**
	vif	Uwielbiam skakać na trampolinie.
	skakaʨ	-I love jumping on the trampoline.
1722	**wizyta**	**visit**

	f	Każda wizyta dentystyczna kosztuje mnie 100 złotych.
	viźita	-I pay 100 złoty for every visit to the dentist.
1723	**przeciwny**	**against, opposing**
	adj	Jestem przeciwny pracy w niedziele.
	pʐ̑ɛt͡ɕivnɨ	-We are against working on Sundays.
1724	**nisko**	**low**
	adv	Upadłeś tak nisko.
	ɲiskɔ	-You've ended up so low.
1725	**źródło**	**source, spring**
	n	Pieniądze to źródło wszelkiego zła.
	ʑrudwɔ	-Money is the source of all evil.
1726	**lód**	**ice**
	m	Czy lód nas utrzyma?
	lud	-Will the ice be enough for our weight?
1727	**poddać (się)**	**give up, surrender** [poddać, poddać]
	vpf2	Trzeba wiedzieć, kiedy się poddać.
	pɔddat͡ɕ	-You just have to know when to surrender.
1728	**słusznie**	**right, rightfully**
	adv	Postępujemy słusznie, prawda?
	swuʂɲɛ	-We're doing the right thing, aren't we?
1729	**przespać (się)**	**sleep** [przesypiać, przespać]
	vpf2	John próbował się przespać.
	pʐɛspat͡ɕ	-John tried to get some sleep.
1730	**odnośnie**	**regarding**
	prp	Na tym etapie nie ma wciąż jasnej polityki energetycznej odnośnie
	ɔdnɔɕɲɛ	dostarczania energii do obszarów rolniczych.
		-At this stage there is still not a clear energy policy regarding bringing power to rural areas.
1731	**wzrok**	**eyesight**
	m	Niektórzy mówią, że jedzenie marchewki poprawia wzrok.
	vzrɔk	-Some people say that eating carrots will improve your eyesight.
1732	**pożar**	**fire**
	m	Moi rodzice zginęli w pożarze.
	pɔʐar	-My parents have died in a fire.
1733	**wstawać**	**get up, stand up** [wstawać, wstać]
	vpf	Trudno jest mi wstawać przed szóstą.
	ˈfstavat͡ɕ	-It is difficult for me to get up before six.
1734	**drobny**	**little**
	adj	Mamy drobny wypadek.
	drɔbnɨ	-We've got a little emergency.
1735	**napad**	**robbery, attack**
	m	Ręce do góry! To napad.
	napad	-Hands up! This is a robbery.
1736	**bitwa**	**battle**
	f	Bitwa Warszawska zaczęła się o czwartej po południu.
	bitva	-The Battle of Warszawa. began at four o'clock in the afternoon.
1737	**szyja**	**neck**
	f	Długo spałem i szyja mi zdrętwiała.
	ʂɨja	-I've slept for too long and my neck is sore now.
1738	**alkohol**	**alcohol**

	m	Przepuścił spadek na alkohol.
	alkɔxɔl	-He spent his inheritance on alcohol.

1739 kurczę — **chicken; heck**

n; i
kurt͡ʂɛ̃

O kurczę! Prawie nadepnąłem na małe kurczę.
-Heck! I've almost stepped on a baby chicken.

1740 zgłosić (się) — **report** [zgłaszać, zgłosić]

vpf2
ˈzgwɔɕit͡ɕ

Zgłaszam gotowość do bitwy.
-I report being ready for battle.

1741 członek — **member; limb; penis**

m; m; m
t͡ʂwɔnɛk

Jako członek stowarzyszenia, odmawiam!
-As a member of the association, I refuse!

1742 południowy — **southern; noon**

adj; adj
ˌpɔwudʲˈɲɔvɨ

W godzinach południowych będziemy oglądać dom w stylu południowym.
-In the noon hours we'll be visiting a southern style house.

1743 burza — **storm**

f
buʐa

Burza spustoszyła wioskę.
-The storm laid the village flat.

1744 gruby — **thick; fat**

adj; adj
grubɨ

Myślisz, że jestem gruby?
-Do you think I'm fat?

1745 forma — **form, shape**

f
fɔrma

Demokracja to najgorsza forma rządów, z wyjątkiem wszystkich innych, które testowano.
-Democracy is the worst form of government, except all the others that have been tried.

1746 kilo — **kilo**

n
kilɔ

Czy mogę dostać pół kilo nóżek kurczaka, proszę?
-Can I get half a kilo of chicken legs, please?

1747 niezwykle — **extremely**

adv
ɲɛzvɨklɛ

John jest teraz niezwykle zajęty.
-John is extremely busy now.

1748 randka — **date**

f
rantka

Rozumiesz, to dopiero nasza pierwsza randka.
-You know, it's only our first date.

1749 teoria — **theory**

f
tɛɔria

Jego teoria jest trudna do zrozumienia.
-It is difficult to understand his theory.

1750 świeży — **fresh**

adj
ɕvʲɛʐɨ

Chleb jest świeży.
-The bread is fresh.

1751 spotykać (się) — **meet; go out** [spotykać, spotkać]

vif2; vifr
spɔˈtɨkat͡ɕ

Ani przez chwilę nie marzyłem, że będę mógł spotykać tylu sławnych ludzi.
-Not for one moment have I imagined that I'd be able to meet so many famous people.

1752 jama — **pit; cavity**

f; f
jama

Zobacz, to może być niedźwiedzia jama.
-Look, this could be a bear's pit.

1753 zauważyć (się) — **notice** [zauważać, zauważyć]

vpf2
zauvaʐɨt͡ɕ

Sądzę, że byłem zbyt zajęty, by zauważyć, że John miał problemy.
-I guess I was too busy to notice that John was having problems.

1754	**pojawiać się**	**appear** [pojawiać, pojawić]
	vifr	Muszę co miesiąc pojawiać się na klubowych zebraniach.
	pɔˈjavʲjät͡ɕ‿ɕɛ	-I have to appear at the club's meetings monthly.
1755	**zdrowy**	**healthy**
	adj	Myślisz, że jestem zdrowy?
	zdrɔvɨ	-Do you think I'm healthy?
1756	**krzesło**	**chair**
	n	To moje ulubione krzesło.
	gʐɛswɔ	-That's my favorite chair.
1757	**paliwo**	**fuel**
	n	Kończyło nam się paliwo, a co gorsza - zaczął padać gęsty śnieg.
	palivɔ	-We were running out of gas, and what was worse, it began to snow heavily.
1758	**skupić (się)**	**focus; purchase** [skupiać, skupić]
	vpf2; vpf	Mężczyźni mogą się skupić na dwóch rzeczach jednocześnie!
	skupit͡ɕ	-Men can focus on two things at once!
1759	**sprowadzić (się)**	**import; come down to** [sprowadzać, sprowadzić]
	vpf; vpfr	Może również sprowadzić najlepsze niemieckie oddziały.
	ɔprɔvaɟiɕ	-He might also import the best German troops.
1760	**nazwa**	**name**
	f	Doświadczenie to nazwa, którą każdy nadaje swoim błędom.
	nazva	-Experience is the name everyone gives to their mistakes.
1761	**bieg**	**run**
	m	Wygrała bieg na sto metrów.
	biɛg	-She won the one hundred meter run.
1762	**dodać (się)**	**add** [dodawać, dodać]
	vpf2	Wiesz jak dodać nowe kontakty do tego telefonu?
	dɔdat͡ɕ	-Do you know how to add new contacts to this phone?
1763	**rządzić (się)**	**rule; be bossy (coll)** [rządzić, —]
	vif; vifr	Jeden pierścień, by rządzić wszystkimi.
	ʐɔndzit͡ɕ	-One ring to rule them all.
1764	**oskarżyć**	**accuse** [oskarżać, oskarżyć]
	vpf	Oskarżam cię o morderstwo.
	ɔˈskarʒɨt͡ɕ	-I accuse you of murder.
1765	**zakładać (się)**	**establish; put on; bet** [zakładać, założyć]
	vif; vif; vifr	John zaczął zakładać buty.
	zakwadat͡ɕ	-John began putting on his shoes.
1766	**tajny**	**secret, confidential**
	adj	Te dane są ściśle tajne.
	tajnɨ	-This data is top secret.
1767	**pacjent**	**patient**
	m	Lekarz nalegał, żeby pacjent dużo wypoczywał.
	pat͡sjɛnt	-The doctor insisted that the patient get plenty of rest.
1768	**stal**	**steel**
	f	To najlepsza stal jaką w życiu widziałem.
	stal	-That's the best steel I've seen all my life.
1769	**kiepsko**	**poorly (coll)**
	adv	W naszej firmie kiepsko płacą.
	kiɛpskɔ	-Our company pays poorly.
1770	**zasięg**	**range**

	m	Odłóż ten nóż poza zasięg dzieci.
	zaɕɛŋg	-Put that knife outside of children range.
1771	**mapa**	**map**
	f	Na ścianie jest mapa.
	mapa	-There is a map on the wall.
1772	**zdenerwowany**	**nervous, annoyed**
	adj	Jego twarz zdradzała, że był zdenerwowany.
	zdɛnɛrvɔvanɨ	-His face showed that he was annoyed.
1773	**zbieg**	**fugitive**
	m	Zbieg najprawdopodobniej udał się w kierunku zamku.
	zbiɛg	-The fugitive has most likely headed towards the castle.
1774	**zebrać (się)**	**gather; muster** [zbierać, zebrać]
	vpf2; vpfr	Musicie zebrać fundusze na cele charytatywne.
	ˈzɛbratɕ	-You have to gather funds for the charity.
1775	**czoło**	**forehead; front**
	n; n	John delikatnie pocałował swoją córkę w czoło.
	t͡ʂɔwɔ	-John gently kissed his daughter on the forehead.
1776	**dama**	**lady**
	f	Dama milczała.
	dama	-The lady remained silent.
1777	**postawa**	**attitude; posture**
	f; f	Twoja postawa wymaga korekcji.
	pɔstava	-Your posture requires some work.
1778	**przyjaźń**	**friendship**
	f	Napisz wypracowanie na temat: "Przyjaźń".
	pʂɨjaʑɲ	-Write an essay on "Friendship".
1779	**przeciwnie**	**opposite**
	adv	Wręcz przeciwnie, John wpływa pozytywnie na moje życie odkąd go znam.
	pʂɛt͡ɕivɲɛ	-Quite the opposite, John has been a good influence on my life since I met him.
1780	**wyzwanie**	**challenge**
	n	Bez względu na wynik, musisz podjąć to wyzwanie.
	vɨzvaɲɛ	-Whatever the outcome, you must be up to the challenge.
1781	**ożenić się**	**marry (about a man)** [ożenić, ożenić]
	vpfr	Chciałbym się z nią ożenić.
	ɔʐɛɲit͡ɕ	-I want to marry her.
1782	**śliczny**	**beautiful**
	adj	Ten chłopczyk jest taki śliczny.
	ɕlit͡ʂnɨ	-This boy is so beautiful.
1783	**usługa**	**service**
	f	Ta usługa będzie pana kosztowała 30 złotych.
	uswuga	-This service will cost you 30 złoty.
1784	**pałac**	**palace**
	m	Te ruiny to był kiedyś wspaniały pałac.
	pawat͡s	-Those ruins were once a splendid palace.
1785	**ukrywać (się)**	**hide** [ukrywać, ukryć]
	vif2	Nie powinieneś ukrywać swojego zdania na ten temat.
	uˈkrɨvat͡ɕ	-You shouldn't hide your opinion on that matter.
1786	**wyścig**	**race**

	m	Powoli zakończył wyścig.
	vɨ͡ɕt͡ɕig	-He slowly finished the race.
1787	**proponować**	**offer** [proponować, zaproponować]
	vif	Proponuję ci uczciwą umowę.
	prɔpɔnɔvat͡ɕ	-I offer you an honest deal.
1788	**głębia**	**depth**
	n	Ta głębia jest tak przerażająca.
	gwɛmbia	-The depth is so terrifying.
1789	**wprowadzić (się)**	**introduce; move in** [wprowadzać, wprowadzić]
	vpf; vpfr	Zamierzają wprowadzić w życie to złe prawo.
	fprɔˈvad͡ʑit͡ɕ	-They are going to introduce this terrible law.
1790	**konto**	**account**
	n	Ma dużą sumę pieniędzy na swoim koncie.
	kɔntɔ	-He has a large sum of money on his account.
1791	**wyjątkowy**	**exceptional**
	adj	Jednak pod wieloma względami ten ptak jest wyjątkowy.
	ˌvɨjɔ̃ntˈkɔvɨ	-But in many ways, the bird is exceptional.
1792	**towarzysz**	**comrade, partner**
	m	Towarzyszu, proszę usiąść.
	tɔˈvaʒɨʃ	-Please sit down, comrade.
1793	**znajomy**	**mate; familiar**
	m; adj	Ten krajobraz nie jest mi znajomy.
	znajɔmɨ	-The landscape is not familiar to me.
1794	**samotnie**	**alone**
	adv	Poradziła mu, żeby nie wychodził samotnie w nocy.
	samɔtɲɛ	-She advised him not to go out alone at night.
1795	**grzech**	**sin**
	m	Trollowanie to grzech!
	ɡʐɛx̂	-Trolling is a sin!
1796	**przeprosiny**	**apology**
	n	Tobie też jestem winien przeprosiny.
	pʐɛprɔɕinɨ	-I owe you an apology, too.
1797	**zwłoki**	**corpse**
	fpl	W ruinach znaleźliśmy zwłoki.
	zvwɔki	-We found a corpse in the ruins.
1798	**zmierzać**	**aim, go to** [zmierzać, —]
	vif	Zmierzam do domu.
	zmiɛʒat͡ɕ	-I'm going home.
1799	**trener**	**coach**
	m	Mój trener zjada 8 tys. kalorii dziennie i nie przybiera na wadze.
	trɛnɛr	-My coach eats 8,000 calories a day and never gains weight.
1800	**głupek**	**fool**
	m	Czułem się jak wielki głupek.
	gwupɛk	-I felt like a big fool.
1801	**propozycja**	**proposition, offer**
	f	Od czasu do czasu propozycja rozebrania uwielbianego starego budynku aby zrobić miejsce dla nowego bloku wywołuje burzę protestów.
	prɔpɔzɨtsja	-From time to time, a proposition to pull down a much-loved old building to make room for a new block of flats, raises a storm of angry protest.
1802	**koszula**	**shirt**

	f	Koszula, którą mi dałeś, pasuje idealnie.
	kɔşula	-The shirt you gave me fit perfectly.

1803 dzisiejszy — **today's; contemporary**
adj; adj
Kto widział dzisiejszy pogrzeb?
-Who saw today's funeral?
d͡ʑɕɛjş↓

1804 synek — **son**
m
Urodził im się synek.
-A son was born to them.
sɨnɛk

1805 patrzyć (się) — **look** [patrzyć, —]
vif2
Na co się patrzysz?
-What are you looking at?
'patʃɨt͡ɕ

1806 żyd — **Jew**
m
Pamiętam jak chodziliśmy na kolację do sędziwego żyda.
-I remember going to eat in an old Jew's place.
ʑɨd

1807 wesele — **wedding**
n
Nie mogła iść na wesele.
-She couldn't go to the wedding.
vɛsɛlɛ

1808 związany — **related to; tied**
adj
To, że jest związany jest związane z zupełnie inną historią.
-The fact he is tied is connected to a completely different story.
zviɔ̃zanɨ

1809 podzielić (się) — **divide; share** [dzielić, podzielić]
vpf; vpfr
Musisz równo podzielić ciasto.
-You have to divide the cake equally.
pɔd͡ʑɛlit͡ɕ

1810 przyznawać (się) — **grant; admit** [przyznawać, przyznać]
vif; vifr
Nie muszę przyznawać, że od przyszłego roku będziemy przyznawać nagrody.
-I don't have to admit that we will start granting awards starting next year.
pʃɨz'navat͡ɕ

1811 tracić (się) — **lose** [tracić, stracić]
vif2
Nienawidzę tracić pieniędzy.
-I hate losing money.
trat͡ɕit͡ɕ

1812 ostatecznie — **in the end; ultimately**
adv
Ubogi człowiek ostatecznie został wielkim artystą.
-The poor man became a great artist in the end.
ɔstatɛt͡ʂɲɛ

1813 smak — **taste**
m
To jabłko ma kwaśny smak.
-This apple is of a sour taste.
smak

1814 rozmiar — **size**
m
Jaki rozmiar nosisz?
-What size do you wear?
rɔzmiar

1815 poczta — **mail; post office**
f
Poczta jest w środku miasta.
-The post office is located in the center of the town.
pɔt͡ʂta

1816 dżungla — **jungle**
f
Radom to betonowa dżungla.
-Radom is a concrete jungle.
d͡ʐungla

1817 nadawać (się) — **broadcast; be suitable** [nadawać, nadać]
vif; vifr
Ten transmiter znakomicie nadaje się, jeśli chcemy stąd nadawać.
-This transmitter is perfectly suitable for broadcasting from here.
na'davat͡ɕ

1818 brzuch — **belly, stomach**
m
Zastanawiałem się, jak to jest oberwać cios w brzuch.
-I was just wondering how it would feel to be punched in the stomach.
bʒux

1819	**trup**	**dead body**
	m	Znalazłem trupa!
	trup	-I've found a dead body!
1820	**całość**	**whole, entirety**
	f	Całość jest większa niż suma poszczególnych części.
	t͡sawɔɕt͡ɕ	-The whole is greater than the sum of the parts.
1821	**skrzydło**	**wing**
	n	Nasze lewe skrzydło zostało uszkodzone.
	sgʐɨdwɔ	-Our left wing has been damaged.
1822	**królestwo**	**kingdom**
	n	Zjednoczone Królestwo składa się z Anglii, Szkocji, Walii i Irlandii Północnej.
	krulɛstvɔ	-The United Kingdom is comprised of England, Scotland, Wales, and Northern Ireland.
1823	**przekonany**	**convinced**
	adj	John jest przekonany, że świeże powietrze to dobra rzecz.
	pʐɛkɔnanɨ	-John is convinced, that fresh air is a good thing.
1824	**tymczasem**	**while; meanwhile**
	prt; adv	Myślałem, że w końcu wypocznę, tymczasem wakacje były katastrofą.
	tɨmt͡ʂasɛm	-I thought I would finally rest, while the holiday turned out to be horrible.
1825	**model**	**model**
	m	Ojciec zbudował mi model statku.
	mɔdɛl	-Father made me a model of a ship.
1826	**wygląd**	**look**
	m	Nie podoba mi się mój wygląd.
	vɨglɔnd	-I don't like my look.
1827	**bezpośrednio**	**directly**
	adv	Powinieneś porozmawiać bezpośrednio z John.
	bɛzpɔɕrɛdnɔ	-You should talk directly to John.
1828	**przerażać (się)**	**terrify; be terrified** [przerażać, przerazić]
	vif; vifr	John naprawdę mnie przeraża.
	ˌpʃɛraˈʒat͡ɕ	-John really terrifies me.
1829	**wówczas**	**then**
	prn	Wówczas Pan John natychmiast wrócił do swoich sług.
	vuvt͡ʂas	-Sir John then immediately returned to his servants.
1830	**wiedza**	**knowledge**
	f	Wiedza nie jest celem samym w sobie.
	viɛdʐa	-Knowledge is not a goal itself.
1831	**niezwykły**	**extraordinary**
	adj	Jesteś niezwykły.
	ɲɛzvɨkwɨ	-You're extraordinary.
1832	**prochy**	**drugs (coll), cremains**
	fpl	Jak mówiłem wcześniej, prochy zwiększają chciwość.
	ˈprɔxɨ	-Like I told you earlier, - drugs make you greedy.
1833	**rynek**	**market(place)**
	m; m	Japoński rynek ryżu jest zamknięty na import.
	rɨnɛk	-Japan's rice market is closed to imports.
1834	**rozdział**	**chapter**

	m rɔzd͡zaw	Wczoraj studenci skończyli rozdział pierwszy, więc teraz przechodzą do drugiego. -Yesterday the students finished Chapter 1 so now they'll move on to Chapter 2.
1835	**wątpienie** *n* vɔntpiɛɲɛ	**doubt** Skąd to zwątpienie? -Where does this doubt come from?
1836	**zagrożenie** *n* ˌzagrɔˈʒɛ̃ɲɛ	**danger, hazard** Uwaga na zagrożenie pożarowe. -Watch out, there's a danger of fire.
1837	**sprzedawać (się)** *vif2* spʃɛˈdavat͡ɕ	**sell** [sprzedawać, sprzedać] Nie powinienem był sprzedawać samochodu. -I shouldn't have sold my car.
1838	**pocałunek** *m* pɔt͡sawunɛk	**kiss** Uciekasz, bo ten pocałunek coś znaczył. -You're running away because the kiss meant something.
1839	**ryzykować** *vif* rɨzɨkɔvat͡ɕ	**risk** [ryzykować, zaryzykować] Nie zamierzam tego ryzykować. -I'm not going to risk that.
1840	**krótki** *adj* krutki	**short** Królik ma długie uszy i krótki ogon. -Rabbits have long ears and short tails.
1841	**odpowiedni** *adj* ɔdpɔviɛdɲi	**adequate; suitable** Nie będzie łatwo znaleźć kogoś, kto byłby odpowiedni by go zastąpić. -It won't be easy finding someone who is adequate to take his place.
1842	**stworzenie** *n* stvɔʒɛɲɛ	**creation, creature** Właśnie odkryto dziwne stworzenie morskie. -A strange marine creature was found recently.
1843	**urządzenie** *n* uʒɔnd͡zɛɲɛ	**device** Monitor wyświetla sygnał graficzny na urządzeniu. -The screen displays a video signal on the device.
1844	**banda** *f; f* banda	**band; gang** Ta banda wandali tak mnie popchnęła, że poleciałem na bandę. -This vandal gang pushed me so hard I've ended up hitting the band.
1845	**ostrzeżenie** *n* ɔstʒɛʒɛɲɛ	**warning** Dał jej ostrzeżenie za szybką jazdę. -He gave her a warning against driving too fast.
1846	**pośród** *prp* pɔɕrud	**among, in the middle of** To jak znaleźć kwiat kaktusa pośród kolców. -It's like finding a cactus flower among the needles.
1847	**uczeń** *m* ut͡ʃɛɲ	**student, pupil** Każdy uczeń w tej klasie jest obecny. -Every student in the class is present.
1848	**wieża** *f* viɛʒa	**tower** Spójrz, wieża pośród drzew! -Look, a tower among trees.
1849	**dowodzić** *vif* dɔvɔd͡zɨt͡ɕ	**lead, prove** [dowodzić, dowieść] On dowodzi procesem, w którym mają dowodzić swojej niewinności. -He leads the trial in which they have to prove their innocence.
1850	**traktować (się)**	**treat; consider** [traktować, potraktować]

	vif2; vif	Gdy teraz o tym myślę, to uważam, że powinienem był ją traktować z większym szacunkiem.
	traktɔvatɕ	-In retrospect, I should have treated her with more respect.
1851	**palant**	**jerk**
	m	Jakiś palant włożył barwnik do pralki.
	ˈpalãnt	-Some jerk put a dye in the washing machine.
1852	**amerykański**	**American**
	adj	Moją ulubioną dyscypliną jest futbol amerykański.
	amɛrɨkaɲski	-My favorite game is American football.
1853	**wzywać**	**call, summon** [wzywać, wezwać]
	vif	Rozkaż wezwać medyka.
	ˈvzɨvatɕ	-Make an order to call a medic.
1854	**wytrzymać**	**withstand, endure** [wytrzymywać, wytrzymać]
	vpf	Roboty mogą wytrzymać niebezpieczne warunki.
	vɨtʐɨmatɕ	-Robots can withstand dangerous conditions.
1855	**obiecać**	**promise** [obiecywać, obiecać]
	vpf	Nie mogę nic obiecać.
	ɔbiɛtsatɕ	-I can't promise anything.
1856	**zoo**	**zoo**
	n	Wczoraj wybrałem się do zoo.
	zɔɔ	-I went to the zoo yesterday.
1857	**dostarczyć**	**deliver, provide** [dostarczać, dostarczyć]
	vpf	Możemy to dostarczyć na dziś wieczór.
	dɔstartʂɨtɕ	-We can deliver it this evening.
1858	**skończony**	**finished; finite**
	adj	Kiedy zobaczyłem skończony produkt, wyglądał dobrze.
	skɔɲtʂɔnɨ	-When I saw the finished product, he looked good.
1859	**wskazywać**	**point, indicate** [wskazywać, wskazać]
	vif	Za każdym razem mamy wskazywać na tego, kto opuści program.
	fskaˈzɨvatɕ	-We are supposed to point at the person that will get kicked out of the programme.
1860	**lustro**	**mirror**
	n	Lustro odbija światło.
	lustrɔ	-The mirror reflects light.
1861	**pech**	**bad luck, misfortune**
	m	Tym razem miałeś pecha.
	pɛx	-You had bad luck this time.
1862	**as**	**ace**
	m	Oto as europejskiego lotnictwa: kapitan John.
	as	-Introducing the ace of the European Air Force, Captain John.
1863	**trening**	**training**
	m	Wrócę dopiero gdy ukończę swój trening.
	trɛɲing	-I won't return until I have accomplished my training.
1864	**nerwy**	**nerve**
	fpl	To działa mi na nerwy.
	ˈnɛrvɨ	-It is getting on my nerve.
1865	**wpuścić**	**let in** [wpuszczać, wpuścić]
	vpf	John nie chciał wpuścić Jane do swojego domu.
	ˈfpuɕtɕitɕ	-John didn't want to let Jane into his house.
1866	**oferta**	**offer**

	f	Ta oferta nie spełnia naszych oczekiwań.
	ɔfɛrta	-This offer does not meet our requirements.
1867	**przyjeżdżać**	**arrive** [przyjeżdżać, przyjechać]
	vif	Kiedy oni przyjeżdżają?
	pʃi'jɛʒʤatɕ	-When will they arrive?
1868	**wideo**	**video**
	n	Zagrajmy w gry wideo dla zabicia czasu.
	vidɛɔ	-Let's play some video games to kill time.
1869	**dbać**	**care** [dbać, zadbać]
	vif	Musimy o siebie dbać.
	dbatɕ	-We must take care of ourselves.
1870	**gościu**	**guy (coll)**
	m	Piszemy artykuł tylko o tym gościu.
	gɔɕtɕu	-We're doing a story just on this guy.
1871	**kanał**	**channel**
	m	To jest TVP1, polski kanał TV.
	kanaw	-This is TVP1, a Polish TV channel.
1872	**sprawdzać (się)**	**check, prove; work** [sprawdzać, sprawdzić]
	vif2; vifr	Lepiej sprawdzić, czy wszystko jest w porządku.
	spravʥatɕ	-It's better to check whether everything is OK.
1873	**szczur**	**rat**
	m	Jeśli szczur podskakuje za wysoko - zostaje złapany przez kota.
	ʂʧur	-If the rat jumps too high – it gets caught by the cat.
1874	**zakończenie**	**end, ending**
	n	Większość hollywoodzkich filmów ma szczęśliwe zakończenie.
	zakɔɲʧɛɲɛ	-Most Hollywood movies have a happy ending.
1875	**przestępstwo**	**crime**
	n	John nie sądził, że popełnia przestępstwo.
	pʐɛstɛmpstvɔ	-John didn't think he was committing a crime.
1876	**nowo**	**newly**
	adv	Dotyczy własności działek w nowo utworzonym hrabstwie Lawrence...
	nɔvɔ	-As to ownership of the claims in the newly constituted county of Lawrence...
1877	**brzeg**	**coast; edge**
	m	Popatrz na brzeg! Leży na nim mała foka.
	bʐɛg	-Look at the cost! There's a small seal on it.
1878	**uczynić (się)**	**do, make; proclaim** [czynić, uczynić]
	vpf; vpfr	Chciał uczynić żonę szczęśliwą, ale nie mógł.
	uʧiɲitɕ	-He tried to make his wife happy, but he couldn't.
1879	**słuch**	**hearing**
	m	Po wypadku może utracić słuch.
	swux	-He might lose his hearing after the accident.
1880	**oszaleć**	**go crazy** [szaleć, oszaleć]
	vpf	Słyszałem, że ciotka oszalała na starość.
	ɔʂalɛtɕ	-I've heard that aunt has gone mad in her old days.
1881	**charakter**	**personality; nature**
	m; m	Problemy tego chłopca mają charakter fizyczny, nie mentalny.
	xaraktɛr	-The boy's problems are of physical, not mental nature.
1882	**strażnik**	**guardian**
	m	Jak zamierzasz przejść strażników?
	straʒɲik	-How are you supposed to go past the guardians?

1883	**pułapka**	**trap, ambush**
	f	John wyjaśnił, jak zadziała pułapka.
	puwapka	-John explained how the ambush would work.
1884	**skok**	**jump**
	m	Zanim oddasz skok, pomyśl o tym, co dla ciebie ważne.
	skɔk	-Before you jump, think of what's important to you.
1885	**odsunąć (się)**	**push aside; move away** [odsuwać, odsunąć]
	vpf; vpfr	Próbowałem odsunąć na bok złość i zawrzeć pokój.
	ɔdsunɔ̃ntɕ	-I tried to put aside my anger and make peace.
1886	**gniew**	**anger**
	m	Spowodowałem jej gniew.
	gɲɛv	-I was the reason for her anger.
1887	**dobro**	**good**
	n	Każdy człowiek powinien czynić dobro.
	dɔbrɔ	-All people should act good.
1888	**ocean**	**ocean**
	m	Można stąd usłyszeć ocean.
	ɔtsɛan	-We can hear the ocean from here.
1889	**ratunek**	**rescue**
	m	Teraz na ratunek nie ma już szans.
	ratunɛk	-There are no chances left for the rescue.
1890	**dokończyć**	**finish, complete** [dokańczać, dokończyć]
	vpf	Deszcz nie pozwolił nam dokończyć gry w tenisa.
	dɔkɔɲt͡ʂɨtɕ	-The rain prevented us from finishing our game of tennis.
1891	**powierzchnia**	**surface**
	n	Powierzchnia ziemi składa się z lądu i wody.
	pɔviɛʐχɲa	-Land and water make up the earth's surface.
1892	**wspólnie**	**together**
	adv	Podjęliśmy decyzję wspólnie.
	vspulɲɛ	-We made the decision together.
1893	**złodziej**	**thief**
	m	Wygląda na to, że złodziej wszedł oknem.
	zwɔd͡ʑɛj	-It looks like the thief came in through the window.
1894	**zdolność**	**ability**
	f	Mamy zdolność pamiętania.
	zdɔlnɔɕtɕ	-We have the ability to remember.
1895	**kąpiel**	**bath**
	f	Ile razy w tygodniu bierzesz kąpiel?
	kɔmpiɛl	-How many times a week do you take a bath?
1896	**urodzić (się)**	**give birth; be born** [rodzić, urodzić]
	vpf; vpfr	Gdybyś miał znowu się urodzić, wolałbyś być mężczyzną czy kobietą?
	urɔd͡ʑtɕ	-If you were to be born again, would you want to be a man or a woman?
1897	**usunąć (się)**	**remove, delete** [usuwać, usunąć]
	vpf2	Jak usunąć z dywanu plamy z czerwonego wina?
	usunɔ̃ntɕ	-How do you remove red wine stains from your carpet?
1898	**straż**	**guard, watch**
	f	Zwycięzcy pełnili straż nad imperium szczurów.
	straʐ	-The victors took guard over a kingdom of rats.
1899	**tunel**	**tunnel**

	m	Przebito tunel pod górą.
	tunɛl	-They drove a tunnel through the hill.
1900	**taśma**	**tape**
	f	Tą taśmą można skleić wszystko, nawet złamane serce.
	taɕma	-You can fix everything with this tape, even a broken heart.
1901	**otwarcie**	**openly; opening**
	adv; n	"Czy nie sprawiłoby ci problemu otwarcie okna?" "Oczywiście, że nie."
	ɔtvart͡ɕɛ	-"Would you mind opening the window?" "Of course not."
1902	**garaż**	**garage**
	m	Kiedy wrócę do domu, ktoś będzie sprzątał garaż.
	garaʐ	-When I get home, someone will be cleaning the garage.
1903	**wielkość**	**size; greatness**
	f; f	Czy wielkość jest dobra?
	viɛlkɔɕt͡ɕ	-Is this size enough?
1904	**przejąć (się)**	**take over; worry** [przejmować, przejąć]
	vpf; vpfr	Musimy za wszelką cenę przejąć ich firmę.
	pʐɛjɔɲt͡ɕ	-We need to take over their company at any cost.
1905	**agencja**	**agency**
	n	Witamy w agencji międzynarodowej.
	agɛnt͡sja	-Welcome to the international agency.
1906	**mocny**	**strong**
	adj	Ale w rzeczywistości jest bardzo mocny.
	mɔt͡snɨ	-But he's very strong actually.
1907	**pozdrowienie**	**greeting**
	m	Doszło do ciebie moje pozdrowienie?
	pɔzdrɔviɛɲɛ	-Did you get my greeting message?
1908	**żarcie**	**food (coll)**
	n	Nie mogę uwierzyć jak trudno jest tu znaleźć przyzwoite żarcie.
	ʐart͡ɕɛ	-I can't believe how hard it is to find decent food around here.
1909	**zemsta**	**revenge**
	f	W końcu poznam smak zemsty.
	zɛmsta	-Finally, I will know the taste of revenge.
1910	**zapalić (się)**	**smoke; light** [zapalać, zapalić]
	vpf2	Mogę tutaj zapalić?
	zaˈpalʲit͡ɕ	-May I smoke here?
1911	**kark**	**neck**
	m	Jak będziesz dalej uprawiał parkour, to w końcu złamiesz sobie kark.
	kark	-If you keep doing parkour you will finally break your neck.
1912	**przerażający**	**terrifying, creepy**
	adj	Twój współlokator jest przerażający.
	pʃɛraʒajɔ̃ŋt͡ɕɨ	-Your roommate is creepy.
1913	**kiepski**	**poor (coll), bad (coll)**
	adj	On jest raczej kiepski w tenisa.
	kiɛpski	-He is rather bad at tennis.
1914	**zmusić (się)**	**force** [zmuszać, zmusić]
	vpf2	Czy oni mogą mnie do tego zmusić?
	zmuɕit͡ɕ	-Can they force me to do this?
1915	**dzielić (się)**	**divide, share** [dzielić, podzielić]
	vif2	Ucz swoje dzieci się dzielić i sam się dziel.
	d͡zɛlit͡ɕ	-Teach your children to share and share alike.

1916	**popełnić**	**commit, make** [popełniać, popełnić]
	vpf	Ekspert to ktoś, kto zna kilka najgorszych błędów, które można popełnić i wie jak ich uniknąć.
	pɔpɛwɲit͡ɕ	-An expert is someone who knows some of the worst mistakes that can be made in his field, and how to avoid them.
1917	**wyrwać (się)**	**pull out, rend; get out** [wyrywać, wyrwać]
	vpf; vpfr	John chce się wyrwać z miasta.
	vɨrvat͡ɕ	-John wants to get out of town.
1918	**zapominać (się)**	**forget** [zapominać, zapomnieć]
	vif2	Nie wolno zapominać, że palenie jest szkodliwe dla zdrowia.
	ˌzapõˈmʲinat͡ɕ	-Don't forget the fact that smoking is bad for your health.
1919	**społeczeństwo**	**society**
	n	Marzy mi się społeczeństwo, które uczciwie rozdziela bogactwo.
	ˌspɔwɛˈt͡ʂɛj̃stfɔ	-I dream of a society whose wealth is distributed fairly.
1920	**cień**	**shadow**
	m	Kiedy słońce zachodzi, cień staje się dłuższy.
	t͡ɕɛɲ	-When the sun goes down, shadows become longer.
1921	**wirus**	**virus**
	m	To nie jest wirus.
	virus	-It's not a virus.
1922	**młode**	**cub; young**
	n; n	Niektóre zwierzęta pożerają swoje młode.
	mwɔdɛ	-Some animals eat their cub.
1923	**prąd**	**electricity; current**
	m; m	Elektrownia zaopatruje odległą dzielnicę w prąd.
	prɔnd	-The power plant supplies the remote district with electricity.
1924	**rower**	**bicycle**
	m	Mój rower potrzebuje naprawy.
	rɔvɛr	-My bicycle needs fixing.
1925	**posiłek**	**meal**
	m	Nie ma czegoś takiego jak darmowy posiłek.
	pɔɕiwɛk	-There's no such thing as a free meal.
1926	**rodzinny**	**family**
	adj	Ten romans to sekret rodzinny.
	rɔd͡zinnɨ	-That love affair is a family secret.
1927	**karetka**	**ambulance**
	f	Proszę zachować spokój, karetka jest już w drodze.
	kaˈrɛtka	-Please remain calm, the ambulance is already on the way.
1928	**organizacja**	**organization, association**
	f	Organizacja tego wydarzenia to jakiś żart.
	ɔrɡaɲizat͡sja	-The organization of this event is a joke.
1929	**wzajemnie**	**mutually**
	adv	Musicie po prostu ufać sobie wzajemnie.
	vzajɛmɲɛ	-You just have to maintain mutual trust.
1930	**kij**	**stick, bat**
	m	Odłóż ten kij i wracaj na obiad.
	kij	-Drop this stick and come for dinner.
1931	**schody**	**stairs**
	fpl	Ależ wąskie schody!
	sxɔdɨ	-Such narrow stairs!

1932 **pilot** | **pilot**
m
pilɔt
Pracował jako pilot na tym samolocie.
-He served as the pilot of the plane.

1933 **geniusz** | **genius**
m
gɛɲiuš̑
Jakiś geniusz zostawił mleko na całą noc poza lodówką.
-Some genius left the milk out of the refrigerator all night.

1934 **zbudować (się)** | **build** [budować, zbudować]
vpf2
zbudɔvat͡ɕ
Po przeczytaniu jego książek czułem, że mogę zbudować dom.
-After reading his books I felt I could build a house.

1935 **chwała** | **glory**
f
x̑vawa
Chwała podąża za cnotą jak by była jej cieniem.
-Glory follows virtue as if it were its shadow.

1936 **świątynia** | **temple**
f
ɕviɔntiɲa
To świątynia w której przebywa.
-This is the temple where he stays.

1937 **zaś** | **and, while**
con
zaɕ
Na początku w tym języku ukołysywała mnie w kolebce mama, zaś potem nocami bajki opowiadała mi babcia.
-As a child, when I was sleepless mother sung me lullabies, while my grandma told me stories through the night, to shut my eyes.

1938 **stolik** | **table**
m
stɔlik
Czy moglibyśmy dostać stolik w części dla niepalących?
-Could we have a table in the non-smoking section?

1939 **uroczy** | **charming, lovely**
adj
urɔt͡ʂɨ
W centrum miasta znajduje się uroczy park.
-There's a lovely park in the center of the town.

1940 **północny** | **northern**
adj
puwnɔt͡snɨ
Północna część kraju jest nawiedzana przez silne deszcze.
-The northern part of the country is under the influence of strong rains.

1941 **zwrot** | **expression; refund**
m
zvrɔt
Mogę otrzymać zwrot pieniędzy?
-Can I get a refund?

1942 **domek** | **house**
m
dɔmɛk
John buduje z ojcem domek na drzewie.
-John and his father are building a tree house.

1943 **umieścić (się)** | **put, locate** [umieszczać, umieścić]
vpf2
ũˈmʲiɛɕt͡ɕit͡ɕ
Umieść klejnot na ołtarzu!
-Put the jewel on the altar!

1944 **naród** | **nation, people**
m
narud
Chińczycy to pracowity naród.
-The Chinese are a hard-working nation.

1945 **otwarty** | **open**
adj
ɔtvartɨ
Supermarket jest otwarty od poniedziałku do soboty
-The supermarket is open Monday through Saturday.

1946 **wycieczka** | **trip, tour**
f
vit͡ɕɛt͡ʂka
Ta wycieczka będzie miłym wspomnieniem.
-This trip will be a pleasant memory.

1947 **wymyślić** | **think up, imagine** [wymyślać, wymyślić]
vpf
vɨˈmɨɕlʲit͡ɕ
Myślę, że nietrudno będzie wymyślić lepszy system.
-I think it wouldn't be too hard to invent a better system.

1948	**sprzeciw**	**objection, opposition**
	m	Twój sprzeciw został odnotowany.
	spẑɛt͡ɕiv	-Your objection has been noted.
1949	**zaginąć**	**disappear, go missing** [ginąć, zaginąć]
	vpf	Jeden z naszych najlepszych ludzi zaginął.
	zaginɔɲt͡ɕ	-One of our best men went missing.
1950	**grób**	**grave**
	m	Odwiedziłem grób mojego ojca.
	grub	-I visited my father's grave.
1951	**wąż**	**snake; hose**
	m; m	Potrzebny mi wąż ogrodowy.
	võʐ	-I need a garden hose.
1952	**sok**	**juice**
	m	Poproszę sok pomarańczowy.
	sɔk	-I'd like orange juice.
1953	**paszport**	**passport**
	m	Zgubiłem mój paszport!
	paʂpɔrt	-I lost my passport!
1954	**obiekt**	**object**
	m	Czy możesz powiedzieć, jaki jest ten obiekt?
	ɔbiɛkt	-Can you describe the object?
1955	**prędkość**	**speed**
	f	Prędkość światła jest o wiele większa niż prędkość dźwięku.
	prɛntkɔɕt͡ɕ	-The speed of light is much greater than that of sound.
1956	**Rosja**	**Russia**
	f	Rosja się przebudziła po długiej zimie.
	rɔsja	-Russia has woken up after a long winter.
1957	**sławny**	**famous, popular**
	adj	Ani przez chwilę nie przypuszczałem, że mój blogi stanie się taki sławny.
	swavnɨ	-I never for a moment imagined that my blog would become so famous.
1958	**emerytura**	**pension; retirement**
	f; f	Po mojej emeryturze nie dostaję emerytury regularnie.
	ɛmɛrɨtura	-After my retirement I don't get my pension regularly.
1959	**zimny**	**cold**
	adj	Czy lód jest zimny?
	ʑimnɨ	-Is the ice cold?
1960	**studio**	**studio**
	n	Wygląda na czyjeś małe studio filmowe.
	studiɔ	-Looks like somebody's private little movie studio.
1961	**rzut**	**throw**
	m	Pierwszy rzut wypadł znakomicie.
	ʐut	-The first throw was excellent.
1962	**złość**	**anger**
	f	On szybko wpada w złość.
	zwɔɕt͡ɕ	-It's easy to wind up her anger.
1963	**włączyć**	**turn on** [włączać, włączyć]
	vpf	Zapytała go jak włączyć maszynę.
	ˈvwõnt͡ʃɨt͡ɕ	-She asked him how to turn on the machine.
1964	**cios**	**blow, hit**

	m	Zadaliśmy głęboki cios w samo serce naszego wroga.
	t͡ɕɔs	-We have struck a deep blow to the very heart of our enemy.
1965	**przywitać (się)**	**greet** [witać, przywitać]
	vpf2	Chodźmy ich przywitać.
	pʂɨvitat͡ɕ	-Let's go and greet them.
1966	**mieszkaniec**	**citizen, resident**
	m	Jako mieszkaniec Polski, sprzeciwiam się temu prawu.
	miɛʂkaɲɛt͡s	-As a citizen of Poland I refuse to obey this law.
1967	**zranić (się)**	**hurt** [ranić, zranić]
	vpf2	Nie chcemy ich zranić.
	zraɲit͡ɕ	-We don't want to hurt them.
1968	**pysk**	**muzzle; face (coll)**
	m; m	Zawsze chciałem strzelić dra Phila w pysk.
	pɨsk	-I always wanted to punch Dr. Phil in the face.
1969	**Europa**	**Europe**
	f	Europa ma mniejszą populację niż Azja.
	ɛurɔpa	-Europe has a smaller population than Asia.
1970	**wyjątkowo**	**exceptionally**
	adv	Ta substancja chemiczna jest wyjątkowo niebezpieczna.
	vɨjɔntkɔvɔ	-This chemical is exceptionally dangerous.
1971	**reguła**	**rule**
	f	Nie jest rozsądne sądzić, że ta reguła ma zastosowanie w każdych warunkach.
	rɛguwa	-It is not reasonable to suppose that this rule is applicable under any condition.
1972	**posterunek**	**post, office, station**
	m	Gdzie jest najbliższy posterunek?
	pɔstɛrunɛk	-Where is the nearest police station?
1973	**oświadczenie**	**statement**
	n	Nierozsądne oświadczenie rządu spowodowało wzrost cen.
	ɔɕviadt͡ʂɛɲɛ	-The unwise statement by the government caused prices to rise again.
1974	**biurko**	**desk**
	n	Właśnie kupiłem nowe biurko dla mojego komputera.
	biurkɔ	-I just bought a new desk for my computer.
1975	**dodatkowy**	**additional, extra**
	adj	Dodatkowy pokój okazał się bardzo przydatny, kiedy mieliśmy gości.
	dɔdatkɔvɨ	-The extra room proved very useful when we had visitors.
1976	**cukier**	**sugar**
	m	Mogę prosić o cukier?
	t͡sukiɛr	-Can I have the sugar, please?
1977	**ubrać (się)**	**put on, wear** [ubierać, ubrać]
	vpf2	Czemu ubrałaś taką samą sukienkę?
	ubrat͡ɕ	-Why did you put on the same dress?
1978	**brama**	**gate**
	f	Ta brama jest zbyt wąska dla samochodu.
	brama	-The gate is too narrow for the car.
1979	**na razie**	**for now; see you**
	phr	Na razie wszystko u mnie w porządku. Muszę lecieć, na razie!
	naˑˈraʑɛ	-Everything is OK for now. I have to go, see you!
1980	**przemyśleć**	**think over, consider** [—, przemyśleć]
	vpf	Muszę to przemyśleć zanim ci odpowiem.
	pʂɛmɨɕlɛt͡ɕ	-I must think it over before answering you.

1981	**obszar**	**area**
	m	Nasza armia bez walki zajęła ten obszar.
	ɔbʂar	-Our army has conquered this area with no resistance.
1982	**nudny**	**boring**
	adj	Jesteś nudny.
	nudnɨ	-You are boring.
1983	**załoga**	**crew**
	f	Załoga opuściła statek.
	zawɔga	-The crew abandoned the ship.
1984	**obserwować (się)**	**observe** [obserwować, zaobserwować]
	vif2	John lubi obserwować ptaki.
	ɔbsɛrvɔvat͡ɕ	-John likes to observe birds.
1985	**rozpocząć (się)**	**start, begin** [rozpoczynać, rozpocząć]
	vpf2	Czy odpowiadałoby panu rozpocząć pracę od jutra?
	rɔzpɔt͡ʂɔɲt͡ɕ	-Will it be convenient for you to start work tomorrow?
1986	**spadać**	**fall** [spadać, spaść]
	vif	Patrz! Samolot spada!
	spadat͡ɕ	-Look! The plane is falling!
1987	**prośba**	**request**
	f	Twoja prośba nie jest rozsądna.
	prɔɕba	-Your request isn't reasonable.
1988	**ot**	**just**
	prt	Zakonnice nie biją ludzi ot tak.
	ɔt	-Well, nuns don't just go around hitting people.
1989	**koszt**	**cost, expense**
	m	Przepraszam, że naraziłem cię na tak duży koszt.
	kɔʂt	-I'm sorry to put you to such great expense.
1990	**ukochany**	**beloved; love**
	adj; m	Nie, chce odzyskać ukochany Neapol.
	ukɔxanɨ	-No, he wants his beloved Naples back.
1991	**kretyn**	**moron**
	m	Jakiś kretyn opublikował schemat modułu laboratoryjnego.
	krɛtɨn	-Some moron has posted the blueprint for the lab module.
1992	**złamać (się)**	**break** [łamać, złamać]
	vpf2	Ołówek mi się złamał.
	zwamat͡ɕ	-My pencil has broken.
1993	**kierować (się)**	**lead; drive; guide** [kierować, pokierować]
	vif; vif; vifr	W życiu należy kierować się zasadami.
	kiɛrɔvat͡ɕ	-You've got to guide yourself by some rules in your life.
1994	**tchórz**	**coward**
	m	Sami to straszny tchórz.
	txuʐ	-Sami is such a coward.
1995	**odwrócić (się)**	**turn** [odwracać, odwrócić]
	vpf2	Proszę się odwrócić.
	ɔd'vrut͡ɕit͡ɕ	-Turn around, please.
1996	**zgodzić się**	**agree** [zgadzać, zgodzić]
	vpfr	Nie wiem czy mam się z tobą zgodzić.
	zgɔd͡ʑit͡ɕ	-Oh, I don't know if I agree with you.
1997	**opisać**	**describe, explain** [opisywać, opisać]

	vpf	Nie umiem opisać, jak jestem szczęśliwy, że nas odwiedziłeś.
	ɔpisatɕ	-I can't describe how happy I am that you've come to visit us.
1998	**maska**	**mask**
	f	Co masz zamiar zrobić z tą maską?
	maska	-What are you planning to do with this mask?
1999	**wisieć**	**hang; owe (coll)** [wisieć, —]
	vif	Obraz wisi na ścianie.
	viɕɛtɕ	-There's a picture hanging on the wall.
2000	**słuchawka**	**headphone; phone**
	f; f	Jedna słuchawka nie działa.
	swuxafka	-One headphone is broken.
2001	**garść**	**handful, bunch**
	f	Dzieci oznaczają całą garść kłopotów.
	garɕtɕ	-Kids mean a whole handful of trouble.
2002	**wypić**	**drink** [wypijać, wypić]
	vpf	Rano muszę wypić kawę.
	vɨpitɕ	-I must drink a cup of coffee every morning.
2003	**sprzed**	**from before**
	prp	W porównaniu z ceną sprzed roku, teraz jest znacznie taniej.
	spʃɛt	-Compared with the level from before a year ago, the price is significantly lower.
2004	**poświęcić (się)**	**sacrifice** [poświęcać, poświęcić]
	vpf2	Czasem trzeba poświęcić się dla grupy.
	pɔˈɕfjɛ̃ntɕitɕ	-You need to sacrifice yourself for the group sometimes.
2005	**magia**	**magic**
	f	To magia.
	magia	-It's magic.
2006	**zamówienie**	**order**
	n	Twoje zamówienie zostało wysłane.
	zamuviɛɲɛ	-Your order has been dispatched.
2007	**zarówno**	**as well as, both**
	con	Zarówno Kanada jak i Meksyk graniczą ze Stanami Zjednoczonymi.
	zaruvnɔ	-Both Canada and Mexico border on the United States.
2008	**dowcip**	**joke**
	m	Znam ten dowcip.
	dɔvtɕip	-I know this joke.
2009	**wstrzymać (się)**	**restrain, stop** [wstrzymywać, wstrzymać]
	vpf2	Lekarz nakazał mu wstrzymać się od picia.
	vstʒɨmatɕ	-He was told to restrain from drinking by the doctor.
2010	**Hiszpania**	**Spain**
	f	Hiszpania pełna jest pomarańczami.
	ɕiʃˈpãɲja	-Spain is rich in oranges.
2011	**żałosny**	**miserable, pitiful**
	adj	Żałosny jest ten, kto pragnie śmierci, ale jeszcze bardziej żałosny jest ten, kto się jej boi.
	ʐawɔsnɨ	-One who longs for death is miserable, but more miserable is he who fears it.
2012	**pogodzić (się)**	**reconcile; accept; makeup** [godzić, pogodzić]
	vpf; vpfr; vpfr	Nie mogę pogodzić się z faktem, że on nie żyje.
	pɔgɔdʑitɕ	-I cannot accept the fact that he is dead.
2013	**ćwiczenie**	**exercise**

	n	Bieganie to dobre ćwiczenie.
	t͡ɕvit͡ʂɛɲɛ	-Running is good exercise.
2014	**zbierać (się)**	**collect; gather; prepare** [zbierać, zebrać]
	vif; vifr; vifr	Zbieram znaczki.
	zbiɛrat͡ɕ	-I collect stamps.
2015	**dym**	**smoke**
	m	Zobaczyliśmy w oddali dym.
	dɨm	-We saw smoke in the distance.
2016	**milimetr**	**millimeter**
	abr	Kula minęła go o milimetr.
	milimɛtr	-The bullet has missed him by one millimeter.
2017	**zawierać (się)**	**contain; be included** [zawierać, zawrzeć]
	vif; vifr	Ciasteczka mogą zawierać śladowe ilości orzechów arachidowych lub innych orzechów, nawet jeśli nie występują na liście składników.
	zaviɛrat͡ɕ	-Cookies may contain nuts or peanuts, even if not included in the ingredient list.
2018	**wzrost**	**growth; height**
	m; m	Wzrost kwartalny w wysokoości 1,2 proc. oznacza wzrost roczny w wysokości 4,8 proc.
	vzrɔst	-The quarterly growth of 1.2% means an annual growth rate of 4.8%.
2019	**waga**	**weight**
	f	Martwi mnie moja waga.
	vaga	-I'm very worried about my weight.
2020	**zdecydować (się)**	**decide** [decydować, zdecydować]
	vpf2	Nie mogli się zdecydować czy udać się w góry czy nad morze.
	zdɛt͡sɨdɔvat͡ɕ	-They couldn't decide whether to go to the mountains or the sea.
2021	**zmysł**	**sense**
	m	Przeziębienie przytępiło mu zmysł smaku.
	zmɨsw	-A cold dulled his sense of taste.
2022	**głupota**	**stupidity, nonsense**
	f	Tylko dwie rzeczy są nieskończone: wszechświat oraz ludzka głupota, choć nie jestem pewien co do tej pierwszej.
	gwupɔta	-Only two things are infinite, the universe and human stupidity, and I'm not sure about the former.
2023	**kłamca**	**liar**
	m	"Widziałeś mojego kota?" "Nie". "Kłamca!"
	kwamt͡sa	-"Did you see my cat?" "No." "Liar!"
2024	**stawić się**	**appear; report** [stawiać, stawić]
	vpfr; vpfr	Proszę stawić się na spotkanie w piątek.
	ˈstavʲjt͡ɕ	-Please appear at the meeting on Monday
2025	**myślenie**	**thinking**
	n	Błędne jest myślenie, że jak się ma pieniądze, można kupić wszystko.
	mɨɕlɛɲɛ	-Thinking that money can buy everything is wrong.
2026	**zeznanie**	**testimony**
	n	Postanowił zmienić swoje zeznanie.
	zɛznaɲɛ	-He decided to change his testimony.
2027	**znakomicie**	**excellent, excellently**
	adv	Czuję się znakomicie.
	znakɔmit͡ɕɛ	-I feel excellent.
2028	**guzik**	**button**

	m	Wygląda na to, że John zgubił guzik ze swojej koszuli.
	guzik	-It looks like John has lost a button off his shirt.
2029	**nastąpić**	**take place, occur** [następować, nastąpić]
	vpf	To, co nastąpiło potem, zszokowało nas wszystkich.
	nastɔmpit͡ɕ	-What occurred next, shocked everyone.
2030	**niesamowicie**	**extremely**
	adv	John jest niesamowicie zły.
	ɲɛsamɔvit͡ɕɛ	-John is extremely angry.
2031	**partia**	**party**
	f	Partia Socjalistyczna uzyskała tylko 18% głosów.
	partia	-The Socialist Party only got 18% of the votes.
2032	**powieść (się)**	**novel; lead; succeed** [powodzić, powieść]
	f; vpf; vpfr	Jaka jest jego najnowsza powieść?
	pɔviɛɕt͡ɕ	-What's his most recent novel?
2033	**przejechać (się)**	**pass, cross; drive** [przejeżdżać, przejechać]
	vpf; vpfr	Świetnie! Dam ci się przejechać nowym modelem.
	pʐɛjɛxat͡ɕ	-Good timing. I'll let you drive the new model.
2034	**zatańczyć**	**dance** [tańczyć, zatańczyć]
	vpf	Czy chciałbyś ze mną zatańczyć?
	zatant͡ʂɨt͡ɕ	-Would you like to dance with me?
2035	**spalić (się)**	**burn** [spalać, spalić]
	vpf2	Ściągnełaś nas do stoczni i próbowałeś spalić.
	spalit͡ɕ	-You took us to the harbor and tried to burn us.
2036	**ser**	**cheese**
	m	John lubi ser.
	sɛr	-John likes cheese.
2037	**wybuch**	**explosion**
	m	Tutaj jesteśmy bezpieczni, wybuch nas nie dosięgnie.
	vɨbux	-We are safe here, the explosion will not reach us.
2038	**alfa**	**alpha; alpha**
	f; adj	Musicie nauczyć się chodzić jak samiec alfa.
	alfa	-You have to learn how to walk like the alpha male.
2039	**zakaz**	**prohibition, ban**
	m	Zakaz wprowadzania psów.
	zakaz	-Dogs are forbidden.
2040	**bystry**	**smart**
	adj	Jesteś taki bystry.
	bɨstrɨ	-You're so smart.
2041	**w ogóle**	**at all; in general**
	phr	Ten smród w ogóle mi nie przeszkadza.
	v‿ɔ'gulɛ	-That smell doesn't bother me at all.
2042	**rzucać (się)**	**throw; quit; dash** [rzucać, rzucić]
	vif; vif; vifr	Nie rzucaj kamieniami.
	ʐut͡sat͡ɕ	-Don't throw the stones.
2043	**wypuścić**	**release, let out** [wypuszczać, wypuścić]
	vpf	Nie mógłbym wypuścić Johna bez pożegnania.
	vɨ'put͡ɕit͡ɕ	-I couldn't let John out without saying goodbye.
2044	**pierścień**	**ring**
	m	Jeśli umrę, chcę, żebyś zatrzymał ten pierścień.
	piɛrɕt͡ɕɛɲ	-If I die, I want you to keep this ring.

2045	**okazywać (się)**	**show; turn out** [okazywać, okazać]
	vif; vifr	Okazało się, że mnie kocha, tylko po prostu tego nie okazuje.
	ˌɔkaˈzɨvatɕ	-It turned out he loves me, he just doesn't show it
2046	**transport**	**transport**
	m	Ten transport może być zagrożony atakiem.
	transpɔrt	-This transport is under the risk of attack.
2047	**spust**	**trigger**
	m	Naciśnij spust.
	spust	-Pull the trigger.
2048	**maleńki**	**tiny**
	adj	Twoje palce są takie maleńkie!
	malɛɲki	-Your fingers are so tiny!
2049	**ustalić**	**establish, determine** [ustalać, ustalić]
	vpf	Spróbujemy ustalić gdzie jest ich statek.
	uˈstalʲitɕ	-We'll try to establish where their ship currently is.
2050	**gnój**	**dung, filth; crap (coll)**
	m; m	Ale z ciebie gnój.
	gnuj	-You're so crap.
2051	**ogród**	**garden**
	m	Ten ogród jest pięknie zadbany.
	ɔgrud	-The garden is well maintained.
2052	**doprowadzić**	**lead, bring** [doprowadzać, doprowadzić]
	vpf	Nawet nie wiesz do czego to może doprowadzić.
	ˌdɔprɔˈvadʑitɕ	-You don't even know what it can lead to.
2053	**brudny**	**dirty**
	adj	John był brudny.
	brudnɨ	-John was dirty.
2054	**kurtka**	**jacket**
	f	Odkąd temperatury wzrosły, moja kurtka stała się obciążeniem.
	kurtka	-Since the temperature is higher, my jacket has become a nuisance.
2055	**złoty**	**golden**
	adj	W okresie Renesansu sztuki piękne w Wenecji przeżywały złoty wiek.
	zwɔtɨ	-Art was in its golden age in Venice during the Renaissance.
2056	**szok**	**shock**
	m	Śmierć Johna była szokiem dla wszystkich.
	ʂɔk	-The death of John was a shock for everyone.
2057	**legenda**	**legend**
	f	On jest prawdziwą legendą.
	lɛgɛnda	-He's a true legend.
2058	**gęba**	**mouth (coll), face (coll)**
	f	Zamknij gębę i żryj!
	gɛmba	-Shut your mouth and eat!
2059	**kit**	**putty; lie (coll)**
	m; m	Cały czas wciskasz mi kit!
	kit	-You're lying to me all the time.
2060	**lipiec**	**July**
	m	Znowu padało przez cały lipiec.
	lipiɛts	-It was raining all July again.
2061	**głęboki**	**deep**

adj	Łał, twoje przemyślenia są taie głębokie.
gwɛmbɔki	-Wow, your thoughts are so deep.
2062 **zajść**	**happen, pop in** [zachodzić, zajść]
vpf	Co tu zaszło? To tylko kolega zaszedł do mnie z wizytą.
zajɕtɕ	-What happened here? It was just my friend who popped in with a visit.
2063 **klatka**	**cage**
f	Ta klatka jest z drutu.
klatka	-This cage is made of wire.
2064 **zbytnio**	**too**
adv	Nie poddawaj się zbytnio szaleństwu, jutro jest twój ślub!
zbɨtɲɔ	-Don't give in to this craziness too much, it's your wedding tomorrow!
2065 **ekipa**	**team, crew**
f	Zatrudniliśmy ekipę remontową.
ɛkipa	-We've hired a renovation crew.
2066 **światowy**	**global, worldwide**
adj	Światowy handel jest dużo łatwiejszy dzięki transportowi powietrznemu.
ɕviatɔvɨ	-Global trade is much easier thanks to plane transport.
2067 **porządnie**	**neatly**
adv	Niezależnie co robi, robi to porządnie.
pɔʐɔndɲɛ	-Regardless of what he does, he does it well.
2068 **kostium**	**costume**
m	Gdzie mogę wypożyczyć kostium?
kɔstium	-Where can I rent a costume?
2069 **parking**	**parking lot**
m	Parking jest pusty.
parking	-The parking lot is empty.
2070 **umyć (się)**	**wash, brush; take a bath** [myć, umyć]
vpf2; vpfr	Muszę umyć zęby.
umɨtɕ	-I have to brush my teeth.
2071 **trzydzieści**	**thirty**
nu	Mieszkam tu już od trzydziestu lat.
tʂɨdʑɛɕtɕi	-I have been living here for thirty years.
2072 **zakochać się**	**fall in love** [zakochiwać, zakochać]
vpfr	Nigdy bym nie zgadł, że John i Jane mogliby się w sobie zakochać.
zaˈkɔxatɕ ɕɛ	-I would have never guessed that John and Jane could fall in love with each other.
2073 **więzień**	**prisoner**
m	Więzień został wczoraj wypuszczony na wolność.
viɛ.ɛɲ	-The prisoner was set free yesterday.
2074 **nędza**	**misery**
f	Całe nasze życie to nędza.
nɛndʐa	-Our whole life is just misery.
2075 **odbierać**	**receive; pick up** [odbierać, odebrać]
vif	Możesz odebrać telefon? To pewnie kurier z paczką do odebrania.
ɔdbiɛratɕ	-Can you pick up the phone? It's most likely the courier with a package to be received.
2076 **żywcem**	**alive**
adv	W ten sposób chwytają słonie żywcem.
ˈʐɨvt͡sɛm	-This is how they hunt elephants alive.
2077 **nienawiść**	**hatred**

	f	Nienawiść wobec innych jest jej obca.
	ɲɛnaviɕt͡ɕ	-Hatred towards others isn't known to her.
2078	**ładunek**	**load, cargo**
	m	Przenieśmy ładunek do sterowni.
	wadunɛk	-Let's get the cargo to the control room.
2079	**własność**	**property**
	f	Tak, ta posiadłość to moja własność.
	vwasnɔɕt͡ɕ	-Yes, this mansion is my property.
2080	**popracować**	**work on** [pracować, popracować]
	vpf	Muszę popracować nad swoimi wadami.
	pɔpraˈt͡sɔvat͡ɕ	-I need to work on my weak points.
2081	**przebrać (się)**	**change;; disguise** [przebierać, przebrać]
	vpf2; vpfr	Najpierw przebiorę syna, a potem sam pójdę się przebrać.
	ˈpʃɛbrat͡ɕ	-I'll change my son's clothes and then I'll change too.
2082	**pobyt**	**stay**
	m	Pobyt w szpitalu nie jest zbyt przyjemny.
	pɔbɨt	-A stay in the hospital isn't very enjoyable.
2083	**terytorium**	**territory**
	n	Ta wyspa stanowi terytorium amerykańskie.
	tɛrɨtɔrium	-That island is American territory.
2084	**dzieciństwo**	**childhood**
	n	To zdjęcie przypomina mi dzieciństwo.
	d͡ʑɛt͡ɕiɲstvɔ	-This picture reminds me of my childhood.
2085	**stosunek**	**attitude; relation; ratio**
	m; m; m	On ma najbardziej lekceważący stosunek do kobiet, jaki kiedykolwiek widziałem.
	stɔsunɛk	-He has the most disrespectful attitude towards women I've ever seen.
2086	**sos**	**sauce**
	m	Sos poproszę osobno.
	sɔs	-I'd like to have the sauce on the side, please.
2087	**staruszek**	**old man**
	m	Staruszek miał słaby słuch.
	staruʂɛk	-The old man's hearing was bad.
2088	**średni**	**average, mediocre**
	adj	Ten film był raczej średni.
	ɕrɛdɲi	-The movie was rather mediocre.
2089	**jezioro**	**lake**
	n	Jezioro jest najgłębsze w tym miejscu.
	jɛʑɔrɔ	-The lake is deepest in this spot.
2090	**wieczność**	**eternity**
	f	Nigdy nie wiedziałem po co jest wieczność.
	viɛt͡ʂnɔɕt͡ɕ	-I've never known what eternity was made for.
2091	**nago**	**naked, nude**
	adv	Co jest złego w chodzeniu nago we własnym domu?
	nagɔ	-What's wrong with walking around your own house naked?
2092	**konkurs**	**competition**
	m	Wygrałem konkurs.
	kɔnkurs	-I won the competition.
2093	**zawód**	**profession; disappointment**

	m; m	Mój nowy zawód sprawił mi nie lada zawód.
	zavud	-My new job has really disappointed me.
2094	**stypendium**	**scholarship**
	n	Ubiegał się o stypendium.
	stɨpɛndium	-He applied for the scholarship.
2095	**nonsens**	**nonsense**
	m	Ten nonsens trwa już wystarczająco długo.
	nɔnsɛns	-This nonsense has gone on quite long enough.
2096	**nielegalny**	**illegal**
	adj	W Iranie spożycie alkoholu jest nielegalne.
	ɲɛlɛgalnɨ	-Drinking alcohol in Iran is illegal.
2097	**hasło**	**password**
	n	Hasło to „John".
	xaswɔ	-The password is "John".
2098	**poszukiwanie**	**search**
	n	Poszukiwanie ofiar zakończyło się porażką.
	pɔʂukivaɲɛ	-The search for the victims has ended up as a failure.
2099	**zastanowić (się)**	**puzzle; consider** [zastanawiać, zastanowić]
	vpf; vpfr	Chcę się samemu zastanowić.
	ˌzastã'nɔvʲit͡ɕ	-I need to consider it myself.
2100	**skazać (się)**	**sentence, convict** [skazywać, skazać]
	vpf2	Przestępca został skazany na 10 lat więzienia.
	skazat͡ɕ	-The criminal was sentenced 10 years in prison.
2101	**jakże**	**how, how come; yet**
	prn; prn	Jakże wspaniale jest wąchać świeżo zrobioną kawę!
	jagʒɛ	-How wonderful is it to smell freshly made coffee!
2102	**przesunąć (się)**	**move** [przesuwać, przesunąć]
	vpf2	Kiedy próbowałem przesunąć biurko, jedna z jego nóg się połamała.
	pʐɛsunɔɲt͡ɕ	-When I tried to move the desk, one of the legs broke.
2103	**warunek**	**condition**
	m	Zrobię to pod jednym warunkiem.
	varunɛk	-I will do it under one condition.
2104	**potężny**	**powerful, great**
	adj	Brak snu może mieć potężny negatywny wpływ na wyniki studentów.
	pɔtɛ̃ʐnɨ	-Lack of sleep can have a great negative impact on a student's grades.
2105	**komisja**	**commission**
	f	Komisja zaakceptowała propozycję.
	kɔmisja	-The commission approved the proposal.
2106	**odmówić**	**refuse** [odmawiać, odmówić]
	vpf	Nie mogłem odmówić.
	ɔd'muvʲit͡ɕ	-I couldn't refuse.
2107	**nabrać (się)**	**gather; fool; get fooled** [nabierać, nabrać]
	vpf; vpf; vpfr	Powinieneś nabrać więcej wiary w siebie.
	nabrat͡ɕ	-You'd better try to gather more confidence.
2108	**fantastyczny**	**fantastic**
	adj	Jesteś fantastyczny.
	fantastɨt͡ʂnɨ	-You're fantastic.
2109	**odważny**	**brave**
	adj	Ojciec powiedział mi abym zawsze był odważny i radosny.
	ɔdvaʐnɨ	-Father told me always to be brave and cheerful.

2110	**bestia**	**beast**
	f	Myślałem, że to jakaś bestia, a to po prostu był cień kota.
	bɛstia	-I thought it was some kind of a beast but it was just a cat's shadow.
2111	**wynosić (się)**	**take out; equal; get out** [wynosić, wynieść]
	vif; vifr	Twoje długi wynoszą setki tysięcy złotych. Masz się wynosić!
	vɨˈnɔɕitɕ	-Your debts equal hundreds of thousands of złoty. Get out!
2112	**kryzys**	**crisis**
	m	Kryzys finansowy pozostawił wielu bezrobotnych.
	ˈkrɨzɨs	-The financial crisis has left many unemployed.
2113	**zrezygnować**	**give up, quit** [rezygnować, zrezygnować]
	vpf	John nie miał zamiaru zrezygnować.
	ˌzrɛzɨɡˈnɔvatɕ	-John had no intention of quitting.
2114	**termin**	**term, deadline**
	m	Radioaktywność' to termin chemiczny.
	ˈtɛrmʲin	-Radioactivity' is a chemistry term.
2115	**zegar**	**clock**
	m	Zegar wybił właśnie trzecią.
	ˈzɛɡar	-The clock has just struck three.
2116	**przyjemnie**	**nice, nicely**
	adv	Przyjemnie mi się z nim rozmawiało w czasie przyjęcia.
	pʃɨˈjɛmʲɲɛ	-It was nice talking to him at the party.
2117	**jakikolwiek**	**any**
	prn	Czy mogę ci w jakikolwiek sposób pomóc?
	jakikɔlviɛk	-Can I help you in any way?
2118	**wydarzenie**	**event**
	n	Czy jest jakieś prawdopodobieństwo, że wydarzenie zostanie odwołane?
	vɨdaʐɛɲɛ	-Is there any likelihood the event will be canceled?
2119	**posiłki**	**backup**
	fpl	Zadzwoń do generała, potrzebujemy posiłków.
	pɔˈɕiwʲci	-Call the general, we need backup.
2120	**katastrofa**	**disaster**
	f	Moje życie to katastrofa.
	katastrɔfa	-My life is a disaster.
2121	**cierpliwość**	**patience**
	f	Dziękujemy za cierpliwość, ponieważ musimy odpowiadać na wiele połączeń.
	tɕɛrplivɔɕtɕ	-Thank you for your patience as we need to respond to a big amount of calls.
2122	**emocja**	**emotion**
	f	Jedyna emocja jaką znasz, to gniew.
	ɛmɔtsja	-The only emotion you know is anger.
2123	**helikopter**	**helicopter**
	m	Rozbił się prezydencki helikopter.
	xɛlikɔptɛr	-The presidential helicopter has crashed.
2124	**chęć**	**will, desire**
	f	John czuł wielką chęć ucieczki.
	xɛɲtɕ	-John felt the desire to run away.
2125	**troszeczkę**	**a little**
	nu	Tak, mówię po kaszubsku, ale tylko troszeczkę.
	trɔʂɛtʂkɛ	-Yes, I speak Kashubian, but only a little.
2126	**odległość**	**distance**

	f	Ostatnio dużo się mówi o nauczaniu na odległość.
	ɔdlɛgwɔɕʨ	-Recently, there's been a lot of talk about long-distance education.
2127	**kopia**	**copy**
	f	Proszę dostarczyć kopię dowodu osobistego.
	kɔpia	-Please deliver a copy of your ID.
2128	**nieporozumienie**	**misunderstanding**
	n	Mieliśmy nieporozumienie.
	ɲɛpɔrɔzumiɛɲɛ	-We had a misunderstanding.
2129	**zaatakować**	**attack** [atakować, zaatakować]
	vpf	W momencie, kiedy najmniej się tego spodziewałem, wilk zaatakował.
	zaatakɔvaʨ	-The wolf has attacked in the least expected moment.
2130	**pilny**	**urgent; diligent**
	adj	Twoim najbardziej pilnym obowiązkiem jest bycie pilnym.
	pilnɨ	-Your most urgent responsibility is to be diligent.
2131	**niegrzeczny**	**rude, naughty**
	adj	Kiedyś we wsi mieszkał pewien niegrzeczny chłopiec.
	ɲɛgʐɛʧnɨ	-Once there lived a naughty boy in this village.
2132	**ruda**	**ore**
	f	W południowej części Polski występuje duże złoże rudy.
	ruda	-There's a big deposit of ore in southern Poland.
2133	**z powrotem**	**back; again**
	phr; phr	Sprowadzenie ich z powrotem może być trochę bardziej skomplikowane.
	s‿pɔˈvrɔtɛm	-Getting them back may be a little more complicated.
2134	**tabletka**	**pill, tab**
	f	Proszę przyjmować te tabletki 3 razy dziennie.
	tablɛtka	-Please take those pills three times a day.
2135	**karabin**	**rifle**
	m	Musisz opierać karabin o bark.
	karabin	-You need to hold the rifle against your shoulder.
2136	**istota**	**being, thing**
	f	Żadna istota nie mogłaby żyć bez powietrza.
	istɔta	-No being could live without air.
2137	**współpracować**	**cooperate** [współpracować, —]
	vif	Rząd powinien współpracować.
	vspuwpratsɔvaʨ	-The government should cooperate.
2138	**centymetr**	**centimeter**
	m	Spudłować o centymetr, to tak jak spudłować o milę.
	tsɛntɨmɛtr	-A miss by a centimeter is a miss by a mile.
2139	**pisarz**	**writer**
	m	Dostojewski to mój ulubiony pisarz.
	pisaʐ	-Dostoyevsky is my favorite author.
2140	**zbadać (się)**	**examine** [badać, zbadać]
	vpf2	Muszę cię zbadać.
	zbadaʨ	-I have to examine you.
2141	**opinia**	**opinion**
	f	Moje opinia różni się od jego.
	ɔpiɲa	-My opinion differs from his.
2142	**cierpienie**	**suffering**
	n	Zabij mnie i skróć moje cierpienie.
	ʨɛrpiɛɲɛ	-Kill me and end my suffering.

2143 **wanna** — **bathtub**
f
vanna
Ta wanna jest tak droga, bo ma opcję masażu.
-This bathtub is so expensive because it provides the massage feature.

2144 **metro** — **subway**
n
mɛtrɔ
W Wielkiej Brytanii na metro mówi się „Underground", a nie „subway".
-In Britain the Metro is known as the Underground, not as the subway.

2145 **rekord** — **record**
m
rɛkɔrd
John myśli, że to niemożliwe aby Jane pobiła rekord.
-John thinks it impossible for Jane to break the record.

2146 **przejażdżka** — **ride**
f
pʐɛjaʐd͡ʑka
Zabiorę cię na przejażdżkę po najlepszych drogach w okolicy.
-I'll take on a ride to the best roads in the area.

2147 **podejście** — **attitude**
n
pɔdɛjɕt͡ɕɛ
Zmienił swoje podejście o 180 stopni.
-He changed his attitude by 180 degrees.

2148 **dochodzenie** — **investigation**
n
dɔxɔd͡ʑɛɲɛ
Jako detektyw, podjąłem dochodzenie.
-As a detective, I've undertaken an investigation.

2149 **fan** — **fan**
m
fãn
Jestem twoim fanem numer jeden!
-I'm your number one fan!

2150 **ciasteczko** — **cookie**
n
t͡ɕaˈstɛt͡ʂkɔ
Weź ciasteczko.
-Take a cookie.

2151 **modlić się** — **pray** [modlić, pomodlić]
vifr
ˈmɔdlʲit͡ɕ‿ɕɛ
Nie powinieneś się modlić w salonie.
-You shouldn't pray in the living room.

2152 **wuj** — **uncle**
m
vuj
Mój wuj mieszka w Nowym Jorku.
-My uncle lives in New York.

2153 **burmistrz** — **mayor**
m
burmistʐ
Mówią, że burmistrz dał się przekupić.
-It's said that the mayor is bribed.

2154 **tkwić** — **remain** [tkwić, utkwić]
vif
tkvit͡ɕ
Wspomnienia z dzieciństwa nadal tkwią w mojej pamięci.
-Childhood memories still remain in my memory.

2155 **naturalny** — **natural**
adj
naturalnɨ
Praktykował naturalny styl obrony.
-He practiced a natural defense style.

2156 **rozwód** — **divorce**
m
rɔzvud
Nie wyobrażam sobie kiedykolwiek wziąć rozwód.
-I can't imagine ever getting a divorce.

2157 **czwarty** — **fourth**
adj
t͡ʂvartɨ
To dopiero mój czwarty kubek kawy dzisiaj.
-This is only my fourth cup of coffee today.

2158 **czynsz** — **rent**
m
t͡ʂɨnʂ
Oni mogą podwyższyć twój czynsz.
-They can raise your rent.

2159 **cal** — **inch**

	m	Ile cali ma ekran tego telewizora?
	t͡sal	-How many inches wide is this TV's screen?

2160 **ujęcie** — **shot, frame; capture**
n; n
uj̃ɛnt͡ɕɛ
Daj mi szerokie ujęcie i zbliżenie.
-Give me a wide shot, then zoom in.

2161 **efekt** — **effect**
m
ɛfɛkt
Efekt nocebo jest przeciwieństwem efektu placebo.
-The nocebo effect is the opposite of the placebo effect.

2162 **powiat** — **district**
m
ˈpɔvʲjat
W całym powiecie zakazano wychodzić po zmroku.
-It was forbidden in the whole district to be out after sunset.

2163 **zadawać (się)** — **inflict; hang out** [zadawać, zadać]
vif; vifr
zaˈdavat͡ɕ
Nie powinieneś zadawać się z takimi ludźmi.
-You should not hang out with such people.

2164 **fala** — **wave**
f
fala
Słyszałeś o tej fali kradzieży w naszej okolicy?
-Have you heard about the wave of theft in our neighborhood?

2165 **odpowiednio** — **appropriately**
adv
ɔdpɔvʲjɛdnɔ
John zareagował odpowiednio.
-John reacted appropriately.

2166 **szał** — **frenzy, fever**
m
ʂaw
Przed Świętami zawsze panuje taki szał zakupowy.
-There's always a shopping fever like that before Christmas.

2167 **produkcja** — **production**
f
prɔduktsja
Produkcja samochodów w zeszłym roku wyniosła rekordowe 10 milionów pojazdów.
-Car production last year reached a record of 10 million vehicles.

2168 **śmiech** — **laughter**
m
ɕmiɛx̃
Jej śmiech rozniósł się echem po domu.
-Her laughter echoed through the house.

2169 **temperatura** — **temperature**
f
tɛmpɛratura
Temperatura osiągnęła wczoraj 37°C.
-The temperature topped at 37°C yesterday.

2170 **najwięcej** — **most**
adv
najviɛnt͡sɛj
Najwięcej wypadków zdarza się w domu.
-Most accidents happen at home.

2171 **przedstawiać (się)** — **present, introduce** [przedstawiać, Przedstawić]
vif2
pʂɛdstaviat͡ɕ
Chciałbym się przedstawić.
-I would like to introduce myself.

2172 **zabawnie** — **fun**
adv
zabavɲɛ
Zróbmy to jeszcze raz. Było zabawnie.
-Let's do this again. It's been a lot of fun.

2173 **polowanie** — **hunt**
n
pɔlɔvaɲɛ
Rozpoczęło się polowanie na czarownice.
-The witch hunt has begun.

2174 **ślicznie** — **gorgeous**
adv
ˈɕlʲit͡ʲ̃ɲɛ
Wyglądasz ślicznie!
-You look gorgeous!

2175 **wiersz** — **verse; poem**

	m; m	Podaj rozdział i wiersz.
	vιɛrŝ	-Give me the chapter and verse.
2176	**właściwy**	**correct, right**
	adj	Wróćmy na właściwy tor.
	vwaɕtɕivɨ	-Let's get back on the right track.
2177	**zajęcie**	**job, occupation**
	n	Połów ryb na morzu to niebezpieczne zajęcie.
	zajɛntɕɛ	-Fishing out in the sea is a dangerous job.
2178	**wyrazić (się)**	**express** [wyrażać, wyrazić]
	vpf2	Chciałbym wyrazić swą wdzięczność za to, co uczyniłeś dla tego miasta.
	vɨrazitɕ	-I would like to express my gratitude for what you have done for this town.
2179	**stanowić**	**make, constitute** [stanowić, —]
	vif	Wioski na obrzeżu stanowią dużą przeszkodę.
	stanɔvitɕ	-Villages in the outskirts make up for an obstacle.
2180	**chaos**	**chaos**
	m	Boże, to kompletny chaos!
	x̂aɔs	-Oh my god, it's complete chaos!
2181	**odbyć (się)**	**undergo; take place** [odbywać, odbyć]
	vpf; vpfr	W zeszły piątek odbył się trzeci doroczny bieg.
	ɔdbɨtɕ	-The third annual run took place last Friday.
2182	**walizka**	**suitcase**
	f	Jego walizka była wypełniona wodą.
	valizka	-His suitcase was filled with water.
2183	**zakładnik**	**hostage**
	m	Najgorsze przeżycie, złodzieje wzięli mnie jako zakładnika.
	zakwadɲik	-Worst experience ever, the thieves have taken me hostage.
2184	**czyj**	**whose**
	prn	Wiecie, czyj jest ten samochód?
	t͡ʂɨj	-Do you know whose car this is?
2185	**opowiadać (się)**	**tell, say; support** [opowiadać, opowiedzieć]
	vif; vifr	Mógłbym wiele na ten temat opowiadać.
	ɔpɔviadatɕ	-I could say a lot about this topic.
2186	**osobność**	**privacy, private**
	f	Moglibyśmy porozmawiać o tym na obocności?
	ɔˈsɔbnɔɕtɕ	-Could we talk it private?
2187	**golf**	**golf**
	m	Mówi się, że w Japonii golf jest popularny.
	gɔlf	-It is said that golf was very popular in Japan.
2188	**tworzyć (się)**	**create, make** [tworzyć, utworzyć]
	vif2	Co by się działo, nie przestanę tworzyć muzyki.
	tvɔʐɨtɕ	-Come what may, I won't stop making music.
2189	**ustawić (się)**	**arrange, set; line up** [ustawiać, ustawić]
	vpf; vpfr	Moja żona zawsze lepiej wie jak poustawiać rzeczy w domu.
	uˈstavʲitɕ	-My wife always knows better how to arrange things at home.
2190	**ojej**	**oh dear; oops**
	i; i	Ojej, zapomniałam komórki.
	ɔˈjɛj	-Oh dear, I forgot my mobile phone.
2191	**rozejrzeć się**	**look around** [rozglądać, rozejrzeć]
	vpfr	Ceny są zróżnicowane, więc warto się rozejrzeć.
	rɔzjʑɛtɕ‿ɕɛ	-The prices are variable, so it's worth to look around.

2192	**dodatek**	**addition**
	m	Zabłądziłem, a na dodatek zaczęło padać.
	dɔdatɛk	-I lost my way and, in addition. it began to rain.

2193	**małpa**	**monkey**
	f	Moja małpa uciekła!
	mawpa	-My monkey ran away!

2194	**wsadzić**	**put, stick** [wsadzać, wsadzić]
	vpf	Możesz wsadzić tam 2 pistolety?
	'vsad͡ʑit͡ɕ	-Can you put two guns in there?

2195	**kolejka**	**queue; turn**
	f; f	Czyja kolejka?
	kɔlɛjka	-Whose turn is it?

2196	**dwójka**	**two, a couple**
	f	Za przykład posłużyła mu dwójka własnych dzieci.
	dvujka	-He used his own two children as an example.

2197	**chmura**	**cloud**
	f	Chmura to skondensowana para.
	x̂mura	-A cloud is condensed steam.

2198	**dorwać (się)**	**get** [—, dorwać]
	vpf2	Wciąż mamy szansę, by dorwać Johna.
	dɔrvat͡ɕ	-We still have a chance to get John.

2199	**szczęśliwie**	**luckily; happily**
	adv; adv	Szczęśliwie, nie spotkaliśmy żadnych kłopotów po drodze.
	ʂt͡ʂɛ̃ɕliviɛ	-Luckily, we didn't meet any obstacles on our way here.

2200	**przerażony**	**terrified**
	adj	Przerażony zając schował się w krzakach.
	pʐɛraʐɔnɨ	-A terrified rabbit hid in the bushes.

2201	**głuchy**	**deaf**
	adj	Nie jestem głuchy.
	gwux̂ɨ	-I am not deaf.

2202	**ciotka**	**aunt**
	f	Moja ciotka ma troje dzieci.
	t͡ɕɔtka	-My aunt has three children.

2203	**zabawka**	**toy**
	f	To tylko zabawka.
	zabafka	-It's just a toy.

2204	**sąsiad**	**neighbor**
	m	Mój sąsiad całkowicie odnowił swój dom.
	sɔ̃.ad	-My neighbor has completely renovated his house.

2205	**porównanie**	**comparison**
	n	Takie porównanie wypada na twoją niekorzyść.
	pɔruvnaɲɛ	-This kind of comparison works to your disadvantage.

2206	**narzędzie**	**tool**
	n	Ostry język to jedyne narzędzie, które staje się lepsze poprzez stałe używanie.
	naʐɛnd͡ʑɛ	-A sharp tongue is the only tool that grows better with constant use.

2207	**diament**	**diamond**
	m	Nic nie jest tak twarde jak diament.
	diamɛnt	-Nothing is as hard as a diamond.

2208	**gang**	**gang**

	m	Ostrożnie, po mieście grasuje gang kieszonkowców.
	gang	-Careful, there is a gang of pickpockets in the city.
2209	**pośpiech**	**haste**
	m	Pośpiech może ci tylko zaszkodzić, zwolnij.
	pɔɕpjɛx̂	-Haste can only hurt you, slow down.
2210	**zebranie**	**meeting**
	n	Zebranie nie cieszyło się przesadną popularnością.
	zɛbraɲɛ	-The meeting was not particularly popular.
2211	**zamieszanie**	**ruckus, fuss**
	n	Co to za zamieszanie?
	zamiɛʂaɲɛ	-What's the fuss about?
2212	**grosz**	**penny, grosz**
	m	O, znalazłem grosza na chodniku.
	grɔʂ̂	-Oh, I found a grosz on the pavement.
2213	**zamordować**	**murder** [mordować, zamordować]
	vpf	Chodzą plotki, że to fryzjer zamordował córkę burmistrza.
	zamɔrdɔvatɕ	-There's a rumor that it was the hairdresser who killed the mayor's daughter.
2214	**wynieść (się)**	**take out; equal; get out** [wynosić, wynieść]
	vpf; vpf; vpfr	Jednakże w wyjątkowych okolicznościach pomoc finansowa może wynieść 80 %.
	vɨɲɛɕtɕ	-However, under exceptional circumstances, financial support may equal 80 %.
2215	**wybuchnąć**	**explode, break out** [wybuchać, wyuchnąć]
	vpf	Wojna może wybuchnąć w każdej chwili.
	vɨˈbuxnɔ̃ɲtɕ	-War may break out at any moment.
2216	**mieszać (się)**	**mix; get involved** [mieszać, zamieszać]
	vif; vifr	Nie możesz mieszać wody z olejem.
	miɛʂatɕ	-You can't mix oil with water.
2217	**senator**	**senator**
	m	Jako przewodniczący Komitetu, senator otrzymał dostęp.
	sɛnatɔr	-As chairman of the Commission, the senator was given access.
2218	**akademia**	**academy**
	f	Jak tam twoje wyniki w akademii?
	akadɛmia	-How are your results in the academy?
2219	**zniszczenie**	**destruction**
	n	Zniszczenie środowiska naturalnego posuwa się w zastraszającym tempie.
	zɲiʂt͡ʂɛɲɛ	-The destruction of the environment is appalling.
2220	**uprawiać**	**grow, cultivate** [uprawiać, uprawić]
	vif	Mam całe życie uprawiać dynie?
	upraviatɕ	-Do I really have to grow pumpkins all my life?
2221	**odwrót**	**retreat**
	m	Dla szpiega odwrót to żaden wstyd.
	ɔdvrut	-There's no shame in retreat for a spy.
2222	**euro**	**euro**
	n	W ciągu najbliższych czterech lat trzeba zaoszczędzić 15 miliradów euro.
	ɛurɔ	-In the next four years, 15 billion euro must be saved.
2223	**spodziewać się**	**expect** [spodziewać, —]
	vifr	Musimy się spodziewać najgorszego.
	spɔˈd͡ʑɛvatɕ ɕɛ	-We have to expect the worst.
2224	**wezwanie**	**call**

	n	Ostatnie wezwanie na lot do Aten.
	vɛzvaɲɛ	-This is the last call for flight to Athens.
2225	**niedorzeczny**	**ridiculous**
	adj	Znowu chce podwyżkę? Chyba jest niedrzeczny.
	ɲɛdɔʐɛt͡ʂnɨ	-He wants a raise again? He's ridiculous.
2226	**zamówić**	**order, book** [zamawiać, zamówić]
	vpf	Chciałbym zamówić stolik na jutro na czwartą po południu.
	zãˈmuvʲit͡ɕ	-I'd like to book a table for four for tomorrow night.
2227	**rytm**	**rhythm**
	m	Musisz znaleźć swój rytm i wszystko będzie w porządku.
	rɨtm	-You have to find your rhythm and you will be fine.
2228	**niezależnie**	**no matter; independently**
	adv ; adv	Niezależnie od tego jak bardzo będzie się starał i tak nie zmienię zdania.
	ɲɛzalɛʐɲɛ	-No matter how hard he tried, my opinion didn't change.
2229	**krowa**	**cow**
	f	Krowa stoi na polu i je trawę.
	krɔva	-A cow on the field eats grass.
2230	**kopać (się)**	**dig; kick** [kopać, —]
	vif2; vif2	Przestań mnie kopać.
	kɔpat͡ɕ	-Stop kicking me.
2231	**majtki**	**panties, pants**
	fpl	Muszę kupić nowe majtki.
	majtki	-I need to buy new panties.
2232	**aktor**	**actor**
	m	John to słynny aktor i komik.
	aktɔr	-John is a famous actor and comedian.
2233	**koniecznie**	**absolutely, necessary**
	adv	Koniecznie idź do lekarza.
	kɔɲɛt͡ʂɲɛ	-You absolutely need to go see the doctor.
2234	**zamieszać**	**mix, stir** [mieszać, zamieszać]
	vpf	Teraz trzeba mieszać zupę przez 5 minut.
	zamiɛʂat͡ɕ	-Now we need to stir the soup for 5 minutes.
2235	**wyprowadzić (się)**	**bring out; move out** [wyprowadzać, wyprowadzić]
	vpf; vpfr	Sąd zdecydował, że musimy się wyprowadzić.
	ˌvɨprɔˈvad͡ʑit͡ɕ	-The judge has decided we need to move out.
2236	**opór**	**resistance**
	m	Opór jest daremny.
	ɔpur	-Resistance is futile.
2237	**głupiec**	**fool**
	m	Tylko głupiec nie boi się morza.
	gwupiɛt͡s	-Only a fool doesn't fear the sea.
2238	**pranie**	**laundry**
	n	Pranie ubrań to moja praca.
	praɲɛ	-Washing clothes is my work.
2239	**odwołać (się)**	**cancel; revoke; refer** [odwoływać, odwołać]
	vpf; vpfr; vpfr	Możesz odwołać spotkanie?
	ɔdvɔwat͡ɕ	-Can you cancel the meeting?
2240	**trójka**	**three**
	f	Wasza trójka tworzy świetną drużynę.
	trujka	-You three make a great team.

2241	**pizza**	**pizza**
	f	To jest najpyszniejsza pizza, jaką kiedykolwiek jadłem.
	pizza	-This is the most delicious pizza I've ever eaten.
2242	**poruszać (się)**	**touch; move** [poruszać, poruszyć]
	vif; vifr	Poruszając się wzdłuż drogi, John poruszył ciekawy temat.
	pɔruşatɕ	-Moving along the road, John touched on an interesting topic.
2243	**niebezpiecznie**	**dangerous, dangerously**
	adv	Niebezpiecznie jest esemesować w trakcie prowadzenia samochodu.
	ɲɛbɛzpiɛt͡ʂɲɛ	-It's dangerous to text while you drive.
2244	**przyjemny**	**pleasant, nice**
	adj	W domu czekała na mnie miła niespodzianka.
	pʐ̂ijɛmnɨ	-There was a pleasant surprise waiting for me at home.
2245	**wilk**	**wolf**
	m	Wilk zabił jagnię.
	vilk	-The wolf killed the lamb.
2246	**sezon**	**season**
	m	Teraz jest sezon na truskawki.
	sɛzɔn	-The season for strawberries has already started.
2247	**przewaga**	**advantage**
	f	Hormony dały mu przewagę w wyścigu.
	pʐ̂ɛvaga	-The hormones gave him an advantage in the race.
2248	**zdenerwować (się)**	**annoy; get annoyed** [denerwować, zdenerwować]
	vpf; vpfr	Zdenerwował się, bo poszła na imprezę?
	zdɛnɛrvɔvatɕ	-He got angry because she went to a party?
2249	**tragedia**	**tragedy**
	f	Tragedia musi zostać zapamiętana, żeby już się nie powtórzyła.
	tragɛdia	-The tragedy must be remembered so that it is not repeated.
2250	**deser**	**dessert**
	m	Jaki jest twój ulubiony deser z truskawkami.
	dɛsɛr	-What's your favorite dessert with strawberries?
2251	**kopalnia**	**mine**
	f	Ta kopalnia została opuszczona 30 lat temu.
	kɔpalɲa	-The mine was abandoned 30 years ago.
2252	**notatka**	**note**
	f	Masz notatki z poprzedniej lekcji?
	nɔtatka	-Do you have the notes from the previous lesson?
2253	**ciemny**	**dark; stupid (coll)**
	adj; adj	Twój dom jest bardzo ciemny.
	t͡ɕɛmnɨ	-Your house is very dark.
2254	**widocznie**	**apparently**
	adv	Widocznie myśleli, że szukałem jakichś sekretów.
	vidɔt͡ʂɲɛ	-Apparently they thought I was looking for secrets of some kind.
2255	**dziki**	**wild**
	adj	Dzikie zwierzęta powinny przebywać na wolności.
	d͡ʑki	-Wild animals should be kept in the wild.
2256	**wysłuchać**	**hear** [wysłuchiwać, wysłuchać]
	vpf	Chcę wysłuchać Twojego zdania.
	vɨswux̂atɕ	-I want to hear your opinion.
2257	**magazyn**	**magazine**

m
Prenumeruję ten magazyn od czterech lat.

magazɨn
-I've been subscribing to that magazine for four years.

2258 działanie — **action**

n
Nieoczekiwane działanie systemu było spowodowane niepoprawnym podłączeniem.

dʑawaɲɛ
-This unexpected action of the system was caused by improper wiring.

2259 uzyskać — **obtain, get** [uzyskiwać , uzyskać]

vpf
Jeśli chciałby pan uzyskać więcej informacji na ten temat, proszę do nas zadzwonić.

uzɨskatɕ
-If you want to obtain more information about this, please call us.

2260 dorosły — **adult; adult**

adj; m
Teraz jesteś dorosły.

dɔrɔswɨ
-Now you are an adult.

2261 paczka — **package; pack**

f; f
Paczka jest wystarczająco lekka, aby mogło ją nieść dziecko.

patʂka
-The package is light enough for a child to carry.

2262 Irak — **Iraq**

m
Chciałbym kiedyś odwiedzić Irak i zobaczyć jak tam jest.

irak
-I would like to visit Iraq one day and see What it's like.

2263 prywatny — **private**

adj
John ma prywatny jacht.

prɨvatnɨ
-John has a private yacht.

2264 pasażer — **passenger**

m
Pasażer zgłosił problemy z fotelem.

pasaʐɛr
-A passenger has reported some problems with his seat.

2265 odkryć — **discover; invent; uncover** [odkrywać, odkryć]

vpf
Musimy odkryć skuteczny lek na raka.

ɔtkrɨtɕ
-We have yet to invent an effective remedy for cancer.

2266 oszukać (się) — **deceive, trick** [oszukiwać, oszukać]

vpf2
John próbował oszukać Jane.

ɔʂukatɕ
-John tried to deceive Jane.

2267 symbol — **symbol**

m
Kiedy w roku 1961 zakładano World Wildlife Fund, pandę obrano za jego symbol.

sɨmbɔl
-When the World Wildlife Fund was founded in 1961, it took the panda as its symbol.

2268 kosz — **basket, bin**

m
John położył duży kosz piknikowy na miejscu pasażera obok siebie.

kɔʂ
-John put the large picnic basket on the passenger seat next to him.

2269 niesprawiedliwy — **unjust, unfair**

adj
Mój proces był niesprawiedliwy.

ɲɛspraviɛdlivɨ
-My trial was unfair.

2270 bagaż — **luggage**

m
Mój bagaż jeszcze nie przyjechał. Co się stało?

bagaʐ
-My luggage hasn't arrived yet. What happened?

2271 słabo — **poorly, poor**

adv
On śpiewa słabo.

swabɔ
-He sings poorly.

2272 szklanka — **glass**

	f	Gdy jest mi gorąco, szklanka chłodnej wody bardzo mnie orzeźwia.
	ʂklanka	-When I'm hot, a glass of cool water really refreshes me.
2273	**podziwiać**	**admire** [podziwiać, —]
	vif	W parku narodowym można podziwiać piękno przyrody.
	pɔdʑviatɕ	-We can admire the beauty of nature in the national park.
2274	**tak czy owak**	**one way or another**
	phr	Tak, czy owak, nie masz u niej szans.
	ˈtak ˈt͡ʂɨ ˈɔvak	-One way or another, you have no chance with her.
2275	**dochodzić**	**claim, come** [dochodzić, dojść]
	vpf	Postanowiłem dochodzić swoich praw.
	dɔxɔd͡zɨtɕ	-I've decided to claim my rights.
2276	**zapas**	**stock, supply**
	m	Jak tam nasz zapas sera?
	zapas	-How's our cheese supply?
2277	**sztuczka**	**trick**
	f	Patrz uważnie, pokażę ci sztuczkę.
	ʂtut͡ʂka	-Look carefully, I'll show you a trick.
2278	**śledzić**	**track, follow** [śledzić, —]
	vif	Jeśli spróbujesz nas śledzić, John zadzwoni po policję.
	ɕlɛd͡zɨtɕ	-If you try to follow us, John will call the police.
2279	**współpraca**	**cooperation**
	f	Nasza współpraca przebiega doskonale.
	vspuwprat͡sa	-Our cooperation is coming down great.
2280	**uniwersytet**	**university**
	m	On ukończył uniwersytet w Tokio.
	uɲivɛrsɨtɛt	-He graduated from Tokyo University.
2281	**wstydzić się**	**be ashamed, shame** [wstydzić, —]
	vifr	Nie sądzę, że bycie biednym jest czymkolwiek, czego można się wstydzić.
	vstɨd͡zɨtɕ	-I don't think being poor is anything to be ashamed of.
2282	**próbka**	**sample**
	f	To jest darmowa próbka. Nic nie kosztuje.
	prubka	-This is a free sample. It doesn't cost anything.
2283	**przyłączyć (się)**	**join** [przyłączać, przyłączyć]
	vpf2	Czy mogę się do ciebie przyłączyć?
	pʂɨwɔ̃nt͡ʂɨtɕ	-May I join you?
2284	**piętnaście**	**fifteen**
	nu	Piętnaście lat pracuję w tym zawodzie.
	piɛntnaɕt͡ɕɛ	-I've been doing this job for fifteen years.
2285	**wynikać**	**result** [wynikać, wyniknąć]
	vif	Z wojny nie wynika nic dobrego.
	vɨɲikatɕ	-War results in no good.
2286	**jakkolwiek**	**anyhow; anyhow; although**
	adv; prn; con	Pomogę Jane, jakkolwiek potrafię.
	jakkɔlviɛk	-I'll help Jane anyhow I can.
2287	**fabryka**	**factory**
	f	Ta fabryka robi zabawki.
	fabrɨka	-That factory produces toys.
2288	**niepotrzebnie**	**unnecessarily**
	adv	Teraz sądzę, że niepotrzebnie wstawiałem to zdjęcie.
	ˌɲɛpɔˈt͡ʂɛbʲɲɛ	-Now I think I've posted that photo unnecessarily.

2289	**tort**	**cake**
	m	Musimy kupić świeczki na tort urodzinowy Johna.
	tɔrt	-We need to buy candles for John's birthday cake.

2290	**uczciwy**	**honest**
	adj	John wcale nie jest taki uczciwy.
	ut͡ʂt͡ɕivɨ	-John isn't all that honest.

2291	**ściśle**	**close, closely**
	adv	Interesy pracowników są ściśle związane z interesami przedsiębiorstwa.
	ɕt͡ɕiɕlɛ	-The employees' interests are closely connected with those of the corporation.

2292	**mur**	**wall**
	m	Czy ten mur zbudowano, by trzymać ludzi na zewnątrz, czy też trzymać ich w środku?
	mur	-Was this wall built to keep people out or to keep them in?

2293	**metoda**	**method**
	f	To niezaprzeczalnie najlepsza metoda.
	mɛtɔda	-It's undeniably the best method.

2294	**strefa**	**zone**
	f	Ta strefa została zbombardowana.
	strɛfa	-This zone has been bombed.

2295	**nieszczęście**	**tragedy, misery**
	f	Towarzyszami wojny są nieszczęście i smutek.
	ɲɛʂt͡ʂɛ̃ɕt͡ɕɛ	-The accompaniments of the war are misery and sorrow.

2296	**lud**	**people, nation**
	m	Panie, lud się buntuje.
	lud	-My lord, people are protesting.

2297	**stale**	**constantly**
	adv	Komputer Johna stale się zawiesza.
	stalɛ	-John's computer crashes constantly.

2298	**wszechświat**	**universe**
	m	Wszechświat jest nieskończony.
	vʂɛxɕviat	-The universe is infinite.

2299	**eksperyment**	**experiment**
	m	Eksperyment potwierdził jego teorię.
	ɛkspɛrɨmɛnt	-The experiment confirmed his theory.

2300	**przyjmować (się)**	**take, accept** [przyjmować, przyjąć]
	vif2	Jeszcze nie zdecydowała, czy przyjąć zaproszenie.
	pʂɨjˈmɔvat͡ɕ	-She hasn't decided if she accepts the invitation yet.

2301	**basen**	**swimming pool**
	m	Ona ma basen.
	basɛn	-She has a swimming pool.

2302	**rozwalić (się)**	**destroy (coll), smash (coll)** [rozwalać, rozwalić]
	vpf2	Naprawdę musiałeś rozwalić zabawki po pokoju?
	rɔzˈvalʲit͡ɕ	-Did you really have to smash the toys all over the room?

2303	**płyta**	**plate, disc; album**
	f; f	To płyta tego sławnego rapera, nie?
	pwɨta	-It's this famous rapper's album, isn't it?

2304	**zaakceptować**	**accept** [akceptować, zaakceptować]
	vpf	Musiałem zaakceptować zaproszenie.
	ˌzaːkt͡sɛpˈtɔvat͡ɕ	-I had to accept the invitation.

2305	**konsekwencja**	**consequence**

	f	To są konsekwencje twoich czynów.
	kɔnsɛkvɛntsja	-Those are the consequences of your acts.

2306 w międzyczasie — **meanwhile**
phr
ˌv‿mʲɛ̃nʥɨˈʧaɕɛ
W międzyczasie John zrobił obiad.
-Meanwhile, John has prepared lunch.

2307 ekscytujący — **exciting**
adj
ɛkstsɨtujɔntsɨ
Czeka nas ekscytujący dzień.
-An exciting day awaits us.

2308 piąty — **fifth**
adj
piɔntɨ
Na mecie byłem piąty.
-I was fifth at the finish line.

2309 uczcić — **celebrate** [czcić, uczcić]
vpf
uʧɕtɕiʨ
Jesteśmy tu dzisiaj by uczcić narodziny pandy.
-We're here today to celebrate a birth of panda.

2310 tatuaż — **tattoo**
m
tatuaʐ
John pokazał Jane swój nowy tatuaż.
-John showed Jane his new tattoo.

2311 wyobraźnia — **imagination**
f
viɔbraʑɲa
Mój świat jest tak duży lub tak mały jak moja wyobraźnia.
-My world is as big or as small as my imagination.

2312 poprawić (się) — **correct, improve** [poprawiać, poprawić]
vpf2
pɔˈpravʲiʨ
Obiecuję, że się poprawię.
-I promise I will improve.

2313 sekcja — **section**
f
sɛktsja
Ta sekcja tekstu wymaga poprawy.
-This section of the text requires correction.

2314 polityka — **politics; policy**
f
pɔlitɨka
To jest głupia polityka.
-That's a stupid policy.

2315 salon — **salon; living room**
m
salɔn
Moje mieszkanie ma wielki salon.
-My flat has a large living room.

2316 krzyż — **cross**
m
gʐɨʐ
Widzę krzyż z drewna.
-I see a cross made out of wood.

2317 lina — **rope**
f
lina
Wejdę na drzewo i rzucę ci linę.
-I'll climb the tree and throw the rope down to you.

2318 ciągnąć (się) — **pull, drag** [ciągnąć, pociągnąć]
vif2
tɕɔŋgnɔɲʨ
Sanki były tak ciężkie, że aż czterech mężczyzn musiało ciągnąć je po lodzie.
-The sled was so heavy that four men were assigned to pull it across the ice.

2319 jaskinia — **cave**
f
jaskiɲa
Jaskinia została znaleziona przez chłopców?
-Was the cave found by the boys?

2320 medal — **medal**
m
mɛdal
To pierwszy złoty medal, jaki zdobyła.
-It was the first gold medal that she had won.

2321 marynarka — **jacket; navy**
f; f
marɨnarka
Członkowie marynarki noszą marynarki.
-Members of the navy wear jackets.

2322 **awans** **promotion**

m

avans

Mój awans zależy od jego decyzji.
-My promotion depends on his decision.

2323 **Wietnam** **Vietnam**

m

viɛtnam

A może wycieczka do Wietnamu?
-How about a trip to Vietnam?

2324 **sprytny** **clever, smart**

adj

sprɨtnɨ

On jest sprytny w każdym calu.
-He's clever in his every bit.

2325 **rozrywka** **entertainment**

f

rɔzrɨfka

Jaka jest twoja ulubiona rozrywka?
-What's your favorite entertainment?

2326 **ostry** **sharp; spicy**

adj; adj

ɔstrɨ

Nóż nie jest ostry.
-The knife is not sharp.

2327 **ekspert** **expert**

m

ɛkspɛrt

Szkolił go ekspert.
-He was trained by an expert.

2328 **żegnać (się)** **say goodbye** [żegnać, pożegnać]

vif2

ʐɛgnatɕ

John pożegnał się i poszedł do domu.
-John said goodbye and went home.

2329 **słabość** **weakness**

f

ˈswabɔɕtɕ

Jaka jest twoja największa słabość?
-What's your biggest weakness?

2330 **uraza** **grudge**

f

uraza

Nie chowam urazy do Johna.
-I don't hold any grudge towards John.

2331 **oczyścić (się)** **purify, clear** [oczyszczać, oczyścić]

vpf2

ɔtʂɨɕtɕitɕ

Musisz wiedzieć, że próbuję oczyścić swoje nazwisko.
-You need to know, I'm trying to clear my name.

2332 **sport** **sport**

m

spɔrt

Piłka nożna to najpopularniejszy sport w Polsce.
-Football is the most popular sport in Poland.

2333 **gatunek** **species; genre**

m; m

gatunɛk

Udało mu się złapać rzadki gatunek motyla.
-He happened to catch a rare species of butterfly.

2334 **malutki** **tiny**

adj

malutki

Mój pokój jest malutki.
-My room is tiny.

2335 **zawody** **competition**

fpl

zavɔdɨ

Z powodu deszczu odłożono zawody sportowe.
-Owing to the rain, the competition was put off.

2336 **kłócić się** **argue** [kłócić, pokłócić]

vifr

kwutɕitɕ

Przestańcie się kłócić o pieniądze.
-Stop arguing about money.

2337 **teatr** **theater**

m

tɛatr

Wiem ile ja i ten teatr zawdzięczamy generałowi.
-I know how much I and the theater owe to the general.

2338 **romantyczny** **romantic**

	adj	Jesteś taki romantyczny.
	rɔmantit͡ʃnɨ	-You're so romantic.
2339	**medium**	**media; psychic**
	n; n	Internet to dziś główne medium.
	mɛdiʊm	-Internet is the main media today.
2340	**opiekować (się)**	**take care** [opiekować, zaopiekować]
	vifr	Ona musi opiekować się tym staruszkiem.
	ˌɔpʲjɛˈkɔvat͡ɕ‿ɕɛ	-She must take care of the old man.
2341	**potwierdzić (się)**	**confirm** [potwierdzać, potwierdzić]
	vpf2	Chciałbym potwierdzić godzinę odjazdu.
	pɔˈtfʲjɛrʲd͡ʑit͡ɕ	-I'd like to confirm the hour of departure.
2342	**marsz**	**march**
	m	Kontynuujesz swój powolny marsz.
	marʂ	-Pressing on with your slow march.
2343	**reputacja**	**reputation**
	f	Reputacja jest ulotna, lojalność niestała.
	rɛputat͡sja	-Reputation is volatile. Loyalty is fickle.
2344	**któż**	**who**
	prn	Któż nie kocha buntownika?
	ktuʂ	-Who doesn't love a rebel?
2345	**wyjazd**	**departure; trip**
	m; m	Przełożył swój wyjazd o dwa dni.
	vɨjazd	-He advanced his departure by two days.
2346	**oskarżenie**	**accusation**
	n	Te oskarżenia są bezpodstawne!
	ɔskarʐɛɲɛ	-These accusations are baseless!
2347	**posprzątać**	**clean** [sprzątać, posprzątać]
	vpf	Musimy posprzątać klasę.
	pɔspʐɔntat͡ɕ	-We must clean our classroom.
2348	**wkurzać (się)**	**annoy; be annoyed** [wkurzać, wkurzyć]
	vif; vifr	Przestań mnie wkurzać, bo naprawdę się wkurzę.
	ˈfkuʃat͡ɕ	-Stop bugging me or I will really get angry.
2349	**słówko**	**word**
	n	Szepniemy słówko naszym przyjaciołom.
	swufkɔ	-We simply need to whisper a word to our friends.
2350	**publicznie**	**publicly, public**
	adv	Nie klnij publicznie.
	publit͡ʂɲɛ	-Don't swear in public.
2351	**przyjrzeć się**	**take a look** [przyglądać, przyjrzeć]
	vpf	Chcę się bliżej przyjrzeć.
	pʃijʑɛt͡ɕ‿ɕɛ	-I want to take a closer look.
2352	**celowo**	**on purpose**
	adv	Zrobiła to celowo.
	t͡sɛlɔvɔ	-She did it on purpose.
2353	**samotność**	**loneliness**
	f	Samotność towarzyszy mi od 5 lat.
	samɔtnɔɕt͡ɕ	-Loneliness has accompanied me for the past 5 years.
2354	**przyczyna**	**reason, cause**
	f	Obecnie przyczyna choroby pozostaje nieznana.
	pʒɨt͡ʂɨna	-At present, the cause of the disease is unknown.

2355	**pigułka**	**pill**
	f	Proszę połknąć tę pigułkę.
	pˈiguwka	-Please swell the pill.
2356	**świadomość**	**awareness**
	f	Zemdlała, ale szybko odzyskała świadomość.
	ɕviadɔmɔɕt͡ɕ	-She fainted but regained consciousness soon.
2357	**ubezpieczenie**	**insurance**
	n	Czy ma pan ubezpieczenie zdrowotne?
	ubɛzpiɛt͡ʂɛɲɛ	-Do you have health insurance?
2358	**olej**	**oil**
	m	Czas najwyższy, abyś zmienił olej w samochodzie.
	ɔlɛj	-It's about time you get an oil change in that car.
2359	**fałszywy**	**FALSE**
	adj	Kolejny fałszywy przyjaciel.
	fawʂˈivɨ	-Another false friend.
2360	**wypełnić**	**fill, fulfill** [wypełniać, wypełnić]
	vpf	Proszę wypełnić formularz.
	vɨˈpɛwʲɲit͡ɕ	-Please fill the form.
2361	**kilogram**	**kilogram**
	m	Ile kosztuje kilogram ananasów?
	kilɔgram	-How much does a kilogram of pineapple cost?
2362	**fortuna**	**fortune**
	f	Zarobił fortunę na sprzedaży samochodów.
	fɔrtuna	-He's earned a fortune selling cars.
2363	**tożsamość**	**identity**
	f	Przestępca musiał ukryć swoją tożsamość.
	tɔʐsamɔɕt͡ɕ	-The criminal had to hide his identity.
2364	**hobby**	**hobby**
	n	Moim hobby jest zbieranie zagranicznych znaczków.
	xɔbbɨ	-My hobby is collecting foreign stamps.
2365	**zapamiętać**	**remember, memorize** [zapamiętywać, zapamiętać]
	vpf	Chłopak potrafi zapamiętać wszystko co przeczyta.
	zapamiɛntat͡ɕ	-The boy is able to memorize everything he reads.
2366	**student**	**student**
	m	„Czy my się już nie widzieliśmy?", zapytał student.
	studɛnt	-"Haven't we met before?" asked the student.
2367	**krawat**	**tie**
	m	Noszę garnitur i krawat.
	kravat	-I wear a suit and a tie.
2368	**zasłużyć**	**deserve, earn** [zasługiwać, zasłużyć]
	vpf	Zasłużyłeś na ten medal.
	zaswuʐɨt͡ɕ	-You deserve the medal.
2369	**korzyść**	**advantage**
	f	Czy to jedyna korzyść z posiadania tego urządzenia?
	kɔʐɨɕt͡ɕ	-Is that the only advantage of having this device?
2370	**przelecieć (się)**	**pass; fly** [przelatywać, przelecieć]
	vpf; vpf2	Muszę przelecieć z Gdańska do Warszawy.
	pʐɛlɛt͡ɕɛt͡ɕ	-I need to fly from Gdańsk to Warsaw.
2371	**wysadzić (się)**	**blow; drop off** [wysadzać, wysadzić]

	vpf2; vpf	Wysadziłem go przy restauracji, którą potem wysadził.
	vɨˈsadʑitɕ	-I dropped him off at the restaurant which he blew up later.
2372	**wybaczenie**	**forgiveness**
	n	Błagam o wybaczenie.
	vɨbatʂɛɲɛ	-I beg for forgiveness.
2373	**obrócić (się)**	**turn** [obracać, obrócić]
	vpf2	Mógłbyś się obrócić?
	ɔbˈrutɕitɕ	-Could you please turn around?
2374	**kupować**	**buy** [kupować, kupić]
	vif	Musimy je kupować zagranicą.
	kupɔvatɕ	-We have to buy them from abroad.
2375	**wspominać**	**mention** [wspominać, wspomnieć]
	vif	Wspominałem już, że byłem w wojsku?
	vspɔminatɕ	-Have I already mentioned I've been in the army?
2376	**denerwować (się)**	**annoy, worry; be nervous** [denerwować, zdenerwować]
	vif; vifr	I chcę abyś wiedział ze nie przestajemy się denerwować.
	dɛnɛrvɔvatɕ	-I want you to know we can stop worrying.
2377	**hala**	**hall**
	f	Hala koncertowa była pełna fanów.
	xala	-The concert hall was full of fans.
2378	**torebka**	**handbag**
	f	Znowu zapomniałam torebki.
	tɔrɛbka	-I forgot my handbag again.
2379	**tak czy siak**	**one way or another**
	phr	Tak, czy siak, wkrótce się przekonamy.
	ˈtak ˈt͡ʂɨ ˈɔvak	-Well, we'll know one way or another soon enough.
2380	**zapobiec**	**prevent** [zapobiegać, zapobiec]
	vpf	Za wszelką cenę musimy zapobiec wojnie.
	zapɔbiɛts	-We must prevent war at any cost.
2381	**społeczność**	**society, community**
	f	Żyjemy w społeczeństwie.
	spɔwɛt͡ʂnɔɕtɕ	-We live in a society.
2382	**biegać**	**run** [biegać, —]
	vif	Potrafię biegać szybciej niż Ken.
	biɛgatɕ	-I can run faster than Ken.
2383	**psiakrew**	**damn**
	i	Psiakrew! Zgubiłem portfel!
	pʲɕiakrɛf	-Damn! I lost my wallet.
2384	**wniosek**	**conclusion; application**
	m	Wniosek jest taki, że trzeba szybciej składać wniosek o dowód.
	vɲɔsɛk	-The conclusion is you have to send the application for ID faster.
2385	**układać (się)**	**arrange; work out** [układać, ułożyć]
	vif; vifr	Układam te krzesła cały dzień.
	ukwadatɕ	-I've been arranging these chairs for the whole day.
2386	**naszyjnik**	**necklace**
	m	Jaki masz dowód, że to John był tym, który ukradł naszyjnik twojej matki?
	naʂɨjɲik	-What proof do you have that John was the one who stole your mother's necklace?
2387	**rakieta**	**rocket**

	f	Nasze kalkulacje wskazują, że rakieta jest poza swoim kursem.
	rakiɛta	-Our calculations show that the rocket is off its course.
2388	**masa**	**mass; a lot of**
	f; f	Masa ludzi nie potrafi wznieść się ponad poziom własnego potencjału.
	masa	-A lot of people are not able to outgrow their potential.
2389	**skała**	**rock**
	f	To jest twarde jak skała.
	skawa	-It's solid as a rock.
2390	**terapia**	**therapy**
	f	Powinieneś zapisać się na terapię.
	tɛrapia	-You should sign up for therapy.
2391	**podwójny**	**double**
	adj	Łał! Dzisiaj mam podwójne szczęście.
	pɔdvujnɨ	-Wow! My luck must be double today.
2392	**orzeł**	**eagle**
	m	Orzeł musiał być karmiony z ręki.
	ɔʐɛw	-The eagle had to be fed by hand.
2393	**przysięgły**	**sworn; juryman**
	adj; m	Co na to ława prysięgłych?
	pʐɨɕɛŋgwɨ	-What do the jurymen say about it?
2394	**szósty**	**sixth**
	adj	Musisz iść do toalety? To już szósty raz.
	ʂustɨ	-Do you have to go to the toilet? It's the sixth time already.
2395	**owoc**	**fruit**
	m	To owoc świeżo zerwany z drzewa.
	ɔvɔts	-It's fruit fresh from the tree.
2396	**braciszek**	**little brother**
	m	Ciekawe co na to mój braciszek.
	bratɕiʂɛk	-I wonder what my little brother has to say about it.
2397	**bliski**	**close**
	adj	Jego opis był bliski prawdy.
	bliski	-His description was close to the truth.
2398	**spóźniony**	**late**
	adj	Już jestem spóźniony.
	spuʑɲɔnɨ	-I'm already late.
2399	**worek**	**bag**
	m	Poproszę o worek z lodem.
	vɔrɛk	-May I have an ice bag?
2400	**data**	**date**
	f	Jaka jest dzisiejsza data?
	data	-What is the date today?
2401	**sugerować**	**suggest** [sugerować, zasugerować]
	vif	Sugeruję odwrót.
	sugɛrɔvatɕ	-I suggest retreat.
2402	**centrala**	**central office**
	f	Proszę o połączenie z centralą.
	tsɛntrala	-Please connect me to the central office.
2403	**zrozumienie**	**understanding**
	n	Zrozumienie tej książki przekracza moje możliwości.
	zrɔzumiɛɲɛ	-Understanding this book is beyond my capacity.

2404	**natomiast**	**however, while**
	con	Ja wolę herbatę, natomiast ona woli kawę.
	natɔmiast	-I prefer tea while she prefers coffee.
2405	**modlitwa**	**prayer**
	f	Nie ma nikogo, kto wysłucha mojej modlitwy.
	mɔdlitva	-There's no one to hear my prayer.
2406	**podpis**	**signature**
	m	Podpis Johna jest nieczytelny.
	pɔdpis	-John's signature is illegible.
2407	**zamieszkać**	**settle, occupy** [zamieszkiwać, zamieszkać]
	vpf	John zdecydował się porzucić miejskie życie i zamieszkać na wsi.
	zamiɛ̂ŝkatɕ	-John decided to give up city life and settle down in the country.
2408	**majątek**	**wealth**
	m	Jego majątek przekraczał miliony.
	majɔntɛk	-His wealth exceeded millions.
2409	**biec**	**run** [biec, pobiec]
	vif	Gepard może biec z prędkością nawet 70 mil na godzinę.
	biɛ̂ts	-A cheetah can run as fast as 70 miles per hour.
2410	**totalnie**	**totally**
	adv	Jestem totalnie podekscytowana zobaczeniem słonia.
	tɔˈtalʲɲɛ	-I'm totally excited about seeing an elephant.
2411	**gliniarz**	**cop**
	m	Mój najlepszy kumpel, doskonały gliniarz.
	ˈɡlʲĩɲaʃ	-He's my best mate, a brilliant cop.
2412	**zmarły**	**dead; late**
	adj; m	Ku pamięci mojego zmarłego ojca.
	zmarwɨ	-For the memory of my dead father.
2413	**rozwój**	**development**
	m	Edukacja celuje w rozwój potencjalnych umiejętności.
	rɔzvuj	-Education aims for the development of potential abilities.
2414	**ochronić (się)**	**protect** [ochraniać, ochronić]
	vpf2	Zaryzykowała życie, aby ochronić swoje dziecko.
	ɔˈxrɔ̃ɲitɕ	-She risked her life to protect her child.
2415	**środa**	**Wednesday**
	f	Dzisiaj jest środa.
	ɕrɔda	-Today is Wednesday.
2416	**uprzejmy**	**polite**
	adj	Bądź uprzejmy dla innych.
	upʐɛjmɨ	-Be polite to others!
2417	**winda**	**elevator**
	f	Winda jest zepsuta.
	vinda	-The elevator is out of order.
2418	**winić (się)**	**blame** [winić, —]
	vif2	To nie ciebie, a jego trzeba winić.
	viɲitɕ	-It is not you but he that is to blame.
2419	**umówić (się)**	**arrange** [umawiać, umówić]
	vpf2	Proszę się jeszcze raz umówić w recepcji.
	ũˈmuvʲitɕ	-Please arrange another meeting at the front desk.
2420	**smaczny**	**tasty**

	adj	Dobra kawa uzupełnia smaczny posiłek.
	smaʧ̑ɲɨ	-A good coffee completes a tasty meal.
2421	**francuski**	**French**
	adj	Twój francuski jest wystarczająco dobry.
	franʦ̑uski	-Your French is good enough.
2422	**otrzymać**	**receive** [otrzymywać, otrzymać]
	vpf	Przykro mi, ale bez dowodu tożsamości nie może Pan otrzymać przelewu.
	ɔtʒ̑ɨmaʨ	-I'm sorry, without an I.D. you cannot receive a remittance.
2423	**ryj**	**muzzle; face (coll)**
	m; m	Chciałabym go walnąć prosto w tłusty ryj.
	rɨj	-I'd like to punch him right in his fat face.
2424	**wyjaśniać (się)**	**explain** [wyjaśniać, wyjaśnić]
	vif2	Próbuję ci wyjaśnić, że musisz uciekać.
	vɨjaɕɲaʨ	-I'm trying to explain to you that you have to run.
2425	**kryć (się)**	**cover** [kryć, —]
	vif2	Strzelają do nas! Kryj się!
	krɨʨ	-They're shooting at us! Cover yourself.
2426	**gust**	**taste**
	m	Ma dobry gust.
	gust	-She has good taste.
2427	**naukowiec**	**scientist**
	m	Aby wyjaśnić to zjawisko, każdy naukowiec wymyślił własną teorię.
	naukɔvieʦ̑	-To explain this phenomenon, each scientist came up with his own theory.
2428	**sumienie**	**conscience**
	n	Każdy człowiek posiada sumienie.
	sumiɛɲɛ	-Every man has a conscience.
2429	**zasilanie**	**power**
	n	Wysiadło zasilanie i komputer się wyłączył.
	zaɕilaɲɛ	-The power went off and the computer shut down.
2430	**oprzeć (się)**	**base, lean; resist** [opierać, oprzeć]
	vpf; vpfr	Nie mogłem się oprzeć.
	ɔpʒ̑ɛʨ	-I couldn't resist.
2431	**nagły**	**sudden**
	adj	Nagły hałas zaskoczył staruszka.
	nagwɨ	-The sudden noise startled the old man.
2432	**miliard**	**billion**
	m	Zarobił jakiś miliard złotych na kukurydzy.
	miliard	-He's earned like a billion of złoty on corn.
2433	**księga**	**book**
	f	Wiesz, jestem jak otwarta księga.
	kɕɛŋga	-You know what, I'm an open book.
2434	**pragnienie**	**desire, thirst**
	n	Moje pragnienie to perfekcja.
	pragɲɛɲɛ	-Perfection is my desire.
2435	**imponować**	**impress** [imponować, zaimponować]
	vif	Naprawdę mi imponujesz.
	impɔnɔvaʨ	-You really impress me.
2436	**względem**	**in relation to; towards**
	prp; prp	Jak położone jest krzesło względem stołu?
	ˈvzglɛ̃ndɛm	-How is the chair located in relation to the table?

2437	**wybory**	**election**
	fpl	Wszyscy z zapartym tchem obserwowali, kto wygra wybory prezydenckie.
	vɨbɔrɨ	-Everyone held their breath to see who would win the presidential election.
2438	**znikać**	**disappear** [znikać, zniknąć]
	vif	Byłem tak zawstydzony, że chciałem po prostu zniknąć.
	zɲikat͡ɕ	-I was so ashamed that I just wanted to disappear.
2439	**kanapka**	**sandwich**
	f	Kanapka z serem to moje ulubione danie.
	kanapka	-A cheese sandwich is my favorite meal.
2440	**lada**	**counter; any; any**
	f; prt; prp	To nie lada problem.
	lada	-This is not just any problem.
2441	**ćwiczyć**	**exercise, practice**
	vif	Musisz więcej ćwiczyć.
	t͡ɕvit͡ʂɨt͡ɕ	-You need to exercise more.
2442	**spieprzać (się)**	**get away (coll); mess up (coll)** [spieprzać, spieprzyć]
	vif; vif2	Dlaczego wszystko zawsze musi się spieprzać?
	ˈspʲɛpʃat͡ɕ	-Why does everything always have to get messed up.
2443	**czerwiec**	**June**
	m	To był najbardziej suchy czerwiec od trzydziestu lat.
	t͡ʂɛrvʲɛts	-It has been the driest June for thirty years.
2444	**handel**	**trade**
	m	Handel pomaga narodom rozwinąć się.
	xandɛl	-Trade helps nations develop.
2445	**zestaw**	**set**
	m	Prześlę pełen zestaw zdjęć jak najszybciej.
	zɛstav	-We'll get you a full set of photos as soon as possible.
2446	**egzamin**	**exam**
	m	Miała szczęście, że zdała ten egzamin.
	ɛgzamin	-She was fortunate to pass the exam.
2447	**sprawka**	**doing**
	f	Homerze Simpson, to twoja sprawka.
	sprafka	-Homer Simpson, this was your doing.
2448	**domowy**	**home, domestic**
	adj	Kiedy ostatnio jadłeś domowy obiad?
	dɔmɔvɨ	-When was the last time you ate a homemade dinner?
2449	**zmierzy (sie)**	**measure**
	vpf2	Muszę znowu zmierzyć twoją temperaturę.
	zmʲɛʐɨt͡ɕ	-I need to take your temperature again.
2450	**pyszny**	**delicious; proud**
	adj; adj	Obiad był pyszny!
	pɨʂnɨ	-The dinner was delicious.
2451	**wykonywać**	**do, perform** [wykonywać, wykonać]
	vif	Pozwól im wykonywać swoją pracę.
	ˌvɨkɔˈnɨvat͡ɕ	-Let them do their jobs.
2452	**przebywać**	**reside, be, pass** [przebywać, przebyć]
	vif	Dzieci nie powinny przebywać w teatrze same.
	pʃɛˈbɨvat͡ɕ	-Then children shouldn't be in the theater alone.
2453	**podróżować**	**travel** [podróżować, —]

	vif	On lubi podróżować sam.
	pɔdruʒɔvaʨ͡	-He likes to travel alone.
2454	**szafa**	**wardrobe**
	f	Szafa stała na lewo od drzwi.
	ʂafa	-The wardrobe was to the left of the door.
2455	**dyskusja**	**discussion**
	f	Dyskusja rozgorzała.
	dɨskusja	-The discussion was heated.
2456	**miasteczko**	**town**
	n	To bardzo małe miasteczko.
	miastɛʈ͡ʂkɔ	-It's a very small town.
2457	**postęp**	**progress**
	m	Postęp jest niemożliwy bez komunikacji.
	pɔstɛmp	-There cannot be progress without communication.
2458	**przewodniczący**	**chairman**
	m	Przewodniczący winien brać pod uwagę opinie mniejszości.
	pʐɛvɔdɲiʈ͡ʂɔntsɨ	-The chairman should take the minority's opinion into account.
2459	**popołudnie**	**afternoon**
	n	To popołudnie John miał zapamiętać do końca życia.
	pɔpɔwudɲɛ	-It was an afternoon John would never forget.
2460	**rewolucja**	**revolution**
	f	Ta rewolucja przyniosła wiele zmian.
	rɛvɔluʦ͡ja	-The revolution has brought about many changes.
2461	**smutek**	**sadness, sorrow**
	m	Nieszczęście i smutek towarzyszą wojnie.
	smutɛk	-Misery and sorrow accompany war.
2462	**jabłko**	**apple**
	n	Jabłko spadło na ziemię.
	jabwkɔ	-An apple fell to the ground.
2463	**delikatny**	**delicate**
	adj	Kot mojej matki jest delikatny.
	dɛlikatnɨ	-My mother's cat is delicate.
2464	**przeszukać**	**search** [przeszukiwać, przeszukać]
	vpf	Proponuję jak najdokładniej przeszukać cały teren.
	pʐɛʂukaʨ͡	-I suggest searching the entire site.
2465	**frajer**	**loser (coll)**
	m	Jestem John, wielki frajer.
	frajɛr	-I'm John, the big loser.
2466	**nerwowy**	**nervous**
	adj	Jesteś zbyt nerwowy.
	nɛrvɔvɨ	-You're too nervous.
2467	**żołądek**	**stomach**
	m	Żołądek jest jednym z organów wewnętrznych.
	ʐɔwɔndɛk	-The stomach is one of the internal organs.
2468	**reklama**	**advertisement**
	f	Widziałeś nową reklamę piwa?
	rɛklama	-Have you seen the new beer advertisement?
2469	**niebawem**	**soon**
	adv	Niebawem przyzwyczaisz się do japońskiego jedzenia.
	ɲɛbavɛm	-You will soon get used to Japanese food.

2470	**zadbać**	**take care** [dbać, zadbać]
	vpf	Powinieneś zadbać o siebie.
	zadbatɕ	-You should take care of yourself.
2471	**zapisać (się)**	**note; sign up** [zapisywać, zapisać]
	vpf; vpfr	Możesz to zapisać?
	zapisatɕ	-Can you note it?
2472	**wkurzony**	**pissed off**
	adj	Czemu John jest taki wkurzony?
	fkuʃɔnɨ	-Why is John so pissed off?
2473	**kultura**	**culture**
	f	Żadna kultura nie jest idealna.
	kultura	-No culture is perfect.
2474	**korytarz**	**corridor**
	m	Proszę nie biegać po korytarzu!
	kɔrɨtaʒ	-Please don't run in the corridor!
2475	**zastrzyk**	**injection**
	m	Dam ci zastrzyk przeciwbólowy.
	zastʒɨk	-I'll give you a painkiller injection.
2476	**bolesny**	**painful**
	adj	Upadek był dla mnie bardzo bolesny.
	bɔlɛsnɨ	-The fall was very painful for me.
2477	**podejrzewać (się)**	**suspect** [podejrzewać, —]
	vif2	Nigdy bym się nie podejrzewał o skłonności psychopatyczne.
	pɔdɛjʒɛvatɕ	-I would have never suspected myself for having psychopathic tendencies.
2478	**strzelić**	**shoot** [strzelać, strzelić]
	vpf	Spróbuj strzelić w sam środek.
	'stʃɛlʲitɕ	-Try to shoot in the very middle.
2479	**narodzenie**	**birth**
	n	Narodzenie Jezusa to ważne wydarzenie dla chrześcijan.
	'narɔ'dʑɛ̃ɛ	-Jesus' birth is an important event for Christians.
2480	**gubernator**	**governor**
	m	Gubernator Teksasu był wściekły.
	'gubɛ̃r'natɔr	-The governor of Texas was furious.
2481	**kanapa**	**couch**
	f	Ta kanapa jest za mała dla 3 osób.
	kã'napa	-This couch is too small for 3 people.
2482	**aktorka**	**actress**
	f	Ta aktorka zawsze nosi kosztowną biżuterię.
	aktɔrka	-The actress always wears expensive jewels.
2483	**szczęściarz**	**a lucky guy**
	m	Szczęściarz w kartach, pechowiec w miłości.
	ʃtʃɛ̃ɕtɕaʒ	-A lucky guy at cards, unlucky in love.
2484	**dwór**	**court, manor; outside**
	m	Z mojego dworu wyszedłem na dwór.
	dvur	-I went outside of my manor.
2485	**walić**	**punch, beat** [walić, walnąć]
	vif	Kiedy waliłem go w twarz, czułem jak wali mi serce.
	valitɕ	-When I was punching him in the face I could feel my heart beating.
2486	**minister**	**minister**

	m	Pierwszy raz zagraniczny minister odwiedza Tokyo.
	mi̯ɲistɛr	-This is the first time a foreign minister has visited Tokyo.
2487	**ręcznik**	**towel**
	m	Mój pies zjadł papierowy ręcznik. Ciekawe, czy mu zaszkodzi.
	rɛnt͡ʂɲik	-My dog ate a paper towel. I wonder if he'll get sick.
2488	**porwać**	**kidnap, inspire** [porywać, porwać]
	vpf	Aby porwać słuchaczy, mówca posunął się do wykorzystania technik retorycznych.
	pɔrvat͡ɕ	-To inspire his audience, the speaker resorted to using rhetorical techniques.
2489	**instrukcja**	**instruction**
	f	Dostałeś jasne instrukcje.
	instrukt͡sja	-You have been given clear instructions.
2490	**smok**	**dragon**
	m	Smok to wytwór fantazji.
	smɔk	-Dragon is a creature of fantasy.
2491	**nieruchomość**	**real estate**
	f	Posiadam wiele nieruchomości w kilku miastach.
	ɲɛruxɔmɔɕt͡ɕ	-I own a lot of real estate in a few cities.
2492	**Biblia**	**Bible**
	f	Biblia jest najczęściej przekładaną i czytaną książką świata.
	biblia	-The Bible is the most translated and read book in the world.
2493	**zgubić (się)**	**lose; get lost** [gubić, zgubić]
	vpf; vpfr	John może się zgubić.
	zgubit͡ɕ	-John might get lost.
2494	**stado**	**herd, pack**
	n	Musimy przetransportować całe stado krów.
	stadɔ	-We need to transport a whole herd of cows.
2495	**królewski**	**royal**
	adj	Pałac królewski został wzniesiony na pagórku.
	krulɛvski	-The royal palace was built on a hill.
2496	**ogon**	**tail**
	m	Ulubione powiedzenie Johna to: "Nie ciągnie się kilku srok za ogon."
	ɔgɔn	-John's favorite saying is "You can't put two saddles on one horse."
2497	**wózek**	**cart, trolley**
	m	Potem prowadzicie wózek przez tor przeszkód.
	vuzɛk	-You must then push your cart through a series of obstacles.
2498	**dwanaście**	**twelve**
	nu	Dwanaście lat dla psa to już starość.
	dvanaɕt͡ɕɛ	-Twelve years is old for a dog.
2499	**ciastko**	**cookie**
	n	Ciastko jest pod stołem.
	t͡ɕastkɔ	-There is a cookie under the table.
2500	**skądże**	**not at all**
	prt	Nie, skądże, sam też mam dzieci.
	skɔ̃nt͡ʐɛ	-No, not at all. I have kids of my own.
2501	**uczciwie**	**honestly, fairly**
	adv	Zachował się wobec mnie uczciwie.
	ut͡ʂt͡ɕiviɛ	-He acted fairly toward me.
2502	**gacie**	**pants (coll)**

	fpl	Uspokój się, bo zrobisz w gacie.
	ˈgaʨɛ	-Colly, Colly, calm down or you'll shoot in your pants.
2503	**szanować (się)**	**respect** [szanować, uszanować]
	vif2	Trzeba szanować starszych.
	ʂanɔvaʨ	-You have to respect elderly people.
2504	**powrócić**	**return** [powracać, powrócić]
	vpf	Z tej podróży miał już nie powrócić.
	pɔˈvruʨiʨ	-He was never to return from the trip.
2505	**niedźwiedź**	**bear**
	m	Stary niedźwiedź mocno śpi
	ɲɛʥviɛʥ	-The old bear is fast asleep.
2506	**świecić (się)**	**be lit, shine, glow** [świecić, zaświecić]
	vif2	Ta lampa świeci się słabym, czerwonym światłem.
	ˈɕfʲjɛʨiʨ	-The lamp glows a dim, red light.
2507	**zorganizować**	**organize** [organizować, zorganizować]
	vpf	John chce zorganizować spotkanie.
	zɔrgaɲizɔvaʨ	-John wants to organize a meeting.
2508	**znajomo**	**familiar**
	adv	Wyglądają znajomo.
	znaˈjõmɔ	-They look familiar.
2509	**staruszka**	**old lady**
	f	Staruszka karmiła gołębie.
	staruʂka	-The old lady was feeding the pigeons.
2510	**moda**	**fashion, trend**
	f	Ta moda miała już swoje pięć minut.
	mɔda	-This fashion has had its day.
2511	**podział**	**division; distribution**
	m; m	Szczegółowy podział zostaje przyjęty przez Radę Zarządzającą.
	pɔʥaw	-The detailed distribution is adopted by the Governing Board.
2512	**rodzić (się)**	**give birth; be born** [rodzić, urodzić]
	vif; vifr	Tak rodzi się rewolucja!
	rɔdʑiʨ	-This is how the revolution is born!
2513	**prasa**	**press**
	f	Prasa donosi o nowym modelu prasy pneumatycznej.
	prasa	-The press is informing about a new model of a pneumatic press.
2514	**różnić (się)**	**divide, be different** [różnić, poróżnić]
	vif	Nasze poglądy się różnią.
	ruʐɲiʨ	-Our views are different.
2515	**ciepły**	**warm**
	adj	To był ciepły dzień.
	ʨɛpwɨ	-It was a warm day.
2516	**prokurator**	**prosecutor, attorney**
	m	Podejrzewałem, że angielski prokurator to kłamca.
	prɔkuratɔr	-I always suspected the British prosecutor was a liar.
2517	**wzgórze**	**hill**
	n	Wszedłem na wzgórze.
	vzguʐɛ	-I went up to the hill.
2518	**wynająć**	**rent, lend** [wynajmować, wynająć]
	vpf	Chciałbym wynająć najtańszy samochód na tydzień.
	vɨnajɔɲʨ	-I'd like to rent your cheapest car for a week.

2519	**pismo**	**handwriting; magazine; letter**
	n; n; n	Ona ma piękne pismo.
	pismɔ	-She has beautiful handwriting.
2520	**zwycięzca**	**winner**
	m	A oto i John, zwycięzca wyścigu.
	zvi̇t͡ɕɛ̃ztsa	-Here comes John, the winner of the race.
2521	**przeciąg**	**draft**
	m	Zamknij okno, bo jest straszny przeciąg i się przeziębię.
	pʒ̑ɛt͡ɕɔŋg	-Close the window because there is a draft and I'll catch a cold.
2522	**widywać (się)**	**see, meet** [widywać, —]
	vif2	Powinnam starać się częściej ją widywać.
	vʲi'di̇vat͡ɕ	-I should've tried to see her more.
2523	**poszukiwać**	**look for** [poszukiwać, —]
	vif	Poszukuję noclegu w Warszawie.
	pɔʂukivat͡ɕ	-I'm looking for accommodation in Warsaw.
2524	**patrol**	**patrol**
	m	Następny patrol będzie za niecałe 15 minut.
	patrɔl	-The next patrol is in less than 15 minutes.
2525	**budzić (się)**	**wake up** [budzić, obudzić]
	vif2	Obudziłem się o 8 rano.
	budʑ̑it͡ɕ	-I woke up at 8 am.

Adjectives

Rank	Polish-*PoS*	English Translation(s)
90	dobry-*adj*	good
94	boży-*adj*	divine
98	prosty-*adj*	simple, straight
135	cały-*adj*	all, whole
140	stary-*adj; m*	old; dude (coll)
144	jasny-*adj*	bright
191	pierwszy-*adj*	first
224	mały-*adj*	small, little
226	żaden-*prn; adj*	none; nothing
250	pewien-*prn; adj*	a; sure
251	źle-*adj*	badly, wrong
260	nowy-*adj*	new
267	najpierw-*adj*	firstly, at first
285	skoro-*con; adj*	since, if; as soon as
301	ważny-*adj*	important
302	wielki-*adj*	big, huge, great
321	super-*adj; adv; i*	great; awesome; great
332	możliwy-*adj*	possible
335	ostatni-*adj*	last
353	dziwny-*adj*	strange, weird
369	zły-*adj*	bad, wrong
371	gotowy-*adj*	ready
415	nieważny-*adj*	invalid, irrelevant
416	głupi-*adj*	stupid (coll)
421	drugi-*adj*	second
423	niemożliwy-*adj*	impossible
430	piękny-*adj*	beautiful
456	zabawny-*adj*	funny
470	wspólny-*adj*	shared, common
481	prawdziwy-*adj*	true
501	następny-*adj*	next
504	wspaniały-*adj*	great, amazing
505	duży-*adj*	big, great
507	młody-*adj*	young
521	szczęśliwy-*adj*	happy
541	pewny-*adj*	confident, sure, reliable
547	miły-*adj*	nice
550	niezły-*adj*	not bad, nice
566	śmieszny-*adj*	funny
567	świetny-*adj*	great, brilliant
578	ciekawy-*adj*	interesting
587	martwy-*adj*	dead
598	trudny-*adj*	difficult, hard
599	niesamowity-*adj*	incredible, amazing
606	własny-*adj*	own
622	kolejny-*adj*	next, another
623	jedyny-*adj*	only
632	chory-*adj*	sick, ill; crazy (coll)
638	okej-*adj; adv; i*	okay; okay; okay
643	wolny-*adj; adj*	free; slow
651	straszny-*adj*	terrible, fearsome
688	lewy-*adj; adj*	left; shady (coll)
698	ładny-*adj*	nice, pretty
717	boski-*adj; adj*	divine; gorgeous (coll)
719	wysoki-*adj*	high, tall
720	głodny-*adj*	hungry
736	różny-*adj*	different, diverse
740	dawny-*adj*	former, old
745	szalony-*adj*	crazy, mad
748	biały-*adj*	white
760	czarny-*adj*	black
762	dumny-*adj; adj*	proud; arrogant
772	pański-*adj*	your, lordly
776	potrzebny-*adj*	necessary
792	niebezpieczny-*adj*	dangerous
801	zeszły-*adj*	last
823	zmęczony-*adj*	tired
858	daleki-*adj*	far
873	cholerny-*adj*	damn (coll)
878	okropny-*adj*	awful, terrible
913	słodki-*adj*	sweet
919	wart-*adj*	worth
930	pełny-*adj*	full
948	silny-*adj; adj*	strong; powerful
957	łatwy-*adj*	easy
961	biedny-*adj*	poor
965	ranny-*adj; adj*	injured; early
980	zadowolony-*adj*	satisfied, happy
983	winien-*adj; av*	owe; should
987	cudowny-*adj*	wonderful
994	pijany-*adj*	drunk
1004	trzeci-*adj*	third
1009	czerwony-*adj*	red
1020	przyszły-*adj*	future
1055	święty-*adj*	holy, saint, sacred
1076	ciężki-*adj; adj*	heavy; difficult
1096	normalny-*adj; adj*	common; normal
1103	kochany-*adj*	lovely, dear
1108	czysty-*adj*	clean
1109	oczywisty-*adj*	obvious
1111	wesoły-*adj; adj*	happy; fun
1116	długi-*adj*	long
1121	prawy-*adj*	right, just
1128	poważny-*adj*	serious
1138	fajny-*adj*	cool (coll)
1141	żonaty-*adj*	married

1145	przystojny-*adj*	handsome
1147	bezpieczny-*adj*	safe
1157	konieczny-*adj*	necessary
1168	odpowiedzialny-*adj*	responsible
1183	ostrożny-*adj*	careful
1184	niewiarygodny-*adj; adj*	unbelievable; unreliable
1185	interesujący-*adj*	interesting
1198	angielski-*adj*	English
1248	samotny-*adj*	lonely
1260	ludzki-*adj*	human
1305	wdzięczny-*adj*	grateful
1311	wszelki-*adj*	any, every
1315	szczery-*adj*	honest
1320	bogaty-*adj*	rich, wealthy
1332	znany-*adj*	known, famous
1338	niewinny-*adj*	innocent
1342	mądry-*adj*	wise, clever
1351	szybki-*adj*	fast, quick
1364	podobny-*adj*	similar
1369	zainteresowany-*adj*	interested
1376	plus-*m; adj; con*	plus; plus; plus
1399	smutny-*adj*	sad
1410	obcy-*adj; m; m*	foreign; stranger; alien
1412	słaby-*adj; adj*	weak; bad
1421	doskonały-*adj*	perfect
1425	żywy-*adj*	alive
1440	fair-*adj*	fair
1442	zwykły-*adj*	common, plain
1461	drogi-*adj*	expensive
1473	zamknięty-*adj*	closed
1483	gorący-*adj*	hot
1485	specjalny-*adj*	special
1490	ekstra-*adv; adj*	extra; extraordinary
1492	letni-*adj; adj*	summer; warm
1519	twardy-*adj*	hard
1521	ulubiony-*adj*	favorite
1535	ślepy-*adj; m*	blind; a blind person
1536	niebieski-*adj*	blue
1542	wściekły-*adj*	angry, furious
1549	pozostały-*adj*	remaining
1556	główny-*adj*	main, major
1560	skomplikowany-*adj*	complicated
1568	osobisty-*adj*	personal, individual
1586	idealny-*adj*	ideal, perfect
1589	zazdrosny-*adj*	jealous
1594	ogromny-*adj*	huge
1621	zakochany-*adj*	in love
1670	spokojny-*adj*	calm
1677	obrzydliwy-*adj*	disgusting
1686	podejrzany-*adj; m*	suspicious; suspect
1688	pusty-*adj*	empty
1690	psi-*adj*	doglike, canine
1700	zielony-*adj*	green
1703	zdolny-*adj*	capable, talented
1714	pieprzony-*adj*	frigging (coll)
1723	przeciwny-*adj*	against, opposing
1734	drobny-*adj*	little
1742	południowy-*adj; adj*	southern; noon
1744	gruby-*adj; adj*	thick; fat
1750	świeży-*adj*	fresh
1755	zdrowy-*adj*	healthy
1766	tajny-*adj*	secret, confidential
1772	zdenerwowany-*adj*	nervous, annoyed
1782	śliczny-*adj*	beautiful
1791	wyjątkowy-*adj*	exceptional
1793	znajomy-*m; adj*	mate; familiar
1803	dzisiejszy-*adj; adj*	today's; contemporary
1808	związany-*adj*	related to; tied
1823	przekonany-*adj*	convinced
1831	niezwykły-*adj*	extraordinary
1840	krótki-*adj*	short
1841	odpowiedni-*adj*	adequate; suitable
1852	amerykański-*adj*	American
1858	skończony-*adj*	finished; finite
1906	mocny-*adj*	strong
1912	przerażający-*adj*	terrifying, creepy
1913	kiepski-*adj*	poor (coll), bad (coll)
1926	rodzinny-*adj*	family
1939	uroczy-*adj*	charming, lovely
1940	północny-*adj*	northern
1945	otwarty-*adj*	open
1957	sławny-*adj*	famous, popular
1959	zimny-*adj*	cold
1975	dodatkowy-*adj*	additional, extra
1982	nudny-*adj*	boring
1990	ukochany-*adj; m*	beloved; love
2011	żałosny-*adj*	miserable, pitiful
2038	alfa-*f; adj*	alpha; alpha
2040	bystry-*adj*	smart
2048	maleńki-*adj*	tiny
2053	brudny-*adj*	dirty
2055	złoty-*adj*	golden
2061	głęboki-*adj*	deep
2066	światowy-*adj*	global, worldwide
2088	średni-*adj*	average, mediocre
2096	nielegalny-*adj*	illegal
2104	potężny-*adj*	powerful, great
2108	fantastyczny-*adj*	fantastic
2109	odważny-*adj*	brave

2130	pilny-*adj*	urgent; diligent
2131	niegrzeczny-*adj*	rude, naughty
2155	naturalny-*adj*	natural
2157	czwarty-*adj*	fourth
2176	właściwy-*adj*	correct, right
2200	przerażony-*adj*	terrified
2201	głuchy-*adj*	deaf
2225	niedorzeczny-*adj*	ridiculous
2244	przyjemny-*adj*	pleasant, nice
2253	ciemny-*adj; adj*	dark; stupid (coll)
2255	dziki-*adj*	wild
2260	dorosły-*adj; m*	adult; adult
2263	prywatny-*adj*	private
2269	niesprawiedliwy-*adj*	unjust, unfair
2290	uczciwy-*adj*	honest
2307	ekscytujący-*adj*	exciting
2308	piąty-*adj*	fifth
2324	sprytny-*adj*	clever, smart
2326	ostry-*adj; adj*	sharp; spicy
2334	malutki-*adj*	tiny
2338	romantyczny-*adj*	romantic
2359	fałszywy-*adj*	FALSE
2391	podwójny-*adj*	double
2393	przysięgły-*adj; m*	sworn; juryman
2394	szósty-*adj*	sixth
2397	bliski-*adj*	close
2398	spóźniony-*adj*	late
2412	zmarły-*adj; m*	dead; late
2416	uprzejmy-*adj*	polite
2420	smaczny-*adj*	tasty
2421	francuski-*adj*	French
2431	nagły-*adj*	sudden
2448	domowy-*adj*	home, domestic
2450	pyszny-*adj; adj*	delicious; proud
2463	delikatny-*adj*	delicate
2466	nerwowy-*adj*	nervous
2472	wkurzony-*adj*	pissed off
2476	bolesny-*adj*	painful
2495	królewski-*adj*	royal
2515	ciepły-*adj*	warm

Adverbs

Rank	Polish-PoS	English Translation(s)
12	tak-*prt; adv*	yes; so
18	za-*prp; adv*	in, behind; too
20	tu-*adv*	here
24	tylko-*adv*	only, just
32	dobrze-*adv*	well
35	teraz-*adv*	now
39	tam-*adv*	there
43	bardzo-*adv*	very
70	właśnie-*adv; prt*	just; exactly
78	daleko-*adv*	far
93	razem-*adv*	together
123	pewnie-*adv; prt*	confidently; most likely
132	potem-*adv*	then, later
137	szybko-*adv*	quickly, fast
147	wiele-*nu; adv*	many, much; a lot
151	dzisiaj-*adv*	today
155	jutro-*adv*	tomorrow
159	przykro-*adv*	sorry
162	zbyt-*adv*	too
169	późno-*adv*	late
171	kiedyś-*adv*	once, ever, someday
174	świetnie-*adv*	excellently
176	długo-*adv*	long
182	znowu-*adv*	again
198	miło-*adv*	nice, pleasantly
205	wciąż-*adv*	still, constantly
206	dokładnie-*adv*	exactly
209	samo-*adv*	Itself
210	nadal-*adv*	still
220	spokojnie-*adv*	calmly, calm
221	wcześnie-*adv*	early
222	prawie-*adv*	almost
227	ciągle-*adv*	still
258	rano-*adv; n*	early; morning
268	właściwie-*prt; adv*	in fact; properly
272	znów-*adv*	again
273	wczoraj-*adv*	yesterday
277	całkiem-*adv*	quite, completely
284	poważnie-*adv*	seriously, serious
290	inaczej-*adv*	unlike, or else, otherwise
295	natychmiast-*adv*	immediately
299	wcale-*adv*	not at all
310	wspaniale-*adv*	great, splendidly
311	nieźle-*adv*	well, nice, not bad
319	przynajmniej-*adv*	at least
321	super-*adj; adv; i*	great; awesome; great
342	raczej-*adv*	rather
365	kiedykolwiek-*adv*	ever, whenever
378	zupełnie-*adv*	completely
379	ostatnio-*adv*	lately, recently
383	blisko-*adv; prp; prt*	close; near; almost
388	ciężko-*adv*	hard
391	wkrótce-*adv*	soon
393	prosto-*adv*	straight, easily
403	wszędzie-*adv*	everywhere
407	mało-*adv*	little
408	cicho-*adv*	quiet, quietly
427	trudno-*adv*	hard
431	dawno-*adv*	long ago
434	nagle-*adv*	suddenly
438	często-*adv*	often
442	prawdopodobnie-*adv*	probably, likely
443	serio-*adv*	seriously, serious
444	wolno-*adv; vb*	slowly; be allowed to
447	wystarczająco-*adv*	enough, sufficiently
454	około-*adv*	about, around
458	całkowicie-*adv*	completely
463	obok-*prp; adv*	next to; near
474	łatwo-*adv*	easily, easy
477	niedługo-*adv*	soon
483	strasznie-*adv*	terribly
487	jedynie-*adv*	only, merely
509	zwykle-*adv*	usually, normally
511	wreszcie-*adv*	finally
512	nigdzie-*adv*	anywhere, nowhere
520	mocno-*adv*	firmly, hard
539	ponownie-*adv*	again
558	odkąd-*prp; adv*	since, how long
569	pięknie-*adv*	beautifully
574	coraz-*adv*	more, more and more
576	ładnie-*adv*	nicely, pretty
577	ostrożnie-*adv*	carefully, careful
582	szczerze-*adv*	to be honest, sincerely
596	fajnie-*adv*	cool (coll)
597	powoli-*adv*	slowly
600	stamtąd-*adv*	thence
619	doskonale-*adv*	perfectly
638	okej-*adj; adv; i*	okay; okay; okay
650	specjalnie-*adv*	especially
655	naprzód-*adv*	forward
656	wśród-*adv*	among
660	zimno-*n; adv*	coldness; cold

#	Polish	English		#	Polish	English
673	codziennie-*adv*	everyday, daily		1284	głośno-*adv*	loudly, loud
680	osobiście-*adv*	personally		1303	idealnie-*adv*	perfectly
682	cudownie-*adv; adv*	wonderful; miraculously		1308	niedawno-*adv*	recently
				1316	ciemno-*adv*	dark
705	nieco-*adv; prn*	little; bit		1323	mile-*adv*	kindy
713	rzeczywiście-*adv; prt*	in fact, actually; truly		1335	naturalnie-*adv*	naturally
722	tuż-*adv*	just, close, shortly		1362	czysto-*adv; adv*	purely; clean
751	chętnie-*adv*	willingly, gladly		1437	rzadko-*adv*	rarely
771	zgodnie-*adv*	according to, in line with		1441	głupio-*adv*	stupid, foolishly
				1447	głównie-*adv*	mainly
777	zwłaszcza-*adv*	especially		1463	niemal-*adv*	almost, nearly
822	wewnątrz-*prp; adv*	inside; inside		1465	choćby-*adv; con*	at least, even; even if
836	dziwnie-*adv*	strange, strangely		1490	ekstra-*adv; adj*	extra; extraordinary
847	akurat-*prt; adv; i*	exactly; just; as if		1523	jednocześnie-*adv*	simultaneously
861	absolutnie-*adv*	definitely		1529	krótko-*adv*	briefly, shortly
866	śmiało-*adv; adv; i*	safely; bravely; come on		1541	poniżej-*prp; prp; adv*	below; less; below
				1567	licho-*n; adv*	deuce; poorly
879	gorąco-*adv; n*	hot; heat		1569	oficjalnie-*adv*	officially
884	cholernie-*adv*	damn (coll)		1577	praktycznie-*adv*	basically, practically
889	szczególnie-*adv*	especially		1602	wyłącznie-*adv*	exclusively, only
908	zdecydowanie-*adv; n*	definitely; resolution		1619	niezupełnie-*adv*	not entirely, not exactly
915	niedaleko-*adv*	near				
938	zazwyczaj-*adv*	usually, usual		1630	dosłownie-*adv*	literally
978	wyraźnie-*adv*	clearly		1639	precz-*adv; i*	away; get out
989	równie-*adv*	equally; as well as		1642	wzdłuż-*prp; adv*	along; in length
996	głęboko-*adv*	deep, deeply		1652	ostro-*adv*	hot; sharply
1008	znacznie-*adv*	much		1653	fantastycznie-*adv*	fantastic, amazing
1028	dookoła-*adv*	around		1672	lekko-*adv*	lightly, slightly
1030	kompletnie-*adv*	completely		1676	zaledwie-*adv; con*	only; just
1036	nawzajem-*adv*	each other; you too		1685	delikatnie-*adv*	gently
1059	darmo-*adv*	for free		1694	ledwie-*adv*	hardly, barely
1061	niezbyt-*adv*	not too…		1702	wręcz-*prt; adv*	simply, even; openly
1068	przedtem-*adv*	before		1707	wygodnie-*adv; adv*	comfortable; easily
1084	wysoko-*adv*	high		1724	nisko-*adv*	low
1085	bezpiecznie-*adv*	safe, safely		1728	słusznie-*adv*	right, rightfully
1089	niedobrze-*adv; adv*	bad; sick		1747	niezwykle-*adv*	extremely
1104	pełno-*adv; adv*	lots; full of		1769	kiepsko-*adv*	poorly (coll)
1117	obecnie-*adv*	nowadays, currently		1779	przeciwnie-*adv*	opposite
1119	nareszcie-*adv*	finally		1794	samotnie-*adv*	alone
1133	prędko-*adv; adv*	soon; fast		1812	ostatecznie-*adv*	in the end; ultimately
1150	normalnie-*adv; adv*	normally; properly		1824	tymczasem-*prt; adv*	while; meanwhile
1151	następnie-*adv; adv*	then; next		1827	bezpośrednio-*adv*	directly
1154	uważnie-*adv*	carefully		1876	nowo-*adv*	newly
1161	wprost-*adv*	directly		1892	wspólnie-*adv*	together
1171	podobnie-*adv*	similarly, similar		1901	otwarcie-*adv; n*	openly; opening
1179	ledwo-*adv*	barely, hardly		1929	wzajemnie-*adv*	mutually
1197	okropnie-*adv*	awfully, awful		1970	wyjątkowo-*adv*	exceptionally
1225	jasno-*adv*	clearly, bright		2027	znakomicie-*adv*	excellent, excellently
1243	faktycznie-*adv*	actually, really		2030	niesamowicie-*adv*	extremely
1250	dziennie-*adv*	a day, daily		2064	zbytnio-*adv*	too
1271	wiecznie-*adv; adv*	forever; always		2067	porządnie-*adv*	neatly

2076	żywcem-*adv*	alive
2091	nago-*adv*	naked, nude
2116	przyjemnie-*adv*	nice, nicely
2165	odpowiednio-*adv*	appropriately
2170	najwięcej-*adv*	most
2172	zabawnie-*adv*	fun
2174	ślicznie-*adv*	gorgeous
2199	szczęśliwie-*adv; adv*	luckily; happily
2228	niezależnie-*adv; adv*	no matter; independently
2233	koniecznie-*adv*	absolutely, necessary
2243	niebezpiecznie-*adv*	dangerous, dangerously
2254	widocznie-*adv*	apparently
2271	słabo-*adv*	poorly, poor
2286	jakkolwiek-*adv; prn; con*	anyhow; anyhow; although
2288	niepotrzebnie-*adv*	unnecessarily
2291	ściśle-*adv*	close, closely
2297	stale-*adv*	constantly
2350	publicznie-*adv*	publicly, public
2352	celowo-*adv*	on purpose
2410	totalnie-*adv*	totally
2469	niebawem-*adv*	soon
2501	uczciwie-*adv*	honestly, fairly
2508	znajomo-*adv*	familiar

Conjunctions

Rank	Polish-*PoS*	English Translation(s)
2	to-*prn; con*	this [neuter]; then
6	i-*con*	and
10	że-*con*	that
13	jak-*prn; con*	how; as
16	a-*con*	and
17	ale-*con*	but
21	czy-*con*	or, whether
34	jeśli-*con*	if
40	więc-*con; prt*	so, therefore
45	kiedy-*prn; con*	when, while; when
52	by-*con; prt*	to, so that; would
57	żeby-*con; prt*	that, to; so that
62	bo-*con; prt*	because; how
74	gdy-*con*	when
97	albo-*con*	or
108	niż-*con*	than
119	aby-*con*	to, in order to
134	dlatego-*con*	therefore, for that reason
164	ani-*con*	neither, nor, or
172	zanim-*con*	before
178	ponieważ-*con*	because
179	aż-*con; prt*	until; so
201	jeżeli-*con*	if
202	gdyby-*con*	if
212	lub-*con*	or
216	bądź-*con; prt*	or; -ever
237	jakby-*con; prt*	as if; kind of
244	jednak-*con*	however
285	skoro-*con; adj*	since, if; as soon as
316	dopóki-*con*	until, while
327	lecz-*con*	but
395	chociaż-*con; prt*	although; at least
432	choć-*con; prt*	even though; at least
467	oraz-*con*	and, as well as
502	zamiast-*prp; con*	instead; rather than
506	czyli-*con*	that is
514	niby-*prp; con; prt*	as if; as if; seemingly
518	zatem-*con; prt*	so, then; well
581	póki-*con*	until, as long as
764	owszem-*prt; con*	indeed; in fact
828	iż-*con*	that
1099	dotąd-*prn; con*	so far; till
1246	gdyż-*con*	because
1290	byle-*con; prt*	as long as; just any
1376	plus-*m; adj; con*	plus; plus; plus
1465	choćby-*adv; con*	at least, even; even if
1576	jednakże-*con*	however, but yet
1614	ni-*con*	neither … nor
1676	zaledwie-*adv; con*	only; just
1937	zaś-*con*	and, while
2007	zarówno-*con*	as well as, both
2286	jakkolwiek-*adv; prn; con*	anyhow; anyhow; although
2404	natomiast-*con*	however, while

Prepositions

Rank	Polish-*PoS*	English Translation(s)
4	w-*prp*	in, at
5	na-*prp*	on
7	z-*prp*	with, from
8	co-*prn; prp*	what; every
11	do-*prp*	to, until
14	o-*prp*	about, at
18	za-*prp; adv*	in, behind; too
25	po-*prp*	after
30	dla-*prp*	for
37	od-*prp*	since, for, from
53	przez-*prp*	by, across
77	bez-*prp*	without
79	dzięki-*prp*	thanks to
105	przed-*prp*	before
110	przy-*prp*	at, by, beside
116	u-*prp*	at, of
120	pod-*prp*	under
138	jako-*prp*	as
152	nad-*prp*	on, over, above
219	poza-*prp; f*	apart from, out; pose
276	podczas-*prp*	while, during
312	między-*prp*	between
339	przeciwko-*prp*	against
367	zewnątrz-*prp*	outside
383	blisko-*adv; prp; prt*	close; near; almost
405	ponad-*prp*	over, above
452	według-*prp*	according to, by
463	obok-*prp; adv*	next to; near
502	zamiast-*prp; con*	instead; rather than
514	niby-*prp; con; prt*	as if; as if; seemingly
533	mimo-*prp*	despite
558	odkąd-*prp; adv*	since, how long
605	pomiędzy-*prp*	between
610	koło-*n; prp*	wheel, circle; about, next to
627	wokół-*prp*	around
666	oprócz-*prp*	besides, except
723	przeciw-*prp*	against
744	wobec-*prp*	towards, in the face of
822	wewnątrz-*prp; adv*	inside; inside
888	wraz-*prp*	together with
940	poprzez-*prp*	through, by
1238	pomimo-*prp*	despite
1373	spod-*prp*	from under
1541	poniżej-*prp; prp; adv*	below; less; below
1590	wbrew-*prp*	against
1642	wzdłuż-*prp; adv*	along; in length
1730	odnośnie-*prp*	regarding
1846	pośród-*prp*	among, in the middle of
2003	sprzed-*prp*	from before
2436	względem-*prp; prp*	in relation to; towards
2440	lada-*f; prt; prp*	counter; any; any

Pronouns

Rank	Polish-*PoS*	English Translation(s)
2	to-*prn; con*	this [neuter]; then
3	się-*prn*	-self [reflexive marker]
8	co-*prn; prp*	what; every
13	jak-*prn; con*	how; as
15	ja-*prn*	I, me
19	ty-*prn*	you
22	ten-*prn*	this, that
23	on-*prn*	he
31	coś-*prn*	something, anything
38	wszystko-*prn*	everything, all
41	nic-*prn; n*	nothing, anything; nothing
42	gdzie-*prn*	where
44	siebie-*prn*	-self [reflexive marker]
45	kiedy-*prn; con*	when, while; when
49	mój-*prn*	my, mine
51	dlaczego-*prn*	why
54	my-*prn*	we
55	tutaj-*prn*	here
56	nigdy-*prn*	never
59	kto-*prn*	who
73	zawsze-*prn*	always
80	wszyscy-*prn*	everyone, everybody
81	twój-*prn*	your, yours
84	ktoś-*prn*	someone, anyone
86	ta-*prn*	this, that [f]
87	który-*prn*	which, who, that
92	sam-*prn*	alone
100	wy-*prn*	you (pl)
103	czemu-*prn*	why
112	nikt-*prn*	nobody, no one
113	stąd-*prn*	*away, from here*
114	jeden-*nu; prn*	one; one
117	wtedy-*prn*	then
118	taki-*prn*	so, such
124	cóż-*prn; prt*	what; well
125	wszystek-*prn*	every, all
130	ile-*prn*	how much/many/long
136	skąd-*prn*	where from, how
145	swój-*prn*	one's own
149	jakiś-*prn*	some, kind of
156	jaki-*prn*	what, how
158	kilka-*prn*	a few, some
165	tyle-*prn*	so many/much, as many/much
181	każdy-*prn*	every, each
196	nasz-*prn*	our
217	gdzieś-*prn*	somewhere
226	żaden-*prn; adj*	none; nothing
235	inny-*prn*	different, other
242	oto-*prn; prt*	here; that's
250	pewien-*prn; adj*	a; sure
255	dokąd-*prn*	where
297	cokolwiek-*prn*	anything, whatever
401	wasz-*prn*	your, yours (pl)
402	tędy-*prn*	this way
424	jakoś-*prn; prt*	somehow; about
552	niektóry-*prn*	some, a certain
586	sporo-*prn*	several, plenty
649	ktokolwiek-*prn*	anyone
705	nieco-*adv; prn*	little; bit
885	tamten-*prn*	that
962	gdziekolwiek-*prn*	anywhere
1099	dotąd-*prn; con*	so far; till
1365	tamto-*prn*	that
1370	któryś-*prn; prn*	one; any
1829	wówczas-*prn*	then
2101	jakże-*prn; prn*	how, how come; yet
2117	jakikolwiek-*prn*	any
2184	czyj-*prn*	whose
2286	jakkolwiek-*adv; prn; con*	anyhow; anyhow; although
2344	któż-*prn*	who

Nouns

Rank	Polish-*PoS*	English Translation(s)
29	pan-*m*	sir
41	nic-*prn; n*	nothing, anything; nothing
48	pani-*f*	lady, madam
63	porządek-*m; m*	order; tidiness
65	dom-*m*	house, home
71	prawda-*f*	truth
82	rok-*m*	year
85	czas-*m*	time
96	raz-*m*	time, occasion
99	dzień-*m*	day
104	człowiek-*m*	man, human
106	życie-*n*	life
109	rzecz-*f*	thing
126	cholera-*n*	damn (coll)
133	dziecko-*n*	child, baby
139	kochanie-*n*	sweetheart, darling
140	stary-*adj; m*	old; dude (coll)
142	miejsce-*n*	place
157	mama-*f*	mum
160	ojciec-*m*	father
167	sposób-*m*	way
168	tata-*m*	dad
170	pieniądz-*m*	money
173	praca-*f*	work, job
180	noc-*f*	night
184	imię-*n*	name
185	nadzieja-*f*	hope
186	spokój-*m*	calm
188	racja-*f*	right; ration
192	koniec-*m*	end
194	problem-*m*	problem
197	drzwi-*fpl*	door
208	chwila-*f*	moment
215	minuta-*f*	minute
219	poza-*prp; f*	apart from, out; pose
225	facet-*m*	guy (coll)
228	broń-*f*	weapon, gun
229	pomoc-*f*	help
231	oko-*n*	eye
236	pomysł-*m*	idea
241	powód-*m*	reason
243	napis-*m*	inscription, caption
245	świat-*m*	world
246	pokój-*m; m*	room; peace
247	sprawa-*f*	matter, case
248	samochód-*m*	car
253	numer-*m*	number
254	droga-*f*	way, road
256	miłość-*f*	love
257	matka-*f*	mother
258	rano-*adv; n*	early; morning
261	bóg-*m*	god
262	dziewczyna-*f*	girl
263	prawo-*n*	right; law
265	kobieta-*f*	woman
270	diabeł-*m*	devil
271	ręka-*f*	hand
275	śmierć-*f*	death
278	żona-*f*	wife
280	Jezus-*m*	Jesus
282	telefon-*m*	telephone
286	wina-*f*	fault, guilt
288	para-*f; f*	couple; steam
289	serce-*n*	heart
292	pytanie-*n*	question
300	wieczór-*m*	evening
304	ziemia-*f*	Earth, ground
306	słowo-*n*	word
307	gówno-*n*	shit (coll)
308	dolar-*m*	dollar
309	zobaczenie-*n*	see
317	chłopak-*m*	boy
322	szczęście-*n*	happiness, luck
323	godzina-*f*	hour
325	powrót-*m*	return
326	syn-*m*	son
330	ogół-*m*	entirety, society
331	szkoła-*f*	school
334	skarb-*m; m*	treasure; darling
337	doktor-*m*	doctor (coll), PhD
338	mąż-*m*	husband
343	ciało-*n*	body
345	miasto-*n*	city, town
346	brat-*m*	brother
350	twarz-*f*	face
351	pojęcie-*n*	concept, idea
352	głowa-*f*	head
354	woda-*f*	water
356	wiadomość-*f*	message, text
357	policja-*f*	police
358	strona-*f*	page, side
359	litr-*m*	liter
360	widzenie-*n*	vision
364	plan-*m*	plan
370	kapitan-*m*	captain
374	rodzina-*f*	family
375	środek-*m*	center, middle
376	film-*m*	movie

380	chłopiec-*m*	boy		503	błąd-*m*	mistake, error
381	tłumaczenie-*n*	translation		510	głos-*m*	voice
384	góra-*f*	mountain		513	list-*m*	letter
385	piękno-*n*	beauty		517	jedzenie-*n*	food
387	robota-*f*	job, work		524	światło-*n*	light
389	dół-*m*	bottom, hole		525	tyłek-*m*	butt (coll)
390	część-*f*	part		526	łóżko-*n*	bed
394	rada-*f*	advice, council		527	osoba-*f*	person
397	wypadek-*m*	accident		528	los-*m; m*	fate; coupon
398	tydzień-*m*	week		529	pewność-*f*	confidence, certainty
400	krew-*f*	blood		530	sen-*m*	dream, sleep
404	temat-*m*	topic, theme		532	ciąg-*m*	sequence
406	kraj-*m*	country		534	hotel-*m*	hotel
411	przyjaciel-*m*	friend		535	obiad-*m*	dinner
412	kłopot-*m*	trouble		537	pies-*m*	dog
413	miesiąc-*m*	month		538	interes-*m; m*	business; interest
418	koleś-*m*	dude, guy, man (coll)		542	zło-*n*	evil
419	spotkanie-*n*	meeting		545	walka-*f*	fight
425	zdjęcie-*n; n*	photo; removal		546	reszta-*f; f*	rest; change
429	szkoda-*f; i*	damage; pity		553	szpital-*m*	hospital
433	przykład-*m*	example		554	zamiar-*m*	intention, aim
436	chwileczka-*f*	moment (coll), bit (coll)		556	milion-*m*	million
				557	ogień-*m*	fire
440	nazwisko-*n*	surname		560	sekunda-*f*	second
441	szansa-*f*	chance		562	cel-*m*	goal, target
445	siostra-*f*	sister		563	prezent-*m*	gift
448	początek-*m*	beginning		565	kolacja-*f*	supper
449	szef-*m*	boss		568	znaczenie-*n*	importance
451	historia-*f*	history, story		570	centrum-*n*	center
453	mężczyzna-*m*	man		572	statek-*m*	ship
455	wiek-*m*	age, century		579	siła-*f*	strength, power, force
457	rodzic-*m*	parent		583	stan-*m*	condition, state
462	noga-*f*	leg		584	odpowiedź-*f*	answer, reply
465	panna-*f*	girl, miss (fml)		589	but-*m*	shoe
469	tom-*m*	volume		591	gra-*f*	game
472	uwaga-*f; i*	notice, remark; caution		592	samolot-*m*	plane
				593	wybór-*m*	choice, selection
475	większość-*f*	most, majority		594	przyszłość-*f*	future
476	córka-*f*	daughter		595	rodzaj-*m*	type, kind
478	powodzenie-*n*	success, luck		601	wysokość-*f; f*	height; pitch
479	włos-*m*	hair		602	jajo-*n*	egg
482	ulica-*f*	street, road		603	biuro-*n*	office, bureau
485	tył-*m*	back		604	nieprawda-*f*	lie, falsehood
486	tysiąc-*m*	thousand		607	ślub-*m*	marriage ceremony
489	myśl-*f*	thought		608	dzieciak-*m*	child (coll)
490	rana-*f*	wound		609	drink-*m*	cocktail
492	okazja-*f*	opportunity, chance		610	koło-*n; prp*	wheel, circle; about, next to
493	wojna-*f*	war				
494	brak-*m*	lack, defect		611	sens-*m*	meaning, sense
496	gość-*m*	guest, guy (coll)		612	mowa-*f; f*	language; speech
498	moment-*m*	moment		616	książka-*f*	book

	Polish	English
618	więzienie-*n*	prison, jail
620	przyjęcie-*n; n*	party; acceptance
624	ból-*m*	pain
626	potrzeba-*n*	need
628	król-*m*	king
629	rozkaz-*m*	order
631	klucz-*m*	key
633	sytuacja-*f*	situation, status
634	wizja-*f*	vision, prospect
644	piwo-*n*	beer
645	tona-*f*	ton
646	kawałek-*m; m*	piece; song (coll)
647	przejście-*n*	passage, transition
648	dupa-*f*	ass (coll)
652	seks-*m*	sex
653	kawa-*f*	coffee
654	jazda-*f*	ride
657	system-*m*	system
659	zdanie-*n; n*	sentence; opinion
660	zimno-*n; adv*	coldness; cold
663	muzyka-*f*	music
664	moc-*f*	power
665	styl-*m*	style
668	wola-*f*	will
672	słońce-*n*	sun
674	znak-*m*	sign, mark
678	wieść-*f*	news
679	ochota-*f*	crave, willingness
683	gratulacje-*fpl*	congratulations, congratulations
684	podróż-*f*	travel, trip
686	wersja-*f*	version
687	kolega-*m*	mate, buddy
690	zasada-*f*	rule, principle
691	urodziny-*fpl*	birthday
695	dowód-*m; m*	proof; ID (coll)
697	sąd-*m*	court, judge
700	telewizja-*f*	TV, television
701	święto-*n*	holiday
702	rząd-*m; m*	government; raw
703	związek-*m; m*	relationship; connection
704	pora-*f*	time
706	atak-*m*	attack
707	informacja-*f*	information
708	uczucie-*n*	feeling
711	przyjemność-*f*	pleasure
712	lekarz-*m*	doctor
714	zdrowie-*n*	health
718	mieszkanie-*n*	flat, apartment
721	kolej-*f; f*	turn; rail
724	chwilka-*f*	moment, jiffy
725	adres-*m*	address
726	kuchnia-*f*	kitchen
727	ruch-*m*	movement, traffic
729	bank-*m*	bank
730	okno-*n*	window
731	firma-*f*	company
732	ciąża-*f*	pregnancy
734	śniadanie-*n*	breakfast
735	mistrz-*m*	master, champion
737	przysługa-*f*	favor
738	pobliże-*n*	surroundings
741	dolec-*m*	dollar (coll), buck (doll)
742	program-*m*	program
743	zadanie-*n*	task, exercise
746	wrażenie-*n*	impression
749	glina-*f; m*	clay; cop (coll)
752	łikend-*m*	weekend
753	pociąg-*m; m*	train; inclination
754	usta-*fpl*	mouth
755	bezpieczeństwo-*n*	security
761	dziewczynka-*f*	girl
765	generał-*m*	general
766	zabawa-*f*	fun
767	stop-*m; i*	alloy; stop
769	mecz-*m*	match, game
770	koń-*m*	horse
773	kasa-*f*	cash (coll), cash desk
775	morderstwo-*n*	murder
778	niebo-*n*	sky, heaven
780	budynek-*m*	building
782	linia-*f*	line
784	przód-*m*	front
785	zespół-*m; m*	team, band; syndrome
787	wzgląd-*m*	sake, reason
788	krok-*m*	step
789	żart-*m*	joke
790	prezydent-*m*	president
791	wyjście-*n; n*	exit; solution
793	pistolet-*m*	gun
794	państwo-*n; n*	country; Mrs. and Mr.
795	zgoda-*n; n; prt*	permission; agreement; okay
797	udział-*m*	part; contribution
798	grupa-*f*	group
799	lancz-*m*	lunch
802	wiara-*f*	faith, belief
803	raport-*m*	report
804	niespodzianka-*f*	surprise

#	Polish	English
805	różnica-*f*	difference
806	porucznik-*m*	lieutenant
807	metr-*m*	meter
808	lista-*f*	list
809	obraz-*m*	image, painting
812	wóz-*m*	car, vehicle, wagon
814	fakt-*m*	fact
816	powietrze-*n*	air
817	mózg-*m*	brain
818	cisza-*f*	silence
824	mila-*f*	mile
825	widok-*m*	view, sight
827	dług-*m*	debt
829	korekta-*f*	adjustment
830	piłka-*f*	ball
831	pułkownik-*m*	colonel
832	towar-*m*	merchandise, item
834	klasa-*f*	class
835	karta-*f*	card
837	radio-*n*	radio
839	możliwość-*f*	possibility
848	wujek-*m*	uncle
851	kierunek-*m*	direction
853	okolica-*f*	area
854	kwiat-*m*	flower
856	punkt-*m*	point
859	język-*m; m*	tongue; language
862	sygnał-*m*	signal, sign
863	dane-*fpl*	data
864	kość-*f*	bone
865	tatuś-*m*	daddy
867	ubranie-*n*	clothing
868	kontakt-*m; m*	contact; socket
869	łódź-*f*	boat
872	wiatr-*m*	wind
875	laboratorium-*n*	laboratory
876	wolność-*f*	freedom
879	gorąco-*adv; n*	hot; heat
880	akcja-*f*	action; share
893	przypadek-*m*	case
894	duch-*m*	spirit, ghost
899	umysł-*m*	mind
901	nóż-*m*	knife
902	armia-*f*	army
903	badanie-*n*	research, examination
904	Ameryka-*f*	America
905	strach-*m*	fear
908	zdecydowanie-*adv; n*	definitely; resolution
909	bzdura-*f*	nonsense
910	małżeństwo-*n*	marriage
911	stopa-*f*	foot
912	forsa-*f*	money (coll)
914	pieprz-*m*	pepper
916	południe-*n; n*	south; noon
917	nos-*m*	nose
918	profesor-*m*	professor
921	rozmowa-*f*	conversation
923	dziadek-*m*	grandfather
924	odbiór-*m*	reception, response
925	dusza-*f*	soul
926	jakość-*f*	quality
929	sklep-*m*	shop
931	teren-*m*	area
933	zapach-*m*	smell
935	zmiana-*f*	change, shift
937	szaleństwo-*n*	madness
939	piątek-*m*	Friday
944	północ-*f; f*	north; midnight
945	brawo-*n; i*	applause; bravo
949	decyzja-*f*	decision
951	babcia-*f*	grandmother
955	ryba-*f*	fish
958	sztuka-*f*	art, piece
964	stacja-*f*	station
969	książę-*m*	prince
971	ofiara-*f*	victim, sacrifice
974	zbrodnia-*f*	crime
975	gwiazda-*f*	star
976	zwierzę-*n*	animal
979	strzał-*m*	shot
981	przeszłość-*f*	past
982	łeb-*m*	head (coll)
984	ząb-*m*	tooth
985	agent-*m*	agent
986	cena-*f*	price
988	złoto-*n*	gold
990	dno-*n*	bottom
991	restauracja-*f*	restaurant
997	pamięć-*f*	memory
998	ślad-*m; m*	footprint; trace
999	szoł-*n*	show
1001	poziom-*m*	level
1006	alarm-*m*	alarm
1007	studia-*fpl*	studies
1012	kolor-*m*	color
1013	rzeka-*f*	river
1014	ochrona-*f*	protection, security
1016	fory-*fpl*	head start
1017	idiota-*m*	idiot (coll)
1018	sala-*f*	room, hall
1022	samobójstwo-*n*	suicide

1025	dokument-*m*	document
1027	kościół-*m*	church
1031	Francja-*f*	France
1032	lot-*m*	flight
1033	uśmiech-*m*	smile
1034	kawał-*m; m*	piece; joke
1037	żołnierz-*m*	soldier
1038	miecz-*m*	sword
1039	piekło-*n*	hell
1040	zaszczyt-*m*	honor
1045	test-*m*	test
1046	pokład-*m*	deck, board
1047	bilet-*m*	ticket
1048	spodnie-*fpl*	pants, trousers
1049	detektyw-*m*	detective
1050	kieszeń-*f*	pocket
1054	wolne-*n*	a day off, vacation
1056	połowa-*f*	half
1058	ksiądz-*m*	priest
1062	herbata-*f*	tea
1063	piosenka-*f*	song
1064	park-*m*	park
1067	wróg-*m*	enemy
1069	las-*m*	forest
1070	śmieć-*m; vif*	trash; dare
1071	wakacje-*fpl*	holiday
1072	drzewo-*n; n*	tree; wood
1073	szacunek-*m*	respect
1075	setka-*f*	a hundred
1077	kod-*m*	code
1078	drużyna-*f*	team
1079	stół-*m*	table
1081	auto-*n*	car
1082	autobus-*m*	bus
1090	umowa-*f*	agreement, deal
1092	scenariusz-*m*	scenario
1093	funt-*m*	pound
1094	układ-*m; m*	system; deal
1095	kontrola-*f*	control
1097	wątpliwość-*f*	doubt
1098	rachunek-*m*	bill
1100	projekt-*m*	project, design
1101	dźwięk-*m*	sound, noise
1102	proces-*m*	process
1107	impreza-*f*	party
1110	sprzęt-*m*	equipment
1113	działo-*n*	cannon
1115	okoliczność-*f*	circumstances; case
1120	wyjątek-*m*	exception
1122	księżyc-*m*	moon
1123	klub-*m*	club
1125	rzeczywistość-*f*	reality
1126	energia-*f*	energy
1129	przedstawienie-*n*	performance, play
1131	litość-*f*	mercy
1132	przyjaciółka-*f*	friend
1136	panienka-*f*	young lady
1139	bomba-*f*	bomb
1140	taniec-*m*	dance
1142	bar-*m*	bar
1143	cud-*m*	miracle
1144	wynik-*m*	score, result
1146	chłop-*m; m*	man (coll); peasant (coll)
1148	wstyd-*m*	shame
1149	suma-*f*	sum, amount
1152	plecy-*fpl*	back
1153	major-*m*	major
1155	zachód-*m; m*	west; sunset
1160	mamusia-*f*	mommy
1162	pole-*n*	field
1163	kumpel-*m*	buddy (coll)
1164	pomyłka-*f*	mistake
1167	sekret-*m*	secret
1169	oddech-*m*	breath
1172	zajęcia-*fpl*	class
1174	lis-*m*	fox
1175	plaża-*f*	beach
1176	Meksyk-*m*	Mexico
1177	kwestia-*f*	issue
1178	ucho-*n*	ear
1180	klient-*m*	client, customer
1186	zakup-*m*	purchase
1187	obrona-*f*	defense
1192	kamień-*m*	stone
1193	pierś-*f*	breast, chest
1194	poczucie-*n*	sense
1196	ciemność-*f*	darkness
1199	pokaz-*m*	show
1200	kilometr-*m*	kilometer
1202	sukces-*m*	success
1203	poniedziałek-*m*	Monday
1205	kurs-*m*	course
1209	przeznaczenie-*n*	destiny
1211	prysznic-*m*	shower
1212	akta-*fpl*	files
1213	operacja-*f*	operation, surgery
1214	piwnica-*f*	basement
1215	narkotyk-*m*	drug
1216	misja-*f*	mission
1217	bohater-*m*	hero
1218	deszcz-*m*	rain

1219	kolano-*n*	knee	1319	dzieło-*n*	piece, work
1220	władza-*f*	power, authority	1321	zabójca-*m*	killer
1222	marzenie-*n*	dream	1325	odwaga-*f*	courage
1223	zegarek-*m*	watch	1327	wsparcie-*n*	support
1226	talent-*m*	talent	1333	sobota-*f*	Saturday
1227	płacz-*m*	cry	1336	jednostka-*f*	unit
1228	morze-*n*	sea	1337	Amerykanin-*m*	American
1231	nagroda-*f*	reward, bounty	1340	kluczyk-*m*	key, car key
1234	ściana-*f*	wall	1341	ranek-*m*	morning
1235	gej-*m*	gay	1344	nauka-*f; f*	science; learning
1236	okres-*m*	period	1345	materiał-*m*	material, fabric
1237	bok-*m*	side	1346	scena-*f*	scene, stage
1240	gram-*m*	gram	1347	artykuł-*m*	article
1241	pozycja-*f*	position	1349	oficer-*m*	officer
1245	Niemiec-*m*	German	1352	głód-*m*	hunger
1247	gazeta-*f*	newspaper	1353	muzeum-*n*	museum
1249	przeżycie-*n*	experience	1355	butelka-*f*	bottle
1253	wschód-*m; m*	east; sunrise	1356	komputer-*m*	computer
1257	oddział-*m*	branch, division	1357	mleko-*n*	milk
1258	dach-*m*	roof	1359	dar-*m*	gift
1262	baba-*f*	woman (coll)	1360	torba-*f*	bag
1266	liceum-*n*	high school	1367	pogrzeb-*m*	funeral
1268	kłamstwo-*n*	lie	1368	tytuł-*m*	title
1270	kamera-*f*	camera	1374	procent-*nu; m*	percent; interest
1274	wspomnienie-*n*	memory	1375	wyspa-*f*	island
1275	palec-*m*	finger, toe	1376	plus-*m; adj; con*	plus; plus; plus
1276	pozwolenie-*n*	permission, license	1377	silnik-*m*	engine
1277	kot-*m*	cat	1378	koszmar-*m*	nightmare
1279	przerwa-*f*	break	1379	czek-*m*	check
1280	morderca-*m*	murderer	1380	jajko-*n*	egg
1281	łazienka-*f*	bathroom	1381	odrobina-*f*	a little
1283	kapelusz-*m*	hat	1383	sierżant-*m*	sergeant
1286	rola-*f*	role	1384	obóz-*m*	camp
1287	wejście-*n*	entrance	1388	okulary-*fpl*	glasses
1288	baza-*f*	base, headquarters	1389	rozwiązanie-*n*	solution
1291	wywiad-*m*	interview	1390	papier-*m*	paper
1292	królowa-*f*	queen	1392	służba-*f*	service
1293	ryzyko-*n*	risk	1394	tajemnica-*f*	mystery, secret
1294	kontrakt-*m*	contract	1395	dyrektor-*m*	director
1295	ramię-*n*	shoulder, arm	1396	planeta-*f*	planet
1296	biznes-*m*	business	1400	płaszcz-*m*	coat
1298	stopień-*m; m*	degree; step	1403	bałagan-*m*	mess
1299	sędzia-*m*	judge, referee	1404	dłoń-*f*	hand
1300	życzenie-*n*	wish	1405	piętro-*n*	floor
1301	lotnisko-*n*	airport	1407	sprzedaż-*f*	sale
1304	trakt-*m*	track	1409	doświadczenie-*n*	experience
1307	spacer-*m*	walk	1410	obcy-*adj; m; m*	foreign; stranger; alien
1309	sypialnia-*f*	bedroom			
1310	próba-*f*	attempt, try	1413	lekcja-*f*	lesson
1313	mięso-*n*	meat	1414	spojrzenie-*n*	look
1314	zwycięstwo-*n*	victory, win	1415	typ-*m; m*	type; guy (coll)

1416	dostęp-*m*	access
1418	obowiązek-*m*	responsibility, duty
1420	śledztwo-*n*	investigation
1422	gardło-*n*	throat
1424	sprawiedliwość-*f*	justice
1426	poprawka-*f*	correction
1427	papieros-*m*	cigarette
1428	rak-*m; m*	cancer; crawfish
1429	strata-*f*	loss, waste
1430	wpływ-*m*	impact
1432	drań-*m*	bastard (coll)
1433	opowieść-*f*	story
1434	zamek-*m; m; m*	castle; lock; zip
1436	granica-*f*	limit, border
1438	maj-*m*	May
1439	zakład-*m; m*	bet; workshop
1445	natura-*f*	nature
1446	romans-*m*	romance
1448	podstawa-*f; f*	basis; stand
1451	róg-*m; m*	corner; horn
1456	niedziela-*f*	Sunday
1459	dupek-*m*	asshole (coll)
1460	żal-*m*	regret
1462	wioska-*f*	village, countryside
1464	cela-*f*	cell
1466	ciepło-*n*	heat
1467	połączenie-*n*	connection, call
1468	ilość-*f*	quantity, amount
1470	szampan-*m*	champagne
1471	podłoga-*f*	floor
1472	krzywda-*f*	harm
1477	lody-*fpl*	ice cream
1478	whisky-*n*	whiskey
1479	towarzystwo-*n*	association, company
1480	raj-*m*	paradise
1484	szczegół-*m*	detail
1486	kino-*n*	cinema
1487	świadek-*m*	witness
1489	czwartek-*m*	Thursday
1491	most-*m*	bridge
1493	cycek-*m*	boob (coll)
1495	skóra-*f; f*	skin; leather
1496	odpowiedzialność-*f*	responsibility
1497	laska-*f*	staff; girl (coll)
1498	wojsko-*n*	army, military
1499	dziecinka-*f*	baby (coll)
1500	taksówka-*f*	taxi
1501	komórka-*f; f*	cell; cellphone (coll)
1502	kupa-*f; f; f*	pile; a ton of; poo (coll)
1504	ciasto-*n*	cake, pie
1506	nastrój-*m*	mood
1507	lato-*n*	summer
1509	gaz-*m*	gas
1510	przeczucie-*n*	feeling
1511	wtorek-*m*	Tuesday
1512	kurczak-*m*	chicken
1513	odcisk-*m; m*	print; blister
1514	uderzenie-*n*	hit
1516	kula-*f; f*	ball, sphere; bullet
1517	sieć-*f*	net, network
1518	wyrok-*m*	judgment, verdict
1520	kółko-*n*	circle
1524	pas-*m*	belt, seatbelt
1525	toaleta-*f*	toilet
1528	cent-*m*	cent
1531	przestrzeń-*f*	space
1533	płaca-*f*	salary, earnings
1534	stanowisko-*n*	position
1535	ślepy-*adj; m*	blind; a blind person
1537	tłum-*m*	crowd
1538	lek-*m*	medicine
1540	szeryf-*m*	sheriff
1543	umiejętność-*f*	skill
1544	zaproszenie-*n*	invitation
1546	przemoc-*f*	violence
1548	koncert-*m*	concert
1550	dziewczę-*n*	girl
1551	potwór-*m*	monster
1552	niebezpieczeństwo-*n*	danger, hazard
1553	ucieczka-*f*	escape
1555	radość-*f*	joy, happiness
1557	pustynia-*f*	desert
1558	dzielnica-*f*	district
1559	honor-*m*	honor
1561	wymiar-*m; m*	dimension; size
1566	opieka-*f*	care
1567	licho-*n; adv*	deuce; poorly
1571	występ-*m*	performance
1572	wieś-*f*	village
1574	prawnik-*m*	lawyer
1578	maszyna-*f*	machine
1580	wartość-*f*	value
1581	tekst-*m*	text
1584	obawa-*f*	concern, anxiety
1585	chleb-*m*	bread
1588	choroba-*f*	disease
1593	toast-*m*	toast
1595	lekarstwo-*n*	medicine
1596	obecność-*f*	presence
1597	ciśnienie-*n*	pressure
1598	wydział-*m*	department

1599	przesłuchanie-*n*	interview, interrogation	1691	plotka-*f*	rumor, gossip
1601	brach-*m*	bro (coll)	1692	kierowca-*m*	driver
1603	bal-*m; m*	ball; log	1695	świnia-*f*	pig
1604	nakaz-*m*	warrant, order	1696	pudełko-*n*	box
1608	kuzyn-*m*	cousin	1699	zaufanie-*n*	trust
1610	telewizor-*m*	TV	1704	dowódca-*m*	commander
1612	anioł-*m*	angel	1705	kutas-*m*	dick
1613	spóźnienie-*n*	delay, be late	1706	portfel-*m*	wallet
1615	śnieg-*m*	snow	1709	strój-*m*	outfit
1616	adwokat-*m*	lawyer	1710	nauczyciel-*m*	teacher
1617	postać-*f; f; vpf*	form; person; stand	1713	lord-*m*	lord
1618	księżniczka-*f*	princess	1716	okręt-*m*	ship
1622	junior-*m*	junior	1717	rozum-*m*	mind
1623	dziura-*f*	hole	1722	wizyta-*f*	visit
1624	ego-*n*	ego	1725	źródło-*n*	source, spring
1626	kradzież-*f*	theft, stealing	1726	lód-*m*	ice
1627	ciocia-*f*	auntie	1731	wzrok-*m*	eyesight
1628	policjant-*m*	policeman	1732	pożar-*m*	fire
1629	pierścionek-*m*	ring	1735	napad-*m*	robbery, attack
1631	zabójstwo-*n*	kill, murder	1736	bitwa-*f*	battle
1632	ptak-*m*	bird	1737	szyja-*f*	neck
1633	wrzesień-*m*	September	1738	alkohol-*m*	alcohol
1634	ciężarówka-*f*	truck	1739	kurczę-*n; i*	chicken; heck
1635	garnitur-*m*	suit	1741	członek-*m; m; m*	member; limb; penis
1637	wariat-*m*	lunatic, psycho	1743	burza-*f*	storm
1638	imperium-*n*	empire	1745	forma-*f*	form, shape
1641	inspektor-*m*	inspector	1746	kilo-*n*	kilo
1643	partner-*m*	partner	1748	randka-*f*	date
1644	nagranie-*n*	recording	1749	teoria-*f*	theory
1647	hałas-*m*	noise	1752	jama-*f; f*	pit; cavity
1648	złotko-*n; n*	tin foil; darling	1756	krzesło-*n*	chair
1650	start-*m; i*	start; start	1757	paliwo-*n*	fuel
1651	Japonia-*f*	Japan	1760	nazwa-*f*	name
1654	pogoda-*f*	weather	1761	bieg-*m*	run
1655	ciuch-*m*	cloth (coll)	1767	pacjent-*m*	patient
1656	sukienka-*f*	dress	1768	stal-*f*	steel
1662	ludzkość-*f*	humanity	1770	zasięg-*m*	range
1664	strzała-*f*	arrow	1771	mapa-*f*	map
1666	humor-*m; m*	mood; humor	1773	zbieg-*m*	fugitive
1667	właściciel-*m*	owner	1775	czoło-*n; n*	forehead; front
1669	aparat-*m; m*	camera; apparatus	1776	dama-*f*	lady
1671	kariera-*f*	career	1777	postawa-*f; f*	attitude; posture
1673	liczba-*f*	number	1778	przyjaźń-*f*	friendship
1674	kara-*f*	punishment	1780	wyzwanie-*n*	challenge
1681	szczyt-*m*	peak, top	1783	usługa-*f*	service
1682	morda-*f; i*	face (coll); shut up (coll)	1784	pałac-*m*	palace
			1786	wyścig-*m*	race
			1788	głębia-*n*	depth
1686	podejrzany-*adj; m*	suspicious; suspect	1790	konto-*n*	account
1687	pracownik-*m*	employee, worker	1792	towarzysz-*m*	comrade, partner
1689	łza-*f*	tear	1793	znajomy-*m; adj*	mate; familiar

1795	grzech-*m*	sin	1882	strażnik-*m*	guardian
1796	przeprosiny-*n*	apology	1883	pułapka-*f*	trap, ambush
1797	zwłoki-*fpl*	corpse	1884	skok-*m*	jump
1799	trener-*m*	coach	1886	gniew-*m*	anger
1800	głupek-*m*	fool	1887	dobro-*n*	good
1801	propozycja-*f*	proposition, offer	1888	ocean-*m*	ocean
1802	koszula-*f*	shirt	1889	ratunek-*m*	rescue
1804	synek-*m*	son	1891	powierzchnia-*n*	surface
1806	żyd-*m*	Jew	1893	złodziej-*m*	thief
1807	wesele-*n*	wedding	1894	zdolność-*f*	ability
1813	smak-*m*	taste	1895	kąpiel-*f*	bath
1814	rozmiar-*m*	size	1898	straż-*f*	guard, watch
1815	poczta-*f*	mail; post office	1899	tunel-*m*	tunnel
1816	dżungla-*f*	jungle	1900	taśma-*f*	tape
1818	brzuch-*m*	belly, stomach	1901	otwarcie-*adv; n*	openly; opening
1819	trup-*m*	dead body	1902	garaż-*m*	garage
1820	całość-*f*	whole, entirety	1903	wielkość-*f; f*	size; greatness
1821	skrzydło-*n*	wing	1905	agencja-*n*	agency
1822	królestwo-*n*	kingdom	1907	pozdrowienie-*m*	greeting
1825	model-*m*	model	1908	żarcie-*n*	food (coll)
1826	wygląd-*m*	look	1909	zemsta-*f*	revenge
1830	wiedza-*f*	knowledge	1911	kark-*m*	neck
1832	prochy-*fpl*	drugs (coll), cremains	1919	społeczeństwo-*n*	society
1833	rynek-*m; m*	market(place)	1920	cień-*m*	shadow
1834	rozdział-*m*	chapter	1921	wirus-*m*	virus
1835	wątpienie-*n*	doubt	1922	młode-*n; n*	cub; young
1836	zagrożenie-*n*	danger, hazard	1923	prąd-*m; m*	electricity; current
1838	pocałunek-*m*	kiss	1924	rower-*m*	bicycle
1842	stworzenie-*n*	creation, creature	1925	posiłek-*m*	meal
1843	urządzenie-*n*	device	1927	karetka-*f*	ambulance
1844	banda-*f; f*	band; gang	1928	organizacja-*f*	organization, association
1845	ostrzeżenie-*n*	warning			
1847	uczeń-*m*	student, pupil	1930	kij-*m*	stick, bat
1848	wieża-*f*	tower	1931	schody-*fpl*	stairs
1851	palant-*m*	jerk	1932	pilot-*m*	pilot
1856	zoo-*n*	zoo	1933	geniusz-*m*	genius
1860	lustro-*n*	mirror	1935	chwała-*f*	glory
1861	pech-*m*	bad luck, misfortune	1936	świątynia-*f*	temple
1862	as-*m*	ace	1938	stolik-*m*	table
1863	trening-*m*	training	1941	zwrot-*m*	expression; refund
1864	nerwy-*fpl*	nerve	1942	domek-*m*	house
1866	oferta-*f*	offer	1944	naród-*m*	nation, people
1868	wideo-*n*	video	1946	wycieczka-*f*	trip, tour
1870	gościu-*m*	guy (coll)	1948	sprzeciw-*m*	objection, opposition
1871	kanał-*m*	channel	1950	grób-*m*	grave
1873	szczur-*m*	rat	1951	wąż-*m; m*	snake; hose
1874	zakończenie-*n*	end, ending	1952	sok-*m*	juice
1875	przestępstwo-*n*	crime	1953	paszport-*m*	passport
1877	brzeg-*m*	coast; edge	1954	obiekt-*m*	object
1879	słuch-*m*	hearing	1955	prędkość-*f*	speed
1881	charakter-*m; m*	personality; nature	1956	Rosja-*f*	Russia

1958	emerytura-*f; f*	pension; retirement
1960	studio-*n*	studio
1961	rzut-*m*	throw
1962	złość-*f*	anger
1964	cios-*m*	blow, hit
1966	mieszkaniec-*m*	citizen, resident
1968	pysk-*m; m*	muzzle; face (coll)
1969	Europa-*f*	Europe
1971	reguła-*f*	rule
1972	posterunek-*m*	post, office, station
1973	oświadczenie-*n*	statement
1974	biurko-*n*	desk
1976	cukier-*m*	sugar
1978	brama-*f*	gate
1981	obszar-*m*	area
1983	załoga-*f*	crew
1987	prośba-*f*	request
1989	koszt-*m*	cost, expense
1990	ukochany-*adj; m*	beloved; love
1991	kretyn-*m*	moron
1994	tchórz-*m*	coward
1998	maska-*f*	mask
2000	słuchawka-*f; f*	headphone; phone
2001	garść-*f*	handful, bunch
2005	magia-*f*	magic
2006	zamówienie-*n*	order
2008	dowcip-*m*	joke
2010	Hiszpania-*f*	Spain
2013	ćwiczenie-*n*	exercise
2015	dym-*m*	smoke
2018	wzrost-*m; m*	growth; height
2019	waga-*f*	weight
2021	zmysł-*m*	sense
2022	głupota-*f*	stupidity, nonsense
2023	kłamca-*m*	liar
2025	myślenie-*n*	thinking
2026	zeznanie-*n*	testimony
2028	guzik-*m*	button
2031	partia-*f*	party
2032	powieść (się)-*f; vpf; vpfr*	novel; lead; succeed
2036	ser-*m*	cheese
2037	wybuch-*m*	explosion
2038	alfa-*f; adj*	alpha; alpha
2039	zakaz-*m*	prohibition, ban
2044	pierścień-*m*	ring
2046	transport-*m*	transport
2047	spust-*m*	trigger
2050	gnój-*m; m*	dung, filth; crap (coll)
2051	ogród-*m*	garden
2054	kurtka-*f*	jacket
2056	szok-*m*	shock
2057	legenda-*f*	legend
2058	gęba-*f*	mouth (coll), face (coll)
2059	kit-*m; m*	putty; lie (coll)
2060	lipiec-*m*	July
2063	klatka-*f*	cage
2065	ekipa-*f*	team, crew
2068	kostium-*m*	costume
2069	parking-*m*	parking lot
2073	więzień-*m*	prisoner
2074	nędza-*f*	misery
2077	nienawiść-*f*	hatred
2078	ładunek-*m*	load, cargo
2079	własność-*f*	property
2082	pobyt-*m*	stay
2083	terytorium-*n*	territory
2084	dzieciństwo-*n*	childhood
2085	stosunek-*m; m; m*	attitude; relation; ratio
2086	sos-*m*	sauce
2087	staruszek-*m*	old man
2089	jezioro-*n*	lake
2090	wieczność-*f*	eternity
2092	konkurs-*m*	competition
2093	zawód-*m; m*	profession; disappointment
2094	stypendium-*n*	scholarship
2095	nonsens-*m*	nonsense
2097	hasło-*n*	password
2098	poszukiwanie-*n*	search
2103	warunek-*m*	condition
2105	komisja-*f*	commission
2110	bestia-*f*	beast
2112	kryzys-*m*	crisis
2114	termin-*m*	term, deadline
2115	zegar-*m*	clock
2118	wydarzenie-*n*	event
2119	posiłki-*fpl*	backup
2120	katastrofa-*f*	disaster
2121	cierpliwość-*f*	patience
2122	emocja-*f*	emotion
2123	helikopter-*m*	helicopter
2124	chęć-*f*	will, desire
2126	odległość-*f*	distance
2127	kopia-*f*	copy
2128	nieporozumienie-*n*	misunderstanding
2132	ruda-*f*	ore
2134	tabletka-*f*	pill, tab
2135	karabin-*m*	rifle
2136	istota-*f*	being, thing

	Polish	English		Polish	English
2138	centymetr-*m*	centimeter	2219	zniszczenie-*n*	destruction
2139	pisarz-*m*	writer	2221	odwrót-*m*	retreat
2141	opinia-*f*	opinion	2222	euro-*n*	euro
2142	cierpienie-*n*	suffering	2224	wezwanie-*n*	call
2143	wanna-*f*	bathtub	2227	rytm-*m*	rhythm
2144	metro-*n*	subway	2229	krowa-*f*	cow
2145	rekord-*m*	record	2231	majtki-*fpl*	panties, pants
2146	przejażdżka-*f*	ride	2232	aktor-*m*	actor
2147	podejście-*n*	attitude	2236	opór-*m*	resistance
2148	dochodzenie-*n*	investigation	2237	głupiec-*m*	fool
2149	fan-*m*	fan	2238	pranie-*n*	laundry
2150	ciasteczko-*n*	cookie	2240	trójka-*f*	three
2152	wuj-*m*	uncle	2241	pizza-*f*	pizza
2153	burmistrz-*m*	mayor	2245	wilk-*m*	wolf
2156	rozwód-*m*	divorce	2246	sezon-*m*	season
2158	czynsz-*m*	rent	2247	przewaga-*f*	advantage
2159	cal-*m*	inch	2249	tragedia-*f*	tragedy
2160	ujęcie-*n; n*	shot, frame; capture	2250	deser-*m*	dessert
2161	efekt-*m*	effect	2251	kopalnia-*f*	mine
2162	powiat-*m*	district	2252	notatka-*f*	note
2164	fala-*f*	wave	2257	magazyn-*m*	magazine
2166	szał-*m*	frenzy, fever	2258	działanie-*n*	action
2167	produkcja-*f*	production	2260	dorosły-*adj; m*	adult; adult
2168	śmiech-*m*	laughter	2261	paczka-*f; f*	package; pack
2169	temperatura-*f*	temperature	2262	Irak-*m*	Iraq
2173	polowanie-*n*	hunt	2264	pasażer-*m*	passenger
2175	wiersz-*m; m*	verse; poem	2267	symbol-*m*	symbol
2177	zajęcie-*n*	job, occupation	2268	kosz-*m*	basket, bin
2180	chaos-*m*	chaos	2270	bagaż-*m*	luggage
2182	walizka-*f*	suitcase	2272	szklanka-*f*	glass
2183	zakładnik-*m*	hostage	2276	zapas-*m*	stock, supply
2186	osobność-*f*	privacy, private	2277	sztuczka-*f*	trick
2187	golf-*m*	golf	2279	współpraca-*f*	cooperation
2192	dodatek-*m*	addition	2280	uniwersytet-*m*	university
2193	małpa-*f*	monkey	2282	próbka-*f*	sample
2195	kolejka-*f; f*	queue; turn	2287	fabryka-*f*	factory
2196	dwójka-*f*	two, a couple	2289	tort-*m*	cake
2197	chmura-*f*	cloud	2292	mur-*m*	wall
2202	ciotka-*f*	aunt	2293	metoda-*f*	method
2203	zabawka-*f*	toy	2294	strefa-*f*	zone
2204	sąsiad-*m*	neighbor	2295	nieszczęście-*f*	tragedy, misery
2205	porównanie-*n*	comparison	2296	lud-*m*	people, nation
2206	narzędzie-*n*	tool	2298	wszechświat-*m*	universe
2207	diament-*m*	diamond	2299	eksperyment-*m*	experiment
2208	gang-*m*	gang	2301	basen-*m*	swimming pool
2209	pośpiech-*m*	haste	2303	płyta-*f; f*	plate, disc; album
2210	zebranie-*n*	meeting	2305	konsekwencja-*f*	consequence
2211	zamieszanie-*n*	ruckus, fuss	2310	tatuaż-*m*	tattoo
2212	grosz-*m*	penny, grosz	2311	wyobraźnia-*f*	imagination
2217	senator-*m*	senator	2313	sekcja-*f*	section
2218	akademia-*f*	academy	2314	polityka-*f*	politics; policy

2315	salon-*m*	salon; living room
2316	krzyż-*m*	cross
2317	lina-*f*	rope
2319	jaskinia-*f*	cave
2320	medal-*m*	medal
2321	marynarka-*f; f*	jacket; navy
2322	awans-*m*	promotion
2323	Wietnam-*m*	Vietnam
2325	rozrywka-*f*	entertainment
2327	ekspert-*m*	expert
2329	słabość-*f*	weakness
2330	uraza-*f*	grudge
2332	sport-*m*	sport
2333	gatunek-*m; m*	species; genre
2335	zawody-*fpl*	competition
2337	teatr-*m*	theater
2339	medium-*n; n*	media; psychic
2342	marsz-*m*	march
2343	reputacja-*f*	reputation
2345	wyjazd-*m; m*	departure; trip
2346	oskarżenie-*n*	accusation
2349	słówko-*n*	word
2353	samotność-*f*	loneliness
2354	przyczyna-*f*	reason, cause
2355	pigułka-*f*	pill
2356	świadomość-*f*	awareness
2357	ubezpieczenie-*n*	insurance
2358	olej-*m*	oil
2361	kilogram-*m*	kilogram
2362	fortuna-*f*	fortune
2363	tożsamość-*f*	identity
2364	hobby-*n*	hobby
2366	student-*m*	student
2367	krawat-*m*	tie
2369	korzyść-*f*	advantage
2372	wybaczenie-*n*	forgiveness
2377	hala-*f*	hall
2378	torebka-*f*	handbag
2381	społeczność-*f*	society, community
2384	wniosek-*m*	conclusion; application
2386	naszyjnik-*m*	necklace
2387	rakieta-*f*	rocket
2388	masa-*f; f*	mass; a lot of
2389	skała-*f*	rock
2390	terapia-*f*	therapy
2392	orzeł-*m*	eagle
2393	przysięgły-*adj; m*	sworn; juryman
2395	owoc-*m*	fruit
2396	braciszek-*m*	little brother
2399	worek-*m*	bag
2400	data-*f*	date
2402	centrala-*f*	central office
2403	zrozumienie-*n*	understanding
2405	modlitwa-*f*	prayer
2406	podpis-*m*	signature
2408	majątek-*m*	wealth
2411	gliniarz-*m*	cop
2412	zmarły-*adj; m*	dead; late
2413	rozwój-*m*	development
2415	środa-*f*	Wednesday
2417	winda-*f*	elevator
2423	ryj-*m; m*	muzzle; face (coll)
2426	gust-*m*	taste
2427	naukowiec-*m*	scientist
2428	sumienie-*n*	conscience
2429	zasilanie-*n*	power
2432	miliard-*m*	billion
2433	księga-*f*	book
2434	pragnienie-*n*	desire, thirst
2437	wybory-*fpl*	election
2439	kanapka-*f*	sandwich
2440	lada-*f; prt; prp*	counter; any; any
2443	czerwiec-*m*	June
2444	handel-*m*	trade
2445	zestaw-*m*	set
2446	egzamin-*m*	exam
2447	sprawka-*f*	doing
2454	szafa-*f*	wardrobe
2455	dyskusja-*f*	discussion
2456	miasteczko-*n*	town
2457	postęp-*m*	progress
2458	przewodniczący-*m*	chairman
2459	popołudnie-*n*	afternoon
2460	rewolucja-*f*	revolution
2461	smutek-*m*	sadness, sorrow
2462	jabłko-*n*	apple
2465	frajer-*m*	loser (coll)
2467	żołądek-*m*	stomach
2468	reklama-*f*	advertisement
2473	kultura-*f*	culture
2474	korytarz-*m*	corridor
2475	zastrzyk-*m*	injection
2479	narodzenie-*n*	birth
2480	gubernator-*m*	governor
2481	kanapa-*f*	couch
2482	aktorka-*f*	actress
2483	szczęściarz-*m*	a lucky guy
2484	dwór-*m*	court, manor; outside
2486	minister-*m*	minister
2487	ręcznik-*m*	towel
2489	instrukcja-*f*	instruction

2490	smok-*m*	dragon
2491	nieruchomość-*f*	real estate
2492	Biblia-*f*	Bible
2494	stado-*n*	herd, pack
2496	ogon-*m*	tail
2497	wózek-*m*	cart, trolley
2499	ciastko-*n*	cookie
2502	gacie-*fpl*	pants (coll)
2505	niedźwiedź-*m*	bear
2509	staruszka-*f*	old lady
2510	moda-*f*	fashion, trend
2511	podział-*m; m*	division; distribution
2513	prasa-*f*	press
2516	prokurator-*m*	prosecutor, attorney
2517	wzgórze-*n*	hill
2519	pismo-*n; n; n*	handwriting; magazine; letter
2520	zwycięzca-*m*	winner
2521	przeciąg-*m*	draft
2524	patrol-*m*	patrol

Numerals

Rank	Polish-*PoS*	English Translation(s)
75	trochę-*nu*	some, a little bit
83	dużo-*nu*	much, many, a lot
114	jeden-*nu; prn*	one; one
121	dwa-*nu*	two
147	wiele-*nu;* adv	many, much; a lot
166	trzy-*nu*	three
234	dość-*nu; i*	quite, enough; enough
293	pięć-*nu*	five
336	cztery-*nu*	four
355	pół-*nu*	half
460	sześć-*nu*	six
531	dosyć-*nu; i*	quite; enough
559	oba-*nu*	both
564	mnóstwo-*nu*	plenty, a lot of
621	dziesięć-*nu*	ten
642	siedem-*nu*	seven
728	osiem-*nu*	eight
783	niewiele-*nu*	a little, not much/many
881	sto-*nu*	one hundred
1005	troszkę-*nu*	a little
1042	parę-*nu*	a couple, a few
1074	zero-*nu*	zero
1242	dziewięć-*nu*	nine
1285	dwadzieścia-*nu*	twenty
1374	procent-*nu; m*	percent; interest
2071	trzydzieści-*nu*	thirty
2125	troszeczkę-*nu*	a little
2284	piętnaście-*nu*	fifteen
2498	dwanaście-*nu*	twelve

Verbs

Rank	Polish-*PoS*	English Translation(s)
9	być-*vif*	be
26	mieć (się)-*vif; vifr*	have; feel
28	móc-*vif*	may, be able
33	wiedzieć-*vif*	know
36	prosić (się)-*vif2*	ask
50	chcieć-*vif*	want
61	przepraszać-*vif*	apologize
64	dziękować-*vif*	thank
72	zrobić-*vpf*	do
88	powiedzieć-*vpf*	say
89	chodzić-*vif*	go, walk
95	stać (się)-*vif; vpfr*	stand; become
101	myśleć-*vif*	think
102	dać (się)-*vpf; vpfr*	give; give in
107	robić-*vif*	do
115	mówić-*vif*	speak
127	znaczyć-*vif*	mean
128	wyglądać-*vif*	look
129	dziać się-*vifr*	happen
131	iść-*vif*	go
141	trzeba-*vb*	need to, be necessary to
143	można-*vb*	be possible
148	rozumieć (się)-*vif*	understand
150	kochać (się)-*vif*	love
153	pomóc-*vpf*	help
154	przestać-*vpf*	stop
161	widzieć (się)-*vif*	see, meet
163	zobaczyć (się)-*vpf2*	see, meet
187	słuchać (się)-*vif; vifr*	listen; obey
189	spojrzeć (się)-*vpf2*	look
190	znać (się)-*vif; vifr*	know; know how
193	posłuchać (się)-*vpf; vpfr*	listen; obey
199	czuć (się)-*vif2*	feel
200	żyć-*vif*	live
203	potrzebować-*vif*	need
204	zostać-*vpf*	become, stay
207	zamknąć (się)-*vpf2*	close, lock up
211	zabić (się)-*vpf2*	kill
213	lubić -*vif*	like
214	podobać się-*vifr*	like
218	znaleźć (się)-*vpf2*	find
223	wydawać (się)-*vif; vifr*	spend; seem
230	czekać-*vif*	wait
232	wziąć (się)-*vpf; vpfr*	take; take up
238	trzymać (się)-*vif2*	hold, keep
239	porozmawiać-*vpf*	talk
240	pamiętać (się)-*vif*	remember
249	wystarczyć-*vpf*	be enough, suffice
252	pozwolić-*vpf*	let
259	patrzeć (się)-*vif2*	look, watch
264	zostawić-*vpf*	leave
266	uważać (się)-*vif2*	consider, be careful
274	sądzić-*vif*	think, judge
279	pójść-*vpf*	go
281	witać (się)-*vif2*	greet, welcome
291	martwić (się)-*vif; vifr*	worry, bother; worry
294	grać-*vif*	play
296	wrócić (się)-*vpf2*	come back
298	wierzyć-*vif*	believe
305	poznać (się)-*vpf2*	meet, get to know
313	dostać (się)-*vpf; vpfr*	get; get to
315	dawać-*vif; i*	give; come on (coll)
318	poczekać-*vpf*	wait
320	nazywać (się)-*vif; vifr*	call; to be named
324	zabrać (się)-*vpf; vpfr*	take; take up
328	udać (się)-*vpf; vpfr; vpfr*	pretend; succeed; go
329	działać-*vif*	work
333	wyjść-*vpf*	exit, go out
340	zgadzać się-*vifr*	agree, allow
341	brzmieć-*vif*	sound
344	należeć (się)-*vif; vifr*	belong, own; deserve
347	cieszyć (się)-*vif; vifr*	delight; enjoy
348	rozmawiać-*vif*	talk, chat
349	wybaczyć-*vpf*	forgive, excuse
361	ruszać (się)-*vif2*	move
362	wracać-*vif*	return, come back
363	popatrzeć (się)-*vpf2*	have a look
366	wejść-*vpf*	enter, come in
368	uwierzyć-*vpf*	believe
372	obchodzić (się)-*vif; vifr*	celebrate, care; handle
373	jechać-*vif*	drive, go
377	spać-*vif*	sleep
382	słyszeć (się)-*vif*	hear
386	pokazać (się)-*vpf2*	show
392	zapomnieć (się)-*vpf2*	forget
396	zależeć-*vif*	depend
399	oznaczać-*vif*	mean
409	lecieć-*vif*	fly, fall, go (coll)
410	spotkać (się)-*vpf2*	meet
414	zatrzymać (się)-*vpf2; vpfr*	stop; stay
420	spróbować (się)-*vpf; vpfr*	try, taste; prove

422	pracować-*vif*	work
426	zaczynać (się)-*vif2*	start, begin
428	bać się-*vifr*	fear, be afraid
435	otworzyć (się)-*vpf2*	open
439	odejść-*vpf*	leave, pass away
444	wolno-*adv; vb*	slowly; be allowed to
446	uspokoić (się)-*vpf2*	calm
450	przyjść-*vpf*	come, come over
459	sprawdzić (się)-*vpf2; vpfr; vpfr*	check; prove; work
461	kupić-*vpf*	buy
464	zadzwonić-*vpf*	call, ring
466	boleć-*vif*	hurt
468	walczyć-*vif*	fight
471	zmienić (się)-*vpf2*	change, transform
473	pogadać-*vpf*	chat (coll), talk (coll)
484	mieszkać-*vif*	live, stay
488	zacząć (się)-*vpf2*	start, begin
491	umrzeć-*vpf*	die, pass away
495	istnieć-*vif*	exist
497	widać-*vb*	see, apparently
499	przysięgać-*vif*	swear, vow
500	nienawidzić (się)-*vif2*	hate
515	zamierzać (się)-*vif; vifr*	intend, plan to; aim
519	potrafić-*vif*	can, be able
522	zrozumieć (się)-*vpf2*	understand
523	zająć (się)-*vpf; vpfr*	occupy; take care
536	szukać-*vif*	look for, search
540	puścić (się)-*vpf2*	let, release
543	usiąść-*vpf*	sit down
544	siadać-*vif*	sit down
548	uciec (się)-*vpf; vpfr*	escape; resort
549	żartować-*vif*	joke
551	uwielbiać-*vif2*	adore, worship
555	słychać-*vb*	be heard, hear
561	obawiać się-*vifr*	be afraid, be concerned
571	próbować-*vif*	try
573	zjeść-*vpf*	eat, eat up
575	dowiedzieć się-*vpfr*	find out
580	jeść-*vif*	eat
585	pomyśleć-*vpf*	think
588	poprosić -*vpf*	ask
590	starać się-*vifr; vifr*	try, strive; apply
613	skończyć (się)-*vpf; vpfr*	finish, end; run out of
614	podać-*vpf*	give, pass
615	pasować-*vif*	fit, match; pass
617	brać (się)-*vif; vifr; f*	take, take up, brotherhood
625	zapytać (się)-*vpf2*	ask
635	usłyszeć (się)-*vpf2; vpf*	hear; be told
636	oddać (się)-*vpf; vpfr*	return, give back; give in
637	nauczyć (się)-*vpf; vpfr*	teach; learn
639	powstrzymać (się)-*vpf2*	stop, hold
641	brakować-*vif*	miss, lack
658	przygotować (się)-*vpf2*	prepare
661	przynieść-*vpf*	bring
662	załatwić-*vpf*	fix; settle
667	wychodzić-*vif*	go out, leave
671	prowadzić (się)-*vif; vifr*	drive, lead; conduct
675	złapać (się)-*vpf2*	catch, grab
676	pobrać (się)-*vpf; vpfr*	download; marry
677	założyć (się)-*vpf; vpf; vpfr*	put on; establish; bet
681	wiadomo-*vb*	needless to say, nobody knows
689	zdawać (się)-*vif; vifr*	pass; seem, appear
692	zapłacić-*vpf*	pay
693	siedzieć-*vif*	sit
694	zdobyć (się)-*vpf; vpfr*	achieve, get; dare
696	wyprawiać (się)-*vif; vif; vifr*	organize; dispatch; go on
699	pieprzyć (się)-*vif; vif2*	spice up; screw (coll)
709	wyjaśnić (się)-*vpf2*	explain
715	przychodzić-*vif*	come, come over
716	błagać (się)-*vif2*	beg
733	odłożyć-*vpf*	put away, put off
739	leżeć-*vif*	lie
747	kończyć (się)-*vif; vifr*	finish, end; run out of
750	zniszczyć (się)-*vpf; vpfr*	destroy; wear off
756	użyć-*vpf*	use
757	uratować (się)-*vpf2*	save
758	zginąć-*vpf*	die, be lost, disappear
763	spodobać się-*vpfr*	like, appeal
774	strzelać-*vif*	shoot
779	opuścić (się)-*vpf; vpf; vpfr*	leave; lower; slack off
796	odebrać-*vpf*	pick up, receive, answer
800	wygrać-*vpf*	win
810	dzwonić-*vif*	call, ring

No.	Polish	English
811	przejmować (się)-*vif; vifr*	take over; worry about
813	liczyć (się)-*vif; vifr*	count; matter, reckon
815	zostawać-*vif*	stay, become
819	twierdzić-*vif*	claim, state
820	sprawiać-*vif*	cause
821	wydostać (się)-*vpf2*	get out
826	pozbyć się-*vpfr*	get rid of
833	poradzić (się)-*vpf; vpf; vpfr*	advise; cope; take advise
838	interesować (się)-*vif; vifr*	interest; be interested in
840	bawić (się)-*vif; vifr*	amuse; play
841	nadchodzić-*vif*	come, approach
842	przyznać (się)-*vpf2*	admit
843	stawać (się)-*vif; vif; vifr*	stand up; stop; become
844	pić-*vif*	drink
846	oglądać (się)-*vif2*	watch
849	uciekać (się)-*vif; vifr*	run away; resort
850	zastanawiać (się)-*vif; vifr*	puzzle; dwell
852	pojechać-*vpf*	go
855	wyjechać-*vpf*	leave, move
857	szkodzić-*vif*	harm
860	wydarzyć się-*vpfr*	happen
870	pytać (się)-*vif2*	ask
871	zmieniać (się)-*vif2*	change, transform
874	chronić (się)-*vif2*	protect, cover
882	kazać-*vif*	order
883	stracić-*vpf*	lose
886	zaufać-*vpf*	trust
887	czytać-*vif*	read
890	sprzedać (się)-*vpf2*	sell
891	spytać (się)-*vpf2*	ask
892	wysłać-*vpf*	send
895	naprawić-*vpf*	repair
896	przyjechać-*vpf*	arrive, come
898	wybrać (się)-*vpf; vpfr*	choose; go
900	gadać-*vif*	talk (coll)
906	uczyć (się)-*vif; vifr*	teach; learn
907	zemrzeć-*vpf*	die
920	warto-*prt; vb*	worth; worth
922	pomagać-*vif*	help
927	podziękować-*vpf*	thank
928	opowiedzieć (się)-*vpf; vpfr*	tell; support
934	zechcieć-*vpf*	be willing to
936	zdarzać się-*vifr*	happen
941	umierać-*vif*	die
942	odzyskać-*vpf*	get back, regain
943	pisać-*vif*	write
946	napisać-*vpf*	write
947	znajdować (się)-*vif; vifr*	find; be located
950	pochodzić-*vif*	come from
952	minąć (się)-*vpf2*	pass by
954	zniknąć-*vpf*	disappear
956	położyć (się)-*vpf; vpfr*	put; lie down
959	przypominać (się)-*vif2*	remind
960	odnaleźć (się)-*vpf2*	find
963	zejść (się)-*vpf; vpfr*	come down; gather
966	trwać-*vif*	last
967	doczekać (się)-*vpf; vpfr*	look forward; last
968	ruszyć (się)-*vpf2*	move
970	utrzymać (się)-*vpf; vpf2*	keep; provide for
973	wątpić-*vif*	doubt
977	zaczekać-*vpf*	wait
992	przekonać (się)-*vpf; vpfr*	convince; realize
993	tańczyć-*vif*	dance
1000	zagrać-*vpf*	play
1002	zajmować (się)-*vif; vifr; vifr*	occupy; care; work
1003	wyobrazić-*vpf*	imagine
1010	przeszkadzać-*vif*	disturb, bother
1011	zachować (się)-*vpf; vpfr*	keep; behave
1015	zabierać (się)-*vif; vifr*	take; get to
1019	podnieść (się)-*vpf; vpfr*	pick up, raise; stand up
1021	powtarzać (się)-*vif2*	repeat
1024	nadejść-*vpf*	come, arrive
1026	życzyć-*vif*	wish
1029	wchodzić-*vif*	enter
1041	otwierać (się)-*vif2*	open
1043	napić się-*vpfr*	drink
1044	przedstawić (się)-*vpf2*	introduce
1051	obejrzeć (się)-*vpf2*	watch
1052	pozwalać-*vif*	allow, let
1053	pragnąć-*vif*	desire
1057	ufać-*vif*	trust
1060	potrwać-*vpf*	take
1065	zdarzyć się-*vpfr*	happen
1066	zmęczyć (się)-*vpf; vpfr*	tire; get tired
1070	śmieć-*m; vif*	trash; dare
1080	nosić (się)-*vif2*	wear, carry
1083	odpowiadać-*vif; vif*	answer; correspond, suit

1087	przekazać-*vpf*	give, forward
1088	wybierać (się)-*vif; vifr*	choose; go
1091	zabijać (się)-*vif2*	kill
1105	rzucić (się)-*vpf*	throw, quit, dash
1106	używać-*vif*	use
1112	spędzić-*vpf*	spend
1114	czynić-*vif*	do, act
1118	przypuszczać-*vif*	suppose
1124	gratulować-*vif*	congratulate
1127	udowodnić-*vpf*	prove
1130	odwiedzić (się)-*vpf2*	visit
1134	przyjąć (się)-*vpf; vpf; vpfr*	accept; assume; stay
1135	zadać (się)-*vpf; vpfr*	ask; hang out
1137	odpocząć-*vpf*	rest
1156	zbliżać (się)-*vif; vifr*	get close; approach
1158	kosztować-*vif*	cost, taste
1159	wyłączyć (się)-*vpf2*	turn off
1166	ocalić (się)-*vpf2*	save
1170	przeprosić (się)-*vpf2*	apologize
1181	służyć-*vif*	serve
1182	kłamać-*vif*	lie
1188	kontynuować-*vif*	continue
1189	tęsknić-*vif*	miss
1190	żałować-*vif*	regret
1191	znieść (się)-*vpf2*	abolish; bear
1195	wymagać-*vif*	require, demand
1201	ukryć (się)-*vpf2*	hide
1204	pełnić-*vif*	fulfill, perform
1206	puszczać (się)-*vif2*	let, release
1208	wyciągnąć (się)-*vpf; vpf2*	pull out; stretch
1210	mylić (się)-*vif; vifr*	confuse; be wrong
1224	dotrzeć-*vpf*	reach, get
1229	odpowiedzieć-*vpf*	reply, answer
1230	cofnąć (się)-*vpf; vpfr*	reverse; go back
1232	przeczytać-*vpf*	read
1233	pokonać-*vpf*	beat, defeat
1239	polegać-*vif*	rely
1244	udawać-*vif*	imitate, pretend
1251	śpiewać-*vif*	sing
1252	wpaść-*vpf*	fall; pop in
1254	wstać-*vpf*	get up
1255	pojawić się-*vpfr*	appear, show up
1256	kręcić (się)-*vif; vifr*	record; spin
1259	ukraść-*vpf*	steal
1261	smakować-*vif*	taste
1263	dostawać (się)-*vif; vifr*	get; get to
1264	dotyczyć (się)-*vif2*	concern
1265	postawić (się)-*vpf; vpf; vpfr*	put; build; oppose
1267	przydać się-*vpfr*	be of use
1269	wykorzystać-*vpf*	abuse, make use of
1272	zjednoczyć (się)-*vpf2*	unite
1273	zdjąć-*vpf*	take off, remove
1278	bić (się)-*vif; vifr*	beat; hit; fight
1282	palić (się)-*vif2*	burn, light, smoke
1289	odbić (się)-*vpf; vpfr*	reflect; bounce
1297	śmierdzieć-*vif*	stink
1302	skrzywdzić (się)-*vpf2*	hurt
1306	oddychać-*vif*	breathe
1312	cierpieć-*vif*	suffer
1317	latać-*vif*	fly
1318	dojść-*vpf*	come, go
1322	płakać-*vif*	cry
1324	pozostać-*vpf*	stay, remain
1326	uderzyć (się)-*vpf; vpfr*	hit; bump
1328	bronić (się)-*vif2*	defend
1329	aresztować (się)-*vif2*	arrest
1330	upewnić (się)-*vpf2*	assure
1331	starczyć-*vpf*	last
1334	zapraszać-*vif*	invite
1339	płacić-*vif*	pay
1343	gotować (się)-*vif2; vifr*	cook, boil; prepare
1348	zwrócić (się)-*vpf; vpf; vpfr*	give back; throw up; refer
1350	wytłumaczyć (się)-*vpf2*	explain
1354	uwolnić (się)-*vpf2*	release
1358	wykonać-*vpf*	perform, execute
1361	pilnować (się)-*vif2*	watch
1363	zarobić (się)-*vpf; vpfr*	earn; overwork
1366	sprawić (się)-*vpf; vpf; vpfr*	cause; buy; do well
1371	pożyczyć-*vpf*	borrow, lend
1372	kontrolować (się)-*vif2*	control
1382	podpisać (się)-*vpf2*	sign
1386	skorzystać-*vpf*	use
1387	łapać (się)-*vif2*	catch, grab
1391	nazwać (się)-*vpf2*	call, name
1393	zakończyć (się)-*vpf2*	end
1397	przypomnieć (się)-*vpf2*	remind
1398	wycofać (się)-*vpf2*	withdraw, retreat
1401	przybyć-*vpf*	arrive
1406	wezwać-*vpf*	call
1408	przysłać-*vpf*	send
1411	woleć-*vif*	prefer
1417	stworzyć-*vpf*	create, make
1419	grozić-*vif*	threaten
1423	zabawić (się)-*vpf; vpfr; vpfr*	stay; entertain; have fun

1431	włożyć-*vpf*	put in, put on	1600	zapewnić-*vpf*	provide, ensure
1435	złożyć (się)-*vpf; vpfr*	assemble; consist of	1605	powtórzyć (się)-*vpf2*	repeat
1443	jeździć-*vif*	drive	1606	przynosić-*vif*	bring
1444	padać-*vif*	rain, fall	1607	zostawiać-*vif*	leave
1449	łączyć (się)-*vif2*	connect	1609	pokazywać (się)-*vif2*	show
1450	osiągnąć-*vpf*	achieve	1611	wygrywać-*vif*	win
1452	radzić (się)-*vif; vif; vifr*	advise; cope; take advice	1617	postać-*f; f; vpf*	form; person; stand
1453	pozostawać-*vpf*	stay, remain	1620	zaprosić-*vpf*	invite
1454	wyrzucić-*vpf*	throw	1625	spaść-*vpf*	fall, drop
1455	poszukać-*vpf*	look for	1636	rosnąć-*vif*	grow
1457	postarać się-*vpfr*	do ... best	1640	ostrzec-*vpf*	warn
1458	odchodzić-*vif*	leave, go away	1645	znosić (się)-*vif; vif; vifr*	endure; lay; wear out
1469	okazać (się)-*vpf; vpfr*	show; turn out	1646	powodować-*vif*	cause
1475	posiadać-*vif*	have, own	1649	przerwać (się)-*vpf; vpfr*	stop; break
1476	pachnieć-*vif*	smell			
1481	poczuć-*vpf2; vpf*	feel; smell	1657	składać (się)-*vif; vifr*	assemble; consist of
1482	doświadczyć-*vpf*	experience	1658	podjąć (się)-*vpf; vpfr*	take; take up
1488	pocałować (się)-*vpf2*	kiss	1659	pomówić-*vpf*	talk, defame
1494	zachowywać (się)-*vifr; vif*	act, behave; keep	1660	włazić-*vif*	get in
			1661	przyprowadzić-*vpf*	bring along
1503	krzyczeć-*vif*	scream, shout	1665	dołączyć (się)-*vpf2*	join
1505	wydać (się)-*vpf; vpfr*	spend; seem	1668	płynąć-*vif*	flow, swim
1508	ciąć (się)-*vif2*	cut	1675	wyobrażać-*vif*	imagine
1515	stanąć-*vpf*	stand	1678	oczekiwać-*vif*	expect, await
1522	stawiać (się)-*vif; vifr*	place, build; oppose	1679	dotykać (się)-*vif2*	touch
1526	zapewniać-*vif*	provide, ensure	1680	uniknąć-*vpf*	avoid, dodge
1527	przejść (się)-*vpf; vpfr*	pass, complete; stroll	1683	przeprowadzić (się)-*vpf; vpfr*	carry out; move
1530	wyjeżdżać-*vif*	go, leave, move			
1532	ratować (się)-*vif2*	save	1684	przeżyć-*vpf*	survive, live through
1539	połączyć (się)-*vpf2*	connect	1693	domyślać się-*vifr*	suspect, deduct
1545	przenieść (się)-*vpf2; vpf*	move; carry	1697	śmiać się-*vifr*	laugh
			1698	schować (się)-*vpf2*	hide
1547	trafić-*vpf*	hit, get	1701	przechodzić-*vif*	pass, cross
1554	zastrzelić (się)-*vpf2*	shoot	1708	przetrwać-*vpf*	survive
1562	podejść-*vpf*	approach	1711	zaskoczyć (się)-*vpf2*	surprise
1563	rozwiązać (się)-*vpf2; vpf2*	solve; untie	1712	obudzić (się)-*vpf2*	wake up
			1715	bywać-*vif*	visit, happen
1564	dokonać-*vpf*	do, make	1718	zwolnić (się)-*vpf; vpf2*	slow down; fire
1565	gapić się-*vpfr*	stare (coll)	1719	pływać-*vif*	swim
1570	pożegnać (się)-*vpf2*	say goodbye	1720	ostrzegać-*vif*	warn
1573	złazić-*vpf*	get down (coll)	1721	skakać-*vif*	jump
1575	zasnąć-*vpf*	fall asleep	1727	poddać (się)-*vpf2*	give up, surrender
1579	dotknąć (się)-*vpf2*	touch	1729	przespać (się)-*vpf2*	sleep
1582	zamienić (się)-*vpf2*	change, switch	1733	wstawać-*vpf*	get up, stand up
1583	zadziałać-*vpf*	work	1740	zgłosić (się)-*vpf2*	report
1587	zasługiwać-*vif*	deserve	1751	spotykać (się)-*vif2; vifr*	meet; go out
1591	sprowadzać (się)-*vif; vifr*	bring, import; come down			
			1753	zauważyć (się)-*vpf2*	notice
1592	skontaktować (się)-*vpf2*	contact	1754	pojawiać się-*vifr*	appear
			1758	skupić (się)-*vpf2; vpf*	focus; purchase

1759	sprowadzić (się)-*vpf; vpfr*	import; come down to
1762	dodać (się)-*vpf2*	add
1763	rządzić (się)-*vif; vifr*	rule; be bossy (coll)
1764	oskarżyć-*vpf*	accuse
1765	zakładać (się)-*vif; vif; vifr*	establish; put on; bet
1774	zebrać (się)-*vpf2; vpfr*	gather; muster
1781	ożenić się-*vpfr*	marry (about a man)
1785	ukrywać (się)-*vif2*	hide
1787	proponować-*vif*	offer
1789	wprowadzić (się)-*vpf; vpfr*	introduce; move in
1798	zmierzać-*vif*	aim, go to
1805	patrzyć (się)-*vif2*	look
1809	podzielić (się)-*vpf; vpfr*	divide; share
1810	przyznawać (się)-*vif; vifr*	grant; admit
1811	tracić (się)-*vif2*	lose
1817	nadawać (się)-*vif; vifr*	broadcast; be suitable
1828	przerażać (się)-*vif; vifr*	terrify; be terrified
1837	sprzedawać (się)-*vif2*	sell
1839	ryzykować-*vif*	risk
1849	dowodzić-*vif*	lead, prove
1850	traktować (się)-*vif2; vif*	treat; consider
1853	wzywać-*vif*	call, summon
1854	wytrzymać-*vpf*	withstand, endure
1855	obiecać-*vpf*	promise
1857	dostarczyć-*vpf*	deliver, provide
1859	wskazywać-*vif*	point, indicate
1865	wpuścić-*vpf*	let in
1867	przyjeżdżać-*vif*	arrive
1869	dbać-*vif*	care
1872	sprawdzać (się)-*vif2; vifr*	check, prove; work
1878	uczynić (się)-*vpf; vpfr*	do, make; proclaim
1880	oszaleć-*vpf*	go crazy
1885	odsunąć (się)-*vpf; vpfr*	push aside; move away
1890	dokończyć-*vpf*	finish, complete
1896	urodzić (się)-*vpf; vpfr*	give birth; be born
1897	usunąć (się)-*vpf2*	remove, delete
1904	przejąć (się)-*vpf; vpfr*	take over; worry
1910	zapalić (się)-*vpf2*	smoke; light
1914	zmusić (się)-*vpf2*	force
1915	dzielić (się)-*vif2*	divide, share
1916	popełnić-*vpf*	commit, make
1917	wyrwać (się)-*vpf; vpfr*	pull out, rend; get out
1918	zapominać (się)-*vif2*	forget
1934	zbudować (się)-*vpf2*	build
1943	umieścić (się)-*vpf2*	put, locate
1947	wymyślić-*vpf*	think up, imagine
1949	zaginąć-*vpf*	disappear, go missing
1963	włączyć-*vpf*	turn on
1965	przywitać (się)-*vpf2*	greet
1967	zranić (się)-*vpf2*	hurt
1977	ubrać (się)-*vpf2*	put on, wear
1980	przemyśleć-*vpf*	think over, consider
1984	obserwować (się)-*vif2*	observe
1985	rozpocząć (się)-*vpf2*	start, begin
1986	spadać-*vif*	fall
1992	złamać (się)-*vpf2*	break
1993	kierować (się)-*vif; vif; vifr*	lead; drive; guide
1995	odwrócić (się)-*vpf2*	turn
1996	zgodzić się-*vpfr*	agree
1997	opisać-*vpf*	describe, explain
1999	wisieć-*vif*	hang; owe (coll)
2002	wypić-*vpf*	drink
2004	poświęcić (się)-*vpf2*	sacrifice
2009	wstrzymać (się)-*vpf2*	restrain, stop
2012	pogodzić (się)-*vpf; vpfr; vpfr*	reconcile; accept; makeup
2014	zbierać (się)-*vif; vifr; vifr*	collect; gather; prepare
2017	zawierać (się)-*vif; vifr*	contain; be included
2020	zdecydować (się)-*vpf2*	decide
2024	stawić się-*vpfr; vpfr*	appear; report
2029	nastąpić-*vpf*	take place, occur
2032	powieść (się)-*f; vpf; vpfr*	novel; lead; succeed
2033	przejechać (się)-*vpf; vpfr*	pass, cross; drive
2034	zatańczyć-*vpf*	dance
2035	spalić (się)-*vpf2*	burn
2042	rzucać (się)-*vif; vif; vifr*	throw; quit; dash
2043	wypuścić-*vpf*	release, let out
2045	okazywać (się)-*vif; vifr*	show; turn out
2049	ustalić-*vpf*	establish, determine
2052	doprowadzić-*vpf*	lead, bring
2062	zajść-*vpf*	happen, pop in
2070	umyć (się)-*vpf2; vpfr*	wash, brush; take a bath
2072	zakochać się-*vpfr*	fall in love
2075	odbierać-*vif*	receive; pick up

No.	Polish	English
2080	popracować-*vpf*	work on
2081	przebrać (się)-*vpf2; vpfr*	change;; disguise
2099	zastanowić (się)-*vpf; vpfr*	puzzle; consider
2100	skazać (się)-*vpf2*	sentence, convict
2102	przesunąć (się)-*vpf2*	move
2106	odmówić-*vpf*	refuse
2107	nabrać (się)-*vpf; vpf; vpfr*	gather; fool; get fooled
2111	wynosić (się)-*vif; vifr*	take out; equal; get out
2113	zrezygnować-*vpf*	give up, quit
2129	zaatakować-*vpf*	attack
2137	współpracować-*vif*	cooperate
2140	zbadać (się)-*vpf2*	examine
2151	modlić się-*vifr*	pray
2154	tkwić-*vif*	remain
2163	zadawać (się)-*vif; vifr*	inflict; hang out
2171	przedstawiać (się)-*vif2*	present, introduce
2178	wyrazić (się)-*vpf2*	express
2179	stanowić-*vif*	make, constitute
2181	odbyć (się)-*vpf; vpfr*	undergo; take place
2185	opowiadać (się)-*vif; vifr*	tell, say; support
2188	tworzyć (się)-*vif2*	create, make
2189	ustawić (się)-*vpf; vpfr*	arrange, set; line up
2191	rozejrzeć się-*vpfr*	look around
2194	wsadzić-*vpf*	put, stick
2198	dorwać (się)-*vpf2*	get
2213	zamordować-*vpf*	murder
2214	wynieść (się)-*vpf; vpf; vpfr*	take out; equal; get out
2215	wybuchnąć-*vpf*	explode, break out
2216	mieszać (się)-*vif; vifr*	mix; get involved
2220	uprawiać-*vif*	grow, cultivate
2223	spodziewać się-*vifr*	expect
2226	zamówić-*vpf*	order, book
2230	kopać (się)-*vif2; vif2*	dig; kick
2234	zamieszać-*vpf*	mix, stir
2235	wyprowadzić (się)-*vpf; vpfr*	bring out; move out
2239	odwołać (się)-*vpf; vpfr; vpfr*	cancel; revoke; refer
2242	poruszać (się)-*vif; vifr*	touch; move
2248	zdenerwować (się)-*vpf; vpfr*	annoy; get annoyed
2256	wysłuchać-*vpf*	hear
2259	uzyskać-*vpf*	obtain, get
2265	odkryć-*vpf*	discover; invent; uncover
2266	oszukać (się)-*vpf2*	deceive, trick
2273	podziwiać-*vif*	admire
2275	dochodzić-*vpf*	claim, come
2278	śledzić-*vif*	track, follow
2281	wstydzić się-*vifr*	be ashamed, shame
2283	przyłączyć (się)-*vpf2*	join
2285	wynikać-*vif*	result
2300	przyjmować (się)-*vif2*	take, accept
2302	rozwalić (się)-*vpf2*	destroy (coll), smash (coll)
2304	zaakceptować-*vpf*	accept
2309	uczcić-*vpf*	celebrate
2312	poprawić (się)-*vpf2*	correct, improve
2318	ciągnąć (się)-*vif2*	pull, drag
2328	żegnać (się)-*vif2*	say goodbye
2331	oczyścić (się)-*vpf2*	purify, clear
2336	kłócić się-*vifr*	argue
2340	opiekować (się)-*vifr*	take care
2341	potwierdzić (się)-*vpf2*	confirm
2347	posprzątać-*vpf*	clean
2348	wkurzać (się)-*vif; vifr*	annoy; be annoyed
2351	przyjrzeć się-*vpf*	take a look
2360	wypełnić-*vpf*	fill, fulfill
2365	zapamiętać-*vpf*	remember, memorize
2368	zasłużyć-*vpf*	deserve, earn
2370	przelecieć (się)-*vpf; vpf2*	pass; fly
2371	wysadzić (się)-*vpf2; vpf*	blow; drop off
2373	obrócić (się)-*vpf2*	turn
2374	kupować-*vif*	buy
2375	wspominać-*vif*	mention
2376	denerwować (się)-*vif; vifr*	annoy, worry; be nervous
2380	zapobiec-*vpf*	prevent
2382	biegać-*vif*	run
2385	układać (się)-*vif; vifr*	arrange; work out
2401	sugerować-*vif*	suggest
2407	zamieszkać-*vpf*	settle, occupy
2409	biec-*vif*	run
2414	ochronić (się)-*vpf2*	protect
2418	winić (się)-*vif2*	blame
2419	umówić (się)-*vpf2*	arrange
2422	otrzymać-*vpf*	receive
2424	wyjaśniać (się)-*vif2*	explain
2425	kryć (się)-*vif2*	cover
2430	oprzeć (się)-*vpf; vpfr*	base, lean; resist
2435	imponować-*vif*	impress

2438	znikać-*vif*	disappear
2441	ćwiczyć-*vif*	exercise, practice
2442	spieprzać (się)-*vif; vif2*	get away (coll); mess up (coll)
2449	zmierzyć-*vpf2*	measure
2451	wykonywać-*vif*	do, perform
2452	przebywać-*vif*	reside, be, pass
2453	podróżować-*vif*	travel
2464	przeszukać-*vpf*	search
2470	zadbać-*vpf*	take care
2471	zapisać (się)-*vpf; vpfr*	note; sign up
2477	podejrzewać (się)-*vif2*	suspect
2478	strzelić-*vpf*	shoot
2485	walić-*vif*	punch, beat
2488	porwać-*vpf*	kidnap, inspire
2493	zgubić (się)-*vpf; vpfr*	lose; get lost
2503	szanować (się)-*vif2*	respect
2504	powrócić-*vpf*	return
2506	świecić (się)-*vif2*	be lit, shine, glow
2507	zorganizować-*vpf*	organize
2512	rodzić (się)-*vif; vifr*	give birth; be born
2514	różnić (się)-*vif*	divide, be different
2518	wynająć-*vpf*	rent, lend
2522	widywać (się)-*vif2*	see, meet
2523	poszukiwać-*vif*	look for
2525	budzić (się)-*vif2*	wake up

Alphabetical Order

Rank	Polish-*PoS*	English Translation(s)
	A	
861	absolutnie-*adv*	definitely
119	aby-*con*	to, in order to
508	ach-*i*	ah
16	a-*con*	and
725	adres-*m*	address
1616	adwokat-*m*	lawyer
1905	agencja-*n*	agency
985	agent-*m*	agent
932	aha-*i; i*	oh; yep
2218	akademia-*f*	academy
880	akcja-*f*	action; share
1212	akta-*fpl*	files
2482	aktorka-*f*	actress
2232	aktor-*m*	actor
847	akurat-*prt; adv; i*	exactly; just; as if
1006	alarm-*m*	alarm
97	albo-*con*	or
17	ale-*con*	but
516	ależ-*prt*	but, what
2038	alfa-*f; adj*	alpha; alpha
1738	alkohol-*m*	alcohol
877	amen-*i*	amen
904	Ameryka-*f*	America
1337	Amerykanin-*m*	American
1852	amerykański-*adj*	American
1198	angielski-*adj*	English
164	ani-*con*	neither, nor, or
1612	anioł-*m*	angel
1669	aparat-*m; m*	camera; apparatus
1329	aresztować (się)-*vif2*	arrest
902	armia-*f*	army
1347	artykuł-*m*	article
1862	as-*m*	ace
706	atak-*m*	attack
1082	autobus-*m*	bus
1081	auto-*n*	car
2322	awans-*m*	promotion
179	aż-*con; prt*	until; so
	B	
1262	baba-*f*	woman (coll)
951	babcia-*f*	grandmother
428	bać się-*vifr*	fear, be afraid
903	badanie-*n*	research, examination
216	bądź-*con; prt*	or; -ever
2270	bagaż-*m*	luggage
1403	bałagan-*m*	mess
1603	bal-*m; m*	ball; log
1844	banda-*f; f*	band; gang
729	bank-*m*	bank
43	bardzo-*adv*	very
1142	bar-*m*	bar
2301	basen-*m*	swimming pool
840	bawić (się)-*vif; vifr*	amuse; play
1288	baza-*f*	base, headquarters
2110	bestia-*f*	beast
755	bezpieczeństwo-*n*	security
1085	bezpiecznie-*adv*	safe, safely
1147	bezpieczny-*adj*	safe
1827	bezpośrednio-*adv*	directly
77	bez-*prp*	without
748	biały-*adj*	white
2492	Biblia-*f*	Bible
1278	bić (się)-*vif; vifr*	beat; hit; fight
2409	biec-*vif*	run
961	biedny-*adj*	poor
2382	biegać-*vif*	run
1761	bieg-*m*	run
1047	bilet-*m*	ticket
1736	bitwa-*f*	battle
1974	biurko-*n*	desk
603	biuro-*n*	office, bureau
1296	biznes-*m*	business
503	błąd-*m*	mistake, error
716	błagać (się)-*vif2*	beg
2397	bliski-*adj*	close
383	blisko-*adv; prp; prt*	close; near; almost
62	bo-*con; prt*	because; how
1320	bogaty-*adj*	rich, wealthy
261	bóg-*m*	god
1217	bohater-*m*	hero
1237	bok-*m*	side
466	boleć-*vif*	hurt
2476	bolesny-*adj*	painful
624	ból-*m*	pain
1139	bomba-*f*	bomb
717	boski-*adj; adj*	divine; gorgeous (coll)
94	boży-*adj*	divine
617	brać (się)-*vif; vifr; f*	take, take up, brotherhood
1601	brach-*m*	bro (coll)

2396	braciszek-*m*	little brother
494	brak-*m*	lack, defect
641	brakować-*vif*	miss, lack
1978	brama-*f*	gate
346	brat-*m*	brother
945	brawo-*n; i*	applause; bravo
228	broń-*f*	weapon, gun
1328	bronić (się)-*vif2*	defend
2053	brudny-*adj*	dirty
1877	brzeg-*m*	coast; edge
341	brzmieć-*vif*	sound
1818	brzuch-*m*	belly, stomach
780	budynek-*m*	building
2525	budzić (się)-*vif2*	wake up
1663	bum-*i*	boom
2153	burmistrz-*m*	mayor
1743	burza-*f*	storm
1355	butelka-*f*	bottle
589	but-*m*	shoe
52	by-*con; prt*	to, so that; would
9	być-*vif*	be
1290	byle-*con; prt*	as long as; just any
2040	bystry-*adj*	smart
1715	bywać-*vif*	visit, happen
909	bzdura-*f*	nonsense

C

277	całkiem-*adv*	quite, completely
458	całkowicie-*adv*	completely
2159	cal-*m*	inch
1820	całość-*f*	whole, entirety
135	cały-*adj*	all, whole
1464	cela-*f*	cell
562	cel-*m*	goal, target
2352	celowo-*adv*	on purpose
986	cena-*f*	price
1528	cent-*m*	cent
2402	centrala-*f*	central office
570	centrum-*n*	center
2138	centymetr-*m*	centimeter
2180	chaos-*m*	chaos
1881	charakter-*m; m*	personality; nature
50	chcieć-*vif*	want
2124	chęć-*f*	will, desire
751	chętnie-*adv*	willingly, gladly
1585	chleb-*m*	bread
317	chłopak-*m*	boy
380	chłopiec-*m*	boy
1146	chłop-*m; m*	man (coll); peasant (coll)

2197	chmura-*f*	cloud
1465	choćby-*adv; con*	at least, even; even if
432	choć-*con; prt*	even though; at least
395	chociaż-*con; prt*	although; at least
89	chodzić-*vif*	go, walk
126	cholera-*n*	damn (coll)
884	cholernie-*adv*	damn (coll)
873	cholerny-*adj*	damn (coll)
1588	choroba-*f*	disease
632	chory-*adj*	sick, ill; crazy (coll)
874	chronić (się)-*vif2*	protect, cover
1935	chwała-*f*	glory
208	chwila-*f*	moment
436	chwileczka-*f*	moment (coll), bit (coll)
724	chwilka-*f*	moment, jiffy
68	chyba-*prt*	unless, perhaps
1508	ciąć (się)-*vif2*	cut
227	ciągle-*adv*	still
532	ciąg-*m*	sequence
2318	ciągnąć (się)-*vif2*	pull, drag
343	ciało-*n*	body
2150	ciasteczko-*n*	cookie
2499	ciastko-*n*	cookie
1504	ciasto-*n*	cake, pie
732	ciąża-*f*	pregnancy
408	cicho-*adv*	quiet, quietly
578	ciekawy-*adj*	interesting
1316	ciemno-*adv*	dark
1196	ciemność-*f*	darkness
2253	ciemny-*adj; adj*	dark; stupid (coll)
1920	cień-*m*	shadow
1466	ciepło-*n*	heat
2515	ciepły-*adj*	warm
1312	cierpieć-*vif*	suffer
2142	cierpienie-*n*	suffering
2121	cierpliwość-*f*	patience
347	cieszyć (się)-*vif; vifr*	delight; enjoy
1634	ciężarówka-*f*	truck
1076	ciężki-*adj; adj*	heavy; difficult
388	ciężko-*adv*	hard
1627	ciocia-*f*	auntie
1964	cios-*m*	blow, hit
2202	ciotka-*f*	aunt
1597	ciśnienie-*n*	pressure
818	cisza-*f*	silence
1655	ciuch-*m*	cloth (coll)
673	codziennie-*adv*	everyday, daily
1230	cofnąć (się)-*vpf; vpfr*	reverse; go back
297	cokolwiek-*prn*	anything, whatever
8	co-*prn; prp*	what; every

574	coraz-*adv*	more, more and more
476	córka-*f*	daughter
31	coś-*prn*	something, anything
124	cóż-*prn; prt*	what; well
1143	cud-*m*	miracle
682	cudownie-*adv; adv*	wonderful; miraculously
987	cudowny-*adj*	wonderful
1976	cukier-*m*	sugar
2013	ćwiczenie-*n*	exercise
2441	ćwiczyć-*vif*	exercise, practice
1493	cycek-*m*	boob (coll)
760	czarny-*adj*	black
85	czas-*m*	time
230	czekać-*vif*	wait
1379	czek-*m*	check
103	czemu-*prn*	why
2443	czerwiec-*m*	June
1009	czerwony-*adj*	red
390	część-*f*	part
76	cześć-*i*	hello
438	często-*adv*	often
1741	członek-*m; m; m*	member; limb; penis
104	człowiek-*m*	man, human
1775	czoło-*n; n*	forehead; front
336	cztery-*nu*	four
199	czuć (się)-*vif2*	feel
1489	czwartek-*m*	Thursday
2157	czwarty-*adj*	fourth
21	czy-*con*	or, whether
2184	czyj-*prn*	whose
506	czyli-*con*	that is
1114	czynić-*vif*	do, act
2158	czynsz-*m*	rent
1362	czysto-*adv; adv*	purely; clean
1108	czysty-*adj*	clean
887	czytać-*vif*	read
972	czyżby-*prt; i*	really; really
437	czyż-*prt*	question tag

D

102	dać (się)-*vpf; vpfr*	give; give in
1258	dach-*m*	roof
759	(z) dala-*phr*	away
858	daleki-*adj*	far
78	daleko-*adv*	far
1776	dama-*f*	lady
863	dane-*fpl*	data
1359	dar-*m*	gift

1059	darmo-*adv*	for free
2400	data-*f*	date
315	dawać-*vif; i*	give; come on (coll)
431	dawno-*adv*	long ago
740	dawny-*adj*	former, old
1869	dbać-*vif*	care
949	decyzja-*f*	decision
1685	delikatnie-*adv*	gently
2463	delikatny-*adj*	delicate
2376	denerwować (się)-*vif; vifr*	annoy, worry; be nervous
2250	deser-*m*	dessert
1218	deszcz-*m*	rain
1049	detektyw-*m*	detective
270	diabeł-*m*	devil
2207	diament-*m*	diamond
51	dlaczego-*prn*	why
30	dla-*prp*	for
134	dlatego-*con*	therefore, for that reason
1404	dłoń-*f*	hand
1116	długi-*adj*	long
827	dług-*m*	debt
176	długo-*adv*	long
990	dno-*n*	bottom
287	dobranoc-*i*	goodnight
1887	dobro-*n*	good
90	dobry-*adj*	good
32	dobrze-*adv*	well
2148	dochodzenie-*n*	investigation
2275	dochodzić-*vpf*	claim, come
967	doczekać (się)-*vpf; vpfr*	look forward; last
1762	dodać (się)-*vpf2*	add
2192	dodatek-*m*	addition
1975	dodatkowy-*adj*	additional, extra
1318	dojść-*vpf*	come, go
255	dokąd-*prn*	where
206	dokładnie-*adv*	exactly
1564	dokonać-*vpf*	do, make
1890	dokończyć-*vpf*	finish, complete
337	doktor-*m*	doctor (coll), PhD
1025	dokument-*m*	document
1665	dołączyć (się)-*vpf2*	join
308	dolar-*m*	dollar
741	dolec-*m*	dollar (coll), buck (doll)
389	dół-*m*	bottom, hole
1942	domek-*m*	house
65	dom-*m*	house, home
2448	domowy-*adj*	home, domestic

1693	domyślać się-*vifr*	suspect, deduct	2484	dwór-*m*	court, manor; outside
1028	dookoła-*adv*	around	2015	dym-*m*	smoke
303	dopiero-*prt*	only, just	1395	dyrektor-*m*	director
316	dopóki-*con*	until, while	2455	dyskusja-*f*	discussion
1086	doprawdy-*prt*	really	129	dziać się-*vifr*	happen
2052	doprowadzić-*vpf*	lead, bring	923	dziadek-*m*	grandfather
11	do-*prp*	to, until	329	działać-*vif*	work
2260	dorosły-*adj; m*	adult; adult	2258	działanie-*n*	action
2198	dorwać (się)-*vpf2*	get	1113	działo-*n*	cannon
234	dość-*nu; i*	quite, enough; enough	608	dzieciak-*m*	child (coll)
619	doskonale-*adv*	perfectly	1499	dziecinka-*f*	baby (coll)
1421	doskonały-*adj*	perfect	2084	dzieciństwo-*n*	childhood
1630	dosłownie-*adv*	literally	133	dziecko-*n*	child, baby
313	dostać (się)-*vpf; vpfr*	get; get to	79	dzięki-*prp*	thanks to
1857	dostarczyć-*vpf*	deliver, provide	64	dziękować-*vif*	thank
1263	dostawać (się)-*vif; vifr*	get; get to	1915	dzielić (się)-*vif2*	divide, share
1416	dostęp-*m*	access	1558	dzielnica-*f*	district
1409	doświadczenie-*n*	experience	1319	dzieło-*n*	piece, work
1482	doświadczyć-*vpf*	experience	99	dzień-*m*	day
531	dosyć-*nu; i*	quite; enough	1250	dziennie-*adv*	a day, daily
1099	dotąd-*prn; con*	so far; till	621	dziesięć-*nu*	ten
1579	dotknąć (się)-*vpf2*	touch	1550	dziewczę-*n*	girl
1224	dotrzeć-*vpf*	reach, get	262	dziewczyna-*f*	girl
1264	dotyczyć (się)-*vif2*	concern	761	dziewczynka-*f*	girl
1679	dotykać (się)-*vif2*	touch	1242	dziewięć-*nu*	nine
2008	dowcip-*m*	joke	2255	dziki-*adj*	wild
575	dowiedzieć się-*vpfr*	find out	151	dzisiaj-*adv*	today
1704	dowódca-*m*	commander	1803	dzisiejszy-*adj; adj*	today's; contemporary
695	dowód-*m; m*	proof; ID (coll)	1623	dziura-*f*	hole
1849	dowodzić-*vif*	lead, prove	836	dziwnie-*adv*	strange, strangely
1432	drań-*m*	bastard (coll)	353	dziwny-*adj*	strange, weird
609	drink-*m*	cocktail	1816	dżungla-*f*	jungle
1734	drobny-*adj*	little	1101	dźwięk-*m*	sound, noise
254	droga-*f*	way, road	810	dzwonić-*vif*	call, ring
1461	drogi-*adj*	expensive			
421	drugi-*adj*	second			
1078	drużyna-*f*	team		**E**	
1072	drzewo-*n; n*	tree; wood			
197	drzwi-*fpl*	door	2161	efekt-*m*	effect
894	duch-*m*	spirit, ghost	1624	ego-*n*	ego
762	dumny-*adj; adj*	proud; arrogant	2446	egzamin-*m*	exam
648	dupa-*f*	ass (coll)	710	ej-*i*	hey
1459	dupek-*m*	asshole (coll)	2065	ekipa-*f*	team, crew
925	dusza-*f*	soul	2307	ekscytujący-*adj*	exciting
83	dużo-*nu*	much, many, a lot	2327	ekspert-*m*	expert
505	duży-*adj*	big, great	2299	eksperyment-*m*	experiment
1285	dwadzieścia-*nu*	twenty	1490	ekstra-*adv; adj*	extra; extraordinary
2498	dwanaście-*nu*	twelve	1958	emerytura-*f; f*	pension; retirement
121	dwa-*nu*	two	2122	emocja-*f*	emotion
2196	dwójka-*f*	two, a couple	1126	energia-*f*	energy

2222	euro-*n*	euro	1933	geniusz-*m*	genius
1969	Europa-*f*	Europe	1788	głębia-*n*	depth
			2061	głęboki-*adj*	deep
	F		996	głęboko-*adv*	deep, deeply
			749	glina-*f; m*	clay; cop (coll)
2287	fabryka-*f*	factory	2411	gliniarz-*m*	cop
225	facet-*m*	guy (coll)	1352	głód-*m*	hunger
1440	fair-*adj*	fair	720	głodny-*adj*	hungry
596	fajnie-*adv*	cool (coll)	510	głos-*m*	voice
1138	fajny-*adj*	cool (coll)	1284	głośno-*adv*	loudly, loud
814	fakt-*m*	fact	352	głowa-*f*	head
1243	faktycznie-*adv*	actually, really	1447	głównie-*adv*	mainly
2164	fala-*f*	wave	1556	główny-*adj*	main, major
2359	fałszywy-*adj*	FALSE	2201	głuchy-*adj*	deaf
2149	fan-*m*	fan	1800	głupek-*m*	fool
1653	fantastycznie-*adv*	fantastic, amazing	416	głupi-*adj*	stupid (coll)
2108	fantastyczny-*adj*	fantastic	2237	głupiec-*m*	fool
376	film-*m*	movie	1441	głupio-*adv*	stupid, foolishly
731	firma-*f*	company	2022	głupota-*f*	stupidity, nonsense
1745	forma-*f*	form, shape	1886	gniew-*m*	anger
912	forsa-*f*	money (coll)	2050	gnój-*m; m*	dung, filth; crap (coll)
2362	fortuna-*f*	fortune	323	godzina-*f*	hour
1016	fory-*fpl*	head start	2187	golf-*m*	golf
2465	frajer-*m*	loser (coll)	879	gorąco-*adv; n*	hot; heat
1031	Francja-*f*	France	1483	gorący-*adj*	hot
2421	francuski-*adj*	French	384	góra-*f*	mountain
1093	funt-*m*	pound	1870	gościu-*m*	guy (coll)
			496	gość-*m*	guest, guy (coll)
	G		1343	gotować (się)-*vif2; vifr*	cook, boil; prepare
2502	gacie-*fpl*	pants (coll)	371	gotowy-*adj*	ready
900	gadać-*vif*	talk (coll)	307	gówno-*n*	shit (coll)
2208	gang-*m*	gang	294	grać-*vif*	play
1565	gapić się-*vpfr*	stare (coll)	591	gra-*f*	game
1902	garaż-*m*	garage	1240	gram-*m*	gram
1422	gardło-*n*	throat	1436	granica-*f*	limit, border
1635	garnitur-*m*	suit	683	gratulacje-*fpl*	congratulations, congratulations
2001	garść-*f*	handful, bunch			
2333	gatunek-*m; m*	species; genre	1124	gratulować-*vif*	congratulate
1247	gazeta-*f*	newspaper	1950	grób-*m*	grave
1509	gaz-*m*	gas	2212	grosz-*m*	penny, grosz
202	gdyby-*con*	if	1419	grozić-*vif*	threaten
74	gdy-*con*	when	1744	gruby-*adj; adj*	thick; fat
1246	gdyż-*con*	because	798	grupa-*f*	group
962	gdziekolwiek-*prn*	anywhere	1795	grzech-*m*	sin
42	gdzie-*prn*	where	2480	gubernator-*m*	governor
217	gdzieś-*prn*	somewhere	2426	gust-*m*	taste
2058	gęba-*f*	mouth (coll), face (coll)	2028	guzik-*m*	button
			975	gwiazda-*f*	star
1235	gej-*m*	gay			
765	generał-*m*	general		**H**	

630	ha-*i; abr*	ha; hectare
2377	hala-*f*	hall
1647	hałas-*m*	noise
233	halo-*i*	hello
2444	handel-*m*	trade
2097	hasło-*n*	password
1221	he-*i*	hm
69	hej-*i*	hello (coll), watch out
2123	helikopter-*m*	helicopter
1062	herbata-*f*	tea
451	historia-*f*	history, story
2010	Hiszpania-*f*	Spain
669	hm-*i*	hm
2364	hobby-*n*	hobby
1173	ho-*i*	ho
1559	honor-*m*	honor
534	hotel-*m*	hotel
1666	humor-*m; m*	mood; humor

I

6	i-*con*	and
1303	idealnie-*adv*	perfectly
1586	idealny-*adj*	ideal, perfect
1017	idiota-*m*	idiot (coll)
130	ile-*prn*	how much/many/long
1468	ilość-*f*	quantity, amount
184	imię-*n*	name
1638	imperium-*n*	empire
2435	imponować-*vif*	impress
1107	impreza-*f*	party
290	inaczej-*adv*	unlike, or else, otherwise
845	indziej-*sfx*	else
707	informacja-*f*	information
235	inny-*prn*	different, other
1641	inspektor-*m*	inspector
2489	instrukcja-*f*	instruction
538	interes-*m; m*	business; interest
838	interesować (się)-*vif; vifr*	interest; be interested in
1185	interesujący-*adj*	interesting
2262	Irak-*m*	Iraq
131	iść-*vif*	go
495	istnieć-*vif*	exist
2136	istota-*f*	being, thing
828	iż-*con*	that

J

2462	jabłko-*n*	apple
1380	jajko-*n*	egg
602	jajo-*n*	egg
237	jakby-*con; prt*	as if; kind of
2117	jakikolwiek-*prn*	any
156	jaki-*prn*	what, how
149	jakiś-*prn*	some, kind of
2286	jakkolwiek-*adv; prn; con*	anyhow; anyhow; although
138	jako-*prp*	as
926	jakość-*f*	quality
424	jakoś-*prn; prt*	somehow; about
13	jak-*prn; con*	how; as
2101	jakże-*prn; prn*	how, how come; yet
1752	jama-*f; f*	pit; cavity
1651	Japonia-*f*	Japan
15	ja-*prn*	I, me
2319	jaskinia-*f*	cave
1225	jasno-*adv*	clearly, bright
144	jasny-*adj*	bright
654	jazda-*f*	ride
373	jechać-*vif*	drive, go
114	jeden-*nu; prn*	one; one
244	jednak-*con*	however
1576	jednakże-*con*	however, but yet
1523	jednocześnie-*adv*	simultaneously
1336	jednostka-*f*	unit
487	jedynie-*adv*	only, merely
623	jedyny-*adj*	only
517	jedzenie-*n*	food
580	jeść-*vif*	eat
34	jeśli-*con*	if
47	jeszcze-*prt*	yet, still
1443	jeździć-*vif*	drive
201	jeżeli-*con*	if
2089	jezioro-*n*	lake
280	Jezus-*m*	Jesus
859	język-*m; m*	tongue; language
1622	junior-*m*	junior
155	jutro-*adv*	tomorrow
27	już-*prt*	already

K

1270	kamera-*f*	camera
1192	kamień-*m*	stone
1871	kanał-*m*	channel
2481	kanapa-*f*	couch
2439	kanapka-*f*	sandwich

1283	kapelusz-*m*	hat	687	kolega-*m*	mate, buddy
1895	kąpiel-*f*	bath	721	kolej-*f; f*	turn; rail
370	kapitan-*m*	captain	2195	kolejka-*f; f*	queue; turn
2135	karabin-*m*	rifle	622	kolejny-*adj*	next, another
1674	kara-*f*	punishment	418	koleś-*m*	dude, guy, man (coll)
1927	karetka-*f*	ambulance	1520	kółko-*n*	circle
1671	kariera-*f*	career	610	koło-*n; prp*	wheel, circle; about, next to
1911	kark-*m*	neck			
835	karta-*f*	card	1012	kolor-*m*	color
773	kasa-*f*	cash (coll), cash desk	2105	komisja-*f*	commission
2120	katastrofa-*f*	disaster	1501	komórka-*f; f*	cell; cellphone (coll)
653	kawa-*f*	coffee	1030	kompletnie-*adv*	completely
646	kawałek-*m; m*	piece; song (coll)	1356	komputer-*m*	computer
1034	kawał-*m; m*	piece; joke	1548	koncert-*m*	concert
882	kazać-*vif*	order	747	kończyć (się)-*vif; vifr*	finish, end; run out of
181	każdy-*prn*	every, each			
365	kiedykolwiek-*adv*	ever, whenever	192	koniec-*m*	end
45	kiedy-*prn; con*	when, while; when	2233	koniecznie-*adv*	absolutely, necessary
171	kiedyś-*adv*	once, ever, someday	1157	konieczny-*adj*	necessary
1913	kiepski-*adj*	poor (coll), bad (coll)	2092	konkurs-*m*	competition
1769	kiepsko-*adv*	poorly (coll)	770	koń-*m*	horse
1993	kierować (się)-*vif; vif; vifr*	lead; drive; guide	2305	konsekwencja-*f*	consequence
			868	kontakt-*m; m*	contact; socket
1692	kierowca-*m*	driver	1790	konto-*n*	account
851	kierunek-*m*	direction	1294	kontrakt-*m*	contract
1050	kieszeń-*f*	pocket	1095	kontrola-*f*	control
1930	kij-*m*	stick, bat	1372	kontrolować (się)-*vif2*	control
158	kilka-*prn*	a few, some	1188	kontynuować-*vif*	continue
2361	kilogram-*m*	kilogram	2230	kopać (się)-*vif2; vif2*	dig; kick
1200	kilometr-*m*	kilometer	2251	kopalnia-*f*	mine
1746	kilo-*n*	kilo	2127	kopia-*f*	copy
1486	kino-*n*	cinema	829	korekta-*f*	adjustment
2059	kit-*m; m*	putty; lie (coll)	2474	korytarz-*m*	corridor
1182	kłamać-*vif*	lie	2369	korzyść-*f*	advantage
2023	kłamca-*m*	liar	864	kość-*f*	bone
1268	kłamstwo-*n*	lie	1027	kościół-*m*	church
834	klasa-*f*	class	2068	kostium-*m*	costume
2063	klatka-*f*	cage	2268	kosz-*m*	basket, bin
1180	klient-*m*	client, customer	1378	koszmar-*m*	nightmare
2336	kłócić się-*vifr*	argue	1989	koszt-*m*	cost, expense
412	kłopot-*m*	trouble	1158	kosztować-*vif*	cost, taste
1123	klub-*m*	club	1802	koszula-*f*	shirt
631	klucz-*m*	key	1277	kot-*m*	cat
1340	kluczyk-*m*	key, car key	1626	kradzież-*f*	theft, stealing
265	kobieta-*f*	woman	406	kraj-*m*	country
150	kochać (się)-*vif*	love	2367	krawat-*m*	tie
139	kochanie-*n*	sweetheart, darling	1256	kręcić (się)-*vif; vifr*	record; spin
1103	kochany-*adj*	lovely, dear	1991	kretyn-*m*	moron
1077	kod-*m*	code	400	krew-*f*	blood
565	kolacja-*f*	supper	788	krok-*m*	step
1219	kolano-*n*	knee	1822	królestwo-*n*	kingdom

2495	królewski-*adj*	royal
628	król-*m*	king
1292	królowa-*f*	queen
1840	krótki-*adj*	short
1529	krótko-*adv*	briefly, shortly
2229	krowa-*f*	cow
2425	kryć (się)-*vif2*	cover
2112	kryzys-*m*	crisis
1756	krzesło-*n*	chair
1503	krzyczeć-*vif*	scream, shout
1472	krzywda-*f*	harm
2316	krzyż-*m*	cross
1058	ksiądz-*m*	priest
969	książę-*m*	prince
616	książka-*f*	book
2433	księga-*f*	book
1618	księżniczka-*f*	princess
1122	księżyc-*m*	moon
649	ktokolwiek-*prn*	anyone
59	kto-*prn*	who
87	który-*prn*	which, who, that
1370	któryś-*prn; prn*	one; any
84	ktoś-*prn*	someone, anyone
2344	któż-*prn*	who
726	kuchnia-*f*	kitchen
1516	kula-*f; f*	ball, sphere; bullet
2473	kultura-*f*	culture
1163	kumpel-*m*	buddy (coll)
1502	kupa-*f; f; f*	pile; a ton of; poo (coll)
461	kupić-*vpf*	buy
2374	kupować-*vif*	buy
1512	kurczak-*m*	chicken
1739	kurczę-*n; i*	chicken; heck
1023	kurde-*i*	heck (coll)
1205	kurs-*m*	course
2054	kurtka-*f*	jacket
1705	kutas-*m*	dick
1608	kuzyn-*m*	cousin
1177	kwestia-*f*	issue
854	kwiat-*m*	flower

L

875	laboratorium-*n*	laboratory
1449	łączyć (się)-*vif2*	connect
2440	lada-*f; prt; prp*	counter; any; any
576	ładnie-*adv*	nicely, pretty
698	ładny-*adj*	nice, pretty
2078	ładunek-*m*	load, cargo
799	lancz-*m*	lunch
1387	łapać (się)-*vif2*	catch, grab
1497	laska-*f*	staff; girl (coll)
1069	las-*m*	forest
1317	latać-*vif*	fly
1507	lato-*n*	summer
474	łatwo-*adv*	easily, easy
957	łatwy-*adj*	easy
1281	łazienka-*f*	bathroom
982	łeb-*m*	head (coll)
409	lecieć-*vif*	fly, fall, go (coll)
327	lecz-*con*	but
1694	ledwie-*adv*	hardly, barely
1179	ledwo-*adv*	barely, hardly
2057	legenda-*f*	legend
1595	lekarstwo-*n*	medicine
712	lekarz-*m*	doctor
1413	lekcja-*f*	lesson
1672	lekko-*adv*	lightly, slightly
1538	lek-*m*	medicine
1492	letni-*adj; adj*	summer; warm
688	lewy-*adj; adj*	left; shady (coll)
739	leżeć-*vif*	lie
1266	liceum-*n*	high school
1567	licho-*n; adv*	deuce; poorly
1673	liczba-*f*	number
813	liczyć (się)-*vif; vifr*	count; matter, reckon
752	likend-*m*	weekend
2317	lina-*f*	rope
782	linia-*f*	line
2060	lipiec-*m*	July
1174	lis-*m*	fox
808	lista-*f*	list
513	list-*m*	letter
1131	litość-*f*	mercy
359	litr-*m*	liter
1726	lód-*m*	ice
1477	lody-*fpl*	ice cream
869	łódź-*f*	boat
1713	lord-*m*	lord
528	los-*m; m*	fate; coupon
1032	lot-*m*	flight
1301	lotnisko-*n*	airport
526	łóżko-*n*	bed
212	lub-*con*	or
213	lubić -*vif*	like
2296	lud-*m*	people, nation
1260	ludzki-*adj*	human
1662	ludzkość-*f*	humanity
1860	lustro-*n*	mirror
1689	łza-*f*	tear

M

1342	mądry-*adj*	wise, clever
2257	magazyn-*m*	magazine
2005	magia-*f*	magic
2408	majątek-*m*	wealth
1438	maj-*m*	May
1153	major-*m*	major
2231	majtki-*fpl*	panties, pants
2048	maleńki-*adj*	tiny
407	mało-*adv*	little
2193	małpa-*f*	monkey
2334	malutki-*adj*	tiny
224	mały-*adj*	small, little
910	małżeństwo-*n*	marriage
157	mama-*f*	mum
1160	mamusia-*f*	mommy
1771	mapa-*f*	map
2342	marsz-*m*	march
291	martwić (się)-*vif; vifr*	worry, bother; worry
587	martwy-*adj*	dead
2321	marynarka-*f; f*	jacket; navy
1222	marzenie-*n*	dream
2388	masa-*f; f*	mass; a lot of
1998	maska-*f*	mask
1578	maszyna-*f*	machine
1345	materiał-*m*	material, fabric
257	matka-*f*	mother
338	mąż-*m*	husband
769	mecz-*m*	match, game
2320	medal-*m*	medal
2339	medium-*n; n*	media; psychic
1176	Meksyk-*m*	Mexico
2293	metoda-*f*	method
807	metr-*m*	meter
2144	metro-*n*	subway
453	mężczyzna-*m*	man
2456	miasteczko-*n*	town
345	miasto-*n*	city, town
26	mieć (się)-*vif; vifr*	have; feel
1038	miecz-*m*	sword
312	między-*prp*	between
2306	(w) międzyczasie-*phr*	meanwhile
142	miejsce-*n*	place
413	miesiąc-*m*	month
1313	mięso-*n*	meat
2216	mieszać (się)-*vif; vifr*	mix; get involved
484	mieszkać-*vif*	live, stay
1966	mieszkaniec-*m*	citizen, resident
718	mieszkanie-*n*	flat, apartment
824	mila-*f*	mile
1323	mile-*adv*	kindy
2432	miliard-*m*	billion
2016	milimetr-*abr*	millimeter
556	milion-*m*	million
198	miło-*adv*	nice, pleasantly
256	miłość-*f*	love
547	miły-*adj*	nice
533	mimo-*prp*	despite
952	minąć (się)-*vpf2*	pass by
2486	minister-*m*	minister
215	minuta-*f*	minute
1216	misja-*f*	mission
735	mistrz-*m*	master, champion
1357	mleko-*n*	milk
1922	młode-*n; n*	cub; young
507	młody-*adj*	young
564	mnóstwo-*nu*	plenty, a lot of
28	móc-*vif*	may, be able
664	moc-*f*	power
520	mocno-*adv*	firmly, hard
1906	mocny-*adj*	strong
2510	moda-*f*	fashion, trend
1825	model-*m*	model
2151	modlić się-*vifr*	pray
2405	modlitwa-*f*	prayer
49	mój-*prn*	my, mine
498	moment-*m*	moment
1682	morda-*f; i*	face (coll); shut up (coll)
1280	morderca-*m*	murderer
775	morderstwo-*n*	murder
1228	morze-*n*	sea
1491	most-*m*	bridge
612	mowa-*f; f*	language; speech
115	mówić-*vif*	speak
953	może-*prt*	maybe
817	mózg-*m*	brain
839	możliwość-*f*	possibility
332	możliwy-*adj*	possible
143	można-*vb*	be possible
2292	mur-*m*	wall
66	musieć-*av*	must, have to
1353	muzeum-*n*	museum
663	muzyka-*f*	music
1210	mylić (się)-*vif; vifr*	confuse; be wrong
54	my-*prn*	we
101	myśleć-*vif*	think
2025	myślenie-*n*	thinking
489	myśl-*f*	thought

N

2107	nabrać (się)-*vpf; vpf; vpfr*	gather; fool; get fooled
210	nadal-*adv*	still
1817	nadawać (się)-*vif; vifr*	broadcast; be suitable
841	nadchodzić-*vif*	come, approach
1024	nadejść-*vpf*	come, arrive
152	nad-*prp*	on, over, above
185	nadzieja-*f*	hope
434	nagle-*adv*	suddenly
2431	nagły-*adj*	sudden
2091	nago-*adv*	naked, nude
1644	nagranie-*n*	recording
1231	nagroda-*f*	reward, bounty
267	najpierw-*adj*	firstly, at first
2170	najwięcej-*adv*	most
1604	nakaz-*m*	warrant, order
344	należeć (się)-*vif; vifr*	belong, own; deserve
1735	napad-*m*	robbery, attack
1043	napić się-*vpfr*	drink
946	napisać-*vpf*	write
243	napis-*m*	inscription, caption
60	naprawdę-*prt*	really
895	naprawić-*vpf*	repair
5	na-*prp*	on
655	naprzód-*adv*	forward
1119	nareszcie-*adv*	finally
1215	narkotyk-*m*	drug
1944	naród-*m*	nation, people
2479	narodzenie-*n*	birth
2206	narzędzie-*n*	tool
2029	nastąpić-*vpf*	take place, occur
1151	następnie-*adv; adv*	then; next
501	następny-*adj*	next
1506	nastrój-*m*	mood
196	nasz-*prn*	our
2386	naszyjnik-*m*	necklace
2404	natomiast-*con*	however, while
1445	natura-*f*	nature
1335	naturalnie-*adv*	naturally
2155	naturalny-*adj*	natural
295	natychmiast-*adv*	immediately
637	nauczyć (się)-*vpf; vpfr*	teach; learn
1710	nauczyciel-*m*	teacher
1344	nauka-*f; f*	science; learning
2427	naukowiec-*m*	scientist
67	nawet-*prt*	even
1036	nawzajem-*adv*	each other; you too
1391	nazwać (się)-*vpf2*	call, name
1760	nazwa-*f*	name
440	nazwisko-*n*	surname
320	nazywać (się)-*vif; vifr*	call; to be named
2074	nędza-*f*	misery
2466	nerwowy-*adj*	nervous
1864	nerwy-*fpl*	nerve
514	niby-*prp; con; prt*	as if; as if; seemingly
1614	ni-*con*	neither ... nor
41	nic-*prn; n*	nothing, anything; nothing
2469	niebawem-*adv*	soon
1552	niebezpieczeństwo-*n*	danger, hazard
2243	niebezpiecznie-*adv*	dangerous, dangerously
792	niebezpieczny-*adj*	dangerous
1536	niebieski-*adj*	blue
778	niebo-*n*	sky, heaven
91	niech-*prt*	let, may
705	nieco-*adv; prn*	little; bit
915	niedaleko-*adv*	near
1308	niedawno-*adv*	recently
477	niedługo-*adv*	soon
1089	niedobrze-*adv; adv*	bad; sick
2225	niedorzeczny-*adj*	ridiculous
1456	niedziela-*f*	Sunday
2505	niedźwiedź-*m*	bear
2131	niegrzeczny-*adj*	rude, naughty
552	niektóry-*prn*	some, a certain
2096	nielegalny-*adj*	illegal
1463	niemal-*adv*	almost, nearly
1245	Niemiec-*m*	German
423	niemożliwy-*adj*	impossible
500	nienawidzić (się)-*vif2*	hate
2077	nienawiść-*f*	hatred
2128	nieporozumienie-*n*	misunderstanding
2288	niepotrzebnie-*adv*	unnecessarily
604	nieprawda-*f*	lie, falsehood
768	nieprawdaż-*prt*	right
1	nie-*prt*	no, not
2491	nieruchomość-*f*	real estate
2030	niesamowicie-*adv*	extremely
599	niesamowity-*adj*	incredible, amazing
804	niespodzianka-*f*	surprise
2269	niesprawiedliwy-*adj*	unjust, unfair
480	niestety-*prt*	unfortunately
2295	nieszczęście-*f*	tragedy, misery
415	nieważny-*adj*	invalid, irrelevant
1184	niewiarygodny-*adj; adj*	unbelievable; unreliable

783	niewiele-*nu*	a little, not much/many
1338	niewinny-*adj*	innocent
2228	niezależnie-*adv ; adv*	no matter; independently
1061	niezbyt-*adv*	not too...
311	nieźle-*adv*	well, nice, not bad
550	niezły-*adj*	not bad, nice
1619	niezupełnie-*adv*	not entirely, not exactly
1747	niezwykle-*adv*	extremely
1831	niezwykły-*adj*	extraordinary
56	nigdy-*prn*	never
512	nigdzie-*adv*	anywhere, nowhere
112	nikt-*prn*	nobody, no one
1724	nisko-*adv*	low
108	niż-*con*	than
180	noc-*f*	night
462	noga-*f*	leg
2095	nonsens-*m*	nonsense
46	no-*prt*	well, so; yes (coll)
1150	normalnie-*adv; adv*	normally; properly
1096	normalny-*adj; adj*	common; normal
1080	nosić (się)-*vif2*	wear, carry
917	nos-*m*	nose
2252	notatka-*f*	note
1876	nowo-*adv*	newly
260	nowy-*adj*	new
901	nóż-*m*	knife
1982	nudny-*adj*	boring
253	numer-*m*	number

O

559	oba-*nu*	both
1584	obawa-*f*	concern, anxiety
561	obawiać się-*vifr*	be afraid, be concerned
372	obchodzić (się)-*vif; vifr*	celebrate, care; handle
1410	obcy-*adj; m; m*	foreign; stranger; alien
1117	obecnie-*adv*	nowadays, currently
1596	obecność-*f*	presence
1051	obejrzeć (się)-*vpf2*	watch
535	obiad-*m*	dinner
1855	obiecać-*vpf*	promise
1954	obiekt-*m*	object
463	obok-*prp; adv*	next to; near
1418	obowiązek-*m*	responsibility, duty
1384	obóz-*m*	camp

809	obraz-*m*	image, painting
2373	obrócić (się)-*vpf2*	turn
1187	obrona-*f*	defense
1677	obrzydliwy-*adj*	disgusting
1984	obserwować (się)-*vif2*	observe
1981	obszar-*m*	area
1712	obudzić (się)-*vpf2*	wake up
1385	oby-*prt*	may
1166	ocalić (się)-*vpf2*	save
1888	ocean-*m*	ocean
177	och-*i*	oh
679	ochota-*f*	crave, willingness
1014	ochrona-*f*	protection, security
2414	ochronić (się)-*vpf2*	protect
1678	oczekiwać-*vif*	expect, await
2331	oczyścić (się)-*vpf2*	purify, clear
111	oczywiście-*prt*	of course
1109	oczywisty-*adj*	obvious
1289	odbić (się)-*vpf; vpfr*	reflect; bounce
2075	odbierać-*vif*	receive; pick up
924	odbiór-*m*	reception, response
2181	odbyć (się)-*vpf; vpfr*	undergo; take place
1458	odchodzić-*vif*	leave, go away
1513	odcisk-*m; m*	print; blister
636	oddać (się)-*vpf; vpfr*	return, give back; give in
1169	oddech-*m*	breath
1306	oddychać-*vif*	breathe
1257	oddział-*m*	branch, division
796	odebrać-*vpf*	pick up, receive, answer
439	odejść-*vpf*	leave, pass away
558	odkąd-*prp; adv*	since, how long
2265	odkryć-*vpf*	discover; invent; uncover
2126	odległość-*f*	distance
733	odłożyć-*vpf*	put away, put off
2106	odmówić-*vpf*	refuse
960	odnaleźć (się)-*vpf2*	find
1730	odnośnie-*prp*	regarding
1137	odpocząć-*vpf*	rest
1083	odpowiadać-*vif; vif*	answer; correspond, suit
1841	odpowiedni-*adj*	adequate; suitable
2165	odpowiednio-*adv*	appropriately
584	odpowiedź-*f*	answer, reply
1496	odpowiedzialność-*f*	responsibility
1168	odpowiedzialny-*adj*	responsible
1229	odpowiedzieć-*vpf*	reply, answer
37	od-*prp*	since, for, from
1381	odrobina-*f*	a little

1885	odsunąć (się)-*vpf; vpfr*	push aside; move away
1325	odwaga-*f*	courage
2109	odważny-*adj*	brave
1130	odwiedzić (się)-*vpf2*	visit
2239	odwołać (się)-*vpf; vpfr; vpfr*	cancel; revoke; refer
1995	odwrócić (się)-*vpf2*	turn
2221	odwrót-*m*	retreat
942	odzyskać-*vpf*	get back, regain
1866	oferta-*f*	offer
971	ofiara-*f*	victim, sacrifice
1349	oficer-*m*	officer
1569	oficjalnie-*adv*	officially
557	ogień-*m*	fire
846	oglądać (się)-*vif2*	watch
330	ogół-*m*	entirety, society
2041	(w) ogóle-*phr*	at all; in general
2496	ogon-*m*	tail
2051	ogród-*m*	garden
1594	ogromny-*adj*	huge
183	oh-*i*	oh
160	ojciec-*m*	father
2190	ojej-*i; i*	oh dear; oops
1474	oj-*i*	oh, oops
1469	okazać (się)-*vpf; vpfr*	show; turn out
492	okazja-*f*	opportunity, chance
2045	okazywać (się)-*vif; vifr*	show; turn out
638	okej-*adj; adv; i*	okay; okay; okay
730	okno-*n*	window
853	okolica-*f*	area
1115	okoliczność-*f*	circumstances; case
454	około-*adv*	about, around
231	oko-*n*	eye
1236	okres-*m*	period
1716	okręt-*m*	ship
1197	okropnie-*adv*	awfully, awful
878	okropny-*adj*	awful, terrible
1388	okulary-*fpl*	glasses
2358	olej-*m*	oil
23	on-*prn*	he
1213	operacja-*f*	operation, surgery
1566	opieka-*f*	care
2340	opiekować (się)-*vifr*	take care
2141	opinia-*f*	opinion
1997	opisać-*vpf*	describe, explain
2236	opór-*m*	resistance
2185	opowiadać (się)-*vif; vifr*	tell, say; support
928	opowiedzieć (się)-*vpf; vpfr*	tell; support
1433	opowieść-*f*	story
666	oprócz-*prp*	besides, except
14	o-*prp*	about, at
2430	oprzeć (się)-*vpf; vpfr*	base, lean; resist
779	opuścić (się)-*vpf; vpf; vpfr*	leave; lower; slack off
467	oraz-*con*	and, as well as
1928	organizacja-*f*	organization, association
2392	orzeł-*m*	eagle
1450	osiągnąć-*vpf*	achieve
728	osiem-*nu*	eight
2346	oskarżenie-*n*	accusation
1764	oskarżyć-*vpf*	accuse
527	osoba-*f*	person
680	osobiście-*adv*	personally
1568	osobisty-*adj*	personal, individual
2186	osobność-*f*	privacy, private
1812	ostatecznie-*adv*	in the end; ultimately
335	ostatni-*adj*	last
379	ostatnio-*adv*	lately, recently
1652	ostro-*adv*	hot; sharply
577	ostrożnie-*adv*	carefully, careful
1183	ostrożny-*adj*	careful
2326	ostry-*adj; adj*	sharp; spicy
1640	ostrzec-*vpf*	warn
1720	ostrzegać-*vif*	warn
1845	ostrzeżenie-*n*	warning
1973	oświadczenie-*n*	statement
1880	oszaleć-*vpf*	go crazy
2266	oszukać (się)-*vpf2*	deceive, trick
242	oto-*prn; prt*	here; that's
1988	ot-*prt*	just
2422	otrzymać-*vpf*	receive
1901	otwarcie-*adv; n*	openly; opening
1945	otwarty-*adj*	open
1041	otwierać (się)-*vif2*	open
435	otworzyć (się)-*vpf2*	open
2395	owoc-*m*	fruit
764	owszem-*prt; con*	indeed; in fact
1781	ożenić się-*vpfr*	marry (about a man)
399	oznaczać-*vif*	mean

P

1476	pachnieć-*vif*	smell
1767	pacjent-*m*	patient
2261	paczka-*f; f*	package; pack
1444	padać-*vif*	rain, fall
417	pa-*i*	bye

1784	pałac-*m*	palace	699	pieprzyć (się)-*vif; vif2*	spice up; screw (coll)
1851	palant-*m*	jerk	2044	pierścień-*m*	ring
1275	palec-*m*	finger, toe	1629	pierścionek-*m*	ring
1282	palić (się)-*vif2*	burn, light, smoke	1193	pierś-*f*	breast, chest
1757	paliwo-*n*	fuel	191	pierwszy-*adj*	first
997	pamięć-*f*	memory	537	pies-*m*	dog
240	pamiętać (się)-*vif*	remember	2284	piętnaście-*nu*	fifteen
1136	panienka-*f*	young lady	1405	piętro-*n*	floor
48	pani-*f*	lady, madam	2355	pigułka-*f*	pill
29	pan-*m*	sir	994	pijany-*adj*	drunk
465	panna-*f*	girl, miss (fml)	830	piłka-*f*	ball
772	pański-*adj*	your, lordly	1361	pilnować (się)-*vif2*	watch
794	państwo-*n; n*	country; Mrs. and Mr.	2130	pilny-*adj*	urgent; diligent
			1932	pilot-*m*	pilot
1390	papier-*m*	paper	1063	piosenka-*f*	song
1427	papieros-*m*	cigarette	943	pisać-*vif*	write
288	para-*f; f*	couple; steam	2139	pisarz-*m*	writer
1042	parę-*nu*	a couple, a few	2519	pismo-*n; n; n*	handwriting; magazine; letter
2069	parking-*m*	parking lot			
1064	park-*m*	park	793	pistolet-*m*	gun
2031	partia-*f*	party	1214	piwnica-*f*	basement
1643	partner-*m*	partner	644	piwo-*n*	beer
2264	pasażer-*m*	passenger	2241	pizza-*f*	pizza
1524	pas-*m*	belt, seatbelt	1533	płaca-*f*	salary, earnings
615	pasować-*vif*	fit, match; pass	1339	płacić-*vif*	pay
1953	paszport-*m*	passport	1227	płacz-*m*	cry
2524	patrol-*m*	patrol	1322	płakać-*vif*	cry
259	patrzeć (się)-*vif2*	look, watch	1396	planeta-*f*	planet
1805	patrzyć (się)-*vif2*	look	364	plan-*m*	plan
1861	pech-*m*	bad luck, misfortune	1400	płaszcz-*m*	coat
1204	pełnić-*vif*	fulfill, perform	1175	plaża-*f*	beach
1104	pełno-*adv; adv*	lots; full of	1152	plecy-*fpl*	back
930	pełny-*adj*	full	1691	plotka-*f*	rumor, gossip
250	pewien-*prn; adj*	a; sure	1376	plus-*m; adj; con*	plus; plus; plus
123	pewnie-*adv; prt*	confidently; most likely	1668	płynąć-*vif*	flow, swim
			2303	płyta-*f; f*	plate, disc; album
175	(na) pewno-*phr*	certainly, surely	1719	pływać-*vif*	swim
529	pewność-*f*	confidence, certainty	995	po prostu-*phr*	simply, just
541	pewny-*adj*	confident, sure, reliable	738	pobliże-*n*	surroundings
			676	pobrać (się)-*vpf; vpfr*	download; marry
939	piątek-*m*	Friday	2082	pobyt-*m*	stay
2308	piąty-*adj*	fifth	1488	pocałować (się)-*vpf2*	kiss
844	pić-*vif*	drink	1838	pocałunek-*m*	kiss
293	pięć-*nu*	five	950	pochodzić-*vif*	come from
1039	piekło-*n*	hell	753	pociąg-*m; m*	train; inclination
569	pięknie-*adv*	beautifully	448	początek-*m*	beginning
385	piękno-*n*	beauty	318	poczekać-*vpf*	wait
430	piękny-*adj*	beautiful	1815	poczta-*f*	mail; post office
170	pieniądz-*m*	money	1194	poczucie-*n*	sense
914	pieprz-*m*	pepper	1481	poczuć-*vpf2; vpf*	feel; smell
1714	pieprzony-*adj*	frigging (coll)	614	podać-*vpf*	give, pass

276	podczas-*prp*	while, during
1727	poddać (się)-*vpf2*	give up, surrender
1686	podejrzany-*adj; m*	suspicious; suspect
2477	podejrzewać (się)-*vif2*	suspect
2147	podejście-*n*	attitude
1562	podejść-*vpf*	approach
1658	podjąć (się)-*vpf; vpfr*	take; take up
1471	podłoga-*f*	floor
1019	podnieść (się)-*vpf; vpfr*	pick up, raise; stand up
214	podobać się-*vifr*	like
1171	podobnie-*adv*	similarly, similar
685	podobno-*prt*	it is said, reportedly
1364	podobny-*adj*	similar
1382	podpisać (się)-*vpf2*	sign
2406	podpis-*m*	signature
120	pod-*prp*	under
684	podróż-*f*	travel, trip
2453	podróżować-*vif*	travel
1448	podstawa-*f; f*	basis; stand
2391	podwójny-*adj*	double
2511	podział-*m; m*	division; distribution
927	podziękować-*vpf*	thank
1809	podzielić (się)-*vpf; vpfr*	divide; share
2273	podziwiać-*vif*	admire
473	pogadać-*vpf*	chat (coll), talk (coll)
1654	pogoda-*f*	weather
2012	pogodzić (się)-*vpf; vpfr; vpfr*	reconcile; accept; makeup
1367	pogrzeb-*m*	funeral
1754	pojawiać się-*vifr*	appear
1255	pojawić się-*vpfr*	appear, show up
852	pojechać-*vpf*	go
351	pojęcie-*n*	concept, idea
279	pójść-*vpf*	go
386	pokazać (się)-*vpf2*	show
1199	pokaz-*m*	show
1609	pokazywać (się)-*vif2*	show
581	póki-*con*	until, as long as
1046	pokład-*m*	deck, board
246	pokój-*m; m*	room; peace
1233	pokonać-*vpf*	beat, defeat
1467	połączenie-*n*	connection, call
1539	połączyć (się)-*vpf2*	connect
1239	polegać-*vif*	rely
1162	pole-*n*	field
357	policja-*f*	police
1628	policjant-*m*	policeman
2314	polityka-*f*	politics; policy
944	północ-*f; f*	north; midnight
1940	północny-*adj*	northern
355	pół-*nu*	half
1056	połowa-*f*	half
2173	polowanie-*n*	hunt
956	położyć (się)-*vpf; vpfr*	put; lie down
916	południe-*n; n*	south; noon
1742	południowy-*adj; adj*	southern; noon
922	pomagać-*vif*	help
605	pomiędzy-*prp*	between
1238	pomimo-*prp*	despite
229	pomoc-*f*	help
153	pomóc-*vpf*	help
1659	pomówić-*vpf*	talk, defame
1164	pomyłka-*f*	mistake
585	pomyśleć-*vpf*	think
236	pomysł-*m*	idea
405	ponad-*prp*	over, above
1203	poniedziałek-*m*	Monday
178	ponieważ-*con*	because
1541	poniżej-*prp; prp; adv*	below; less; below
539	ponownie-*adv*	again
363	popatrzeć (się)-*vpf2*	have a look
1916	popełnić-*vpf*	commit, make
2459	popołudnie-*n*	afternoon
2080	popracować-*vpf*	work on
2312	poprawić (się)-*vpf2*	correct, improve
1426	poprawka-*f*	correction
588	poprosić -*vpf*	ask
25	po-*prp*	after
940	poprzez-*prp*	through, by
833	poradzić (się)-*vpf; vpf; vpfr*	advise; cope; take advise
704	pora-*f*	time
2205	porównanie-*n*	comparison
239	porozmawiać-*vpf*	talk
1706	portfel-*m*	wallet
806	porucznik-*m*	lieutenant
2242	poruszać (się)-*vif; vifr*	touch; move
2488	porwać-*vpf*	kidnap, inspire
63	porządek-*m; m*	order; tidiness
2067	porządnie-*adv*	neatly
1475	posiadać-*vif*	have, own
1925	posiłek-*m*	meal
2119	posiłki-*fpl*	backup
193	posłuchać (się)-*vpf; vpfr*	listen; obey
2209	pośpiech-*m*	haste
2347	posprzątać-*vpf*	clean
1846	pośród-*prp*	among, in the middle of
1617	postać-*f; f; vpf*	form; person; stand

1457	postarać się-*vpfr*	do ... best	1052	pozwalać-*vif*	allow, let
1777	postawa-*f; f*	attitude; posture	1276	pozwolenie-*n*	permission, license
1265	postawić (się)-*vpf; vpf; vpfr*	put; build; oppose	252	pozwolić-*vpf*	let
			1241	pozycja-*f*	position
2457	postęp-*m*	progress	1371	pożyczyć-*vpf*	borrow, lend
1972	posterunek-*m*	post, office, station	173	praca-*f*	work, job
2004	poświęcić (się)-*vpf2*	sacrifice	422	pracować-*vif*	work
1455	poszukać-*vpf*	look for	1687	pracownik-*m*	employee, worker
2523	poszukiwać-*vif*	look for	1923	prąd-*m; m*	electricity; current
2098	poszukiwanie-*n*	search	1053	pragnąć-*vif*	desire
132	potem-*adv*	then, later	2434	pragnienie-*n*	desire, thirst
2104	potężny-*adj*	powerful, great	1577	praktycznie-*adv*	basically, practically
519	potrafić-*vif*	can, be able	2238	pranie-*n*	laundry
1060	potrwać-*vpf*	take	2513	prasa-*f*	press
626	potrzeba-*n*	need	71	prawda-*f*	truth
776	potrzebny-*adj*	necessary	442	prawdopodobnie-*adv*	probably, likely
203	potrzebować-*vif*	need	481	prawdziwy-*adj*	true
2341	potwierdzić (się)-*vpf2*	confirm	222	prawie-*adv*	almost
1551	potwór-*m*	monster	1574	prawnik-*m*	lawyer
284	poważnie-*adv*	seriously, serious	263	prawo-*n*	right; law
1128	poważny-*adj*	serious	1121	prawy-*adj*	right, just
2162	powiat-*m*	district	1639	precz-*adv; i*	away; get out
88	powiedzieć-*vpf*	say	1133	prędko-*adv; adv*	soon; fast
1891	powierzchnia-*n*	surface	1955	prędkość-*f*	speed
2032	powieść (się)-*f; vpf; vpfr*	novel; lead; succeed	563	prezent-*m*	gift
			790	prezydent-*m*	president
816	powietrze-*n*	air	1310	próba-*f*	attempt, try
314	powinien-*av*	should	2282	próbka-*f*	sample
241	powód-*m*	reason	194	problem-*m*	problem
1646	powodować-*vif*	cause	571	próbować-*vif*	try
478	powodzenie-*n*	success, luck	1374	procent-*nu; m*	percent; interest
597	powoli-*adv*	slowly	1102	proces-*m*	process
2504	powrócić-*vpf*	return	1832	prochy-*fpl*	drugs (coll), cremains
325	powrót-*m*	return	2167	produkcja-*f*	production
2133	(z) powrotem-*phr; phr*	back; again	918	profesor-*m*	professor
			742	program-*m*	program
639	powstrzymać (się)-*vpf2*	stop, hold	1100	projekt-*m*	project, design
			2516	prokurator-*m*	prosecutor, attorney
1021	powtarzać (się)-*vif2*	repeat	1787	proponować-*vif*	offer
1605	powtórzyć (się)-*vpf2*	repeat	1801	propozycja-*f*	proposition, offer
219	poza-*prp; f*	apart from, out; pose	1987	prośba-*f*	request
1732	pożar-*m*	fire	36	prosić (się)-*vif2*	ask
826	pozbyć się-*vpfr*	get rid of	393	prosto-*adv*	straight, easily
1907	pozdrowienie-*m*	greeting	98	prosty-*adj*	simple, straight
1570	pożegnać (się)-*vpf2*	say goodbye	671	prowadzić (się)-*vif; vifr*	drive, lead; conduct
1001	poziom-*m*	level			
305	poznać (się)-*vpf2*	meet, get to know	1211	prysznic-*m*	shower
169	późno-*adv*	late	2263	prywatny-*adj*	private
1324	pozostać-*vpf*	stay, remain	2081	przebrać (się)-*vpf2; vpfr*	change;; disguise
1549	pozostały-*adj*	remaining			
1453	pozostawać-*vpf*	stay, remain	2452	przebywać-*vif*	reside, be, pass

1701	przechodzić-*vif*	pass, cross
2521	przeciąg-*m*	draft
195	przecież-*prt*	yet, but
339	przeciwko-*prp*	against
1779	przeciwnie-*adv*	opposite
1723	przeciwny-*adj*	against, opposing
723	przeciw-*prp*	against
1510	przeczucie-*n*	feeling
1232	przeczytać-*vpf*	read
105	przed-*prp*	before
2171	przedstawiać (się)-*vif2*	present, introduce
1044	przedstawić (się)-*vpf2*	introduce
1129	przedstawienie-*n*	performance, play
1068	przedtem-*adv*	before
1904	przejąć (się)-*vpf; vpfr*	take over; worry
2146	przejażdżka-*f*	ride
2033	przejechać (się)-*vpf; vpfr*	pass, cross; drive
811	przejmować (się)-*vif; vifr*	take over; worry about
1527	przejść (się)-*vpf; vpfr*	pass, complete; stroll
647	przejście-*n*	passage, transition
1087	przekazać-*vpf*	give, forward
992	przekonać (się)-*vpf; vpfr*	convince; realize
1823	przekonany-*adj*	convinced
2370	przelecieć (się)-*vpf; vpf2*	pass; fly
1546	przemoc-*f*	violence
1980	przemyśleć-*vpf*	think over, consider
1545	przenieść (się)-*vpf2; vpf*	move; carry
61	przepraszać-*vif*	apologize
1170	przeprosić (się)-*vpf2*	apologize
1796	przeprosiny-*n*	apology
1683	przeprowadzić (się)-*vpf; vpfr*	carry out; move
1828	przerażać (się)-*vif; vifr*	terrify; be terrified
1912	przerażający-*adj*	terrifying, creepy
2200	przerażony-*adj*	terrified
1649	przerwać (się)-*vpf; vpfr*	stop; break
1279	przerwa-*f*	break
1599	przesłuchanie-*n*	interview, interrogation
1729	przespać (się)-*vpf2*	sleep
154	przestać-*vpf*	stop
1875	przestępstwo-*n*	crime
1531	przestrzeń-*f*	space
2102	przesunąć (się)-*vpf2*	move
1010	przeszkadzać-*vif*	disturb, bother
981	przeszłość-*f*	past
2464	przeszukać-*vpf*	search
1708	przetrwać-*vpf*	survive
2247	przewaga-*f*	advantage
2458	przewodniczący-*m*	chairman
1209	przeznaczenie-*n*	destiny
53	przez-*prp*	by, across
1249	przeżycie-*n*	experience
1684	przeżyć-*vpf*	survive, live through
784	przód-*m*	front
1401	przybyć-*vpf*	arrive
715	przychodzić-*vif*	come, come over
2354	przyczyna-*f*	reason, cause
1267	przydać się-*vpfr*	be of use
658	przygotować (się)-*vpf2*	prepare
1134	przyjąć (się)-*vpf; vpf; vpfr*	accept; assume; stay
411	przyjaciel-*m*	friend
1132	przyjaciółka-*f*	friend
1778	przyjaźń-*f*	friendship
896	przyjechać-*vpf*	arrive, come
620	przyjęcie-*n; n*	party; acceptance
2116	przyjemnie-*adv*	nice, nicely
711	przyjemność-*f*	pleasure
2244	przyjemny-*adj*	pleasant, nice
1867	przyjeżdżać-*vif*	arrive
2300	przyjmować (się)-*vif2*	take, accept
2351	przyjrzeć się-*vpf*	take a look
450	przyjść-*vpf*	come, come over
433	przykład-*m*	example
159	przykro-*adv*	sorry
2283	przyłączyć (się)-*vpf2*	join
319	przynajmniej-*adv*	at least
661	przynieść-*vpf*	bring
1606	przynosić-*vif*	bring
893	przypadek-*m*	case
959	przypominać (się)-*vif2*	remind
1397	przypomnieć (się)-*vpf2*	remind
1661	przyprowadzić-*vpf*	bring along
110	przy-*prp*	at, by, beside
1118	przypuszczać-*vif*	suppose
499	przysięgać-*vif*	swear, vow
2393	przysięgły-*adj; m*	sworn; juryman
1408	przysłać-*vpf*	send
737	przysługa-*f*	favor
1145	przystojny-*adj*	handsome
594	przyszłość-*f*	future
1020	przyszły-*adj*	future

1965	przywitać (się)-*vpf2*	greet	2343	reputacja-*f*	reputation
842	przyznać (się)-*vpf2*	admit	991	restauracja-*f*	restaurant
1810	przyznawać (się)-*vif; vifr*	grant; admit	546	reszta-*f; f*	rest; change
			2460	rewolucja-*f*	revolution
1690	psi-*adj*	doglike, canine	107	robić-*vif*	do
2383	psiakrew-*i*	damn	387	robota-*f*	job, work
1632	ptak-*m*	bird	595	rodzaj-*m*	type, kind
2350	publicznie-*adv*	publicly, public	2512	rodzić (się)-*vif; vifr*	give birth; be born
1696	pudełko-*n*	box	457	rodzic-*m*	parent
1883	pułapka-*f*	trap, ambush	374	rodzina-*f*	family
831	pułkownik-*m*	colonel	1926	rodzinny-*adj*	family
856	punkt-*m*	point	1451	róg-*m; m*	corner; horn
540	puścić (się)-*vpf2*	let, release	82	rok-*m*	year
1688	pusty-*adj*	empty	1286	rola-*f*	role
1557	pustynia-*f*	desert	1446	romans-*m*	romance
1206	puszczać (się)-*vif2*	let, release	2338	romantyczny-*adj*	romantic
1968	pysk-*m; m*	muzzle; face (coll)	1956	Rosja-*f*	Russia
2450	pyszny-*adj; adj*	delicious; proud	1636	rosnąć-*vif*	grow
870	pytać (się)-*vif2*	ask	1924	rower-*m*	bicycle
292	pytanie-*n*	question	989	równie-*adv*	equally; as well as
			269	również-*prt*	also, as well as
	R		1834	rozdział-*m*	chapter
			2191	rozejrzeć się-*vpfr*	look around
1098	rachunek-*m*	bill	629	rozkaz-*m*	order
188	racja-*f*	right; ration	348	rozmawiać-*vif*	talk, chat
342	raczej-*adv*	rather	1814	rozmiar-*m*	size
394	rada-*f*	advice, council	921	rozmowa-*f*	conversation
837	radio-*n*	radio	2514	różnić (się)-*vif*	divide, be different
1555	radość-*f*	joy, happiness	805	różnica-*f*	difference
1452	radzić (się)-*vif; vif; vifr*	advise; cope; take advice	736	różny-*adj*	different, diverse
			1985	rozpocząć (się)-*vpf2*	start, begin
1480	raj-*m*	paradise	2325	rozrywka-*f*	entertainment
2387	rakieta-*f*	rocket	148	rozumieć (się)-*vif*	understand
1428	rak-*m; m*	cancer; crawfish	1717	rozum-*m*	mind
1295	ramię-*n*	shoulder, arm	2302	rozwalić (się)-*vpf2*	destroy (coll), smash (coll)
490	rana-*f*	wound			
1748	randka-*f*	date	1563	rozwiązać (się)-*vpf2; vpf2*	solve; untie
1341	ranek-*m*	morning			
965	ranny-*adj; adj*	injured; early	1389	rozwiązanie-*n*	solution
258	rano-*adv; n*	early; morning	2156	rozwód-*m*	divorce
803	raport-*m*	report	2413	rozwój-*m*	development
1532	ratować (się)-*vif2*	save	727	ruch-*m*	movement, traffic
1889	ratunek-*m*	rescue	2132	ruda-*f*	ore
93	razem-*adv*	together	361	ruszać (się)-*vif2*	move
1979	(na) razie-*phr*	for now; see you	968	ruszyć (się)-*vpf2*	move
96	raz-*m*	time, occasion	955	ryba-*f*	fish
2487	ręcznik-*m*	towel	2423	ryj-*m; m*	muzzle; face (coll)
1971	reguła-*f*	rule	1833	rynek-*m; m*	market(place)
271	ręka-*f*	hand	2227	rytm-*m*	rhythm
2468	reklama-*f*	advertisement	1293	ryzyko-*n*	risk
2145	rekord-*m*	record	1839	ryzykować-*vif*	risk

1437	rzadko-*adv*	rarely
702	rząd-*m; m*	government; raw rule; be bossy (coll)
1763	rządzić (się)-*vif; vifr*	rule; be bossy (coll)
109	rzecz-*f*	thing
713	rzeczywiście-*adv; prt*	in fact, actually; truly
1125	rzeczywistość-*f*	reality
1013	rzeka-*f*	river
2042	rzucać (się)-*vif; vif; vifr*	throw; quit; dash
1105	rzucić (się)-*vpf*	throw, quit, dash
1961	rzut-*m*	throw

S

697	sąd-*m*	court, judge
274	sądzić-*vif*	think, judge
1018	sala-*f*	room, hall
2315	salon-*m*	salon; living room
209	samo-*adv*	Itself
1022	samobójstwo-*n*	suicide
248	samochód-*m*	car
592	samolot-*m*	plane
1794	samotnie-*adv*	alone
2353	samotność-*f*	loneliness
1248	samotny-*adj*	lonely
92	sam-*prn*	alone
2204	sąsiad-*m*	neighbor
1346	scena-*f*	scene, stage
1092	scenariusz-*m*	scenario
1931	schody-*fpl*	stairs
1698	schować (się)-*vpf2*	hide
1234	ściana-*f*	wall
2291	ściśle-*adv*	close, closely
1299	sędzia-*m*	judge, referee
2313	sekcja-*f*	section
1167	sekret-*m*	secret
652	seks-*m*	sex
560	sekunda-*f*	second
2217	senator-*m*	senator
530	sen-*m*	dream, sleep
611	sens-*m*	meaning, sense
289	serce-*n*	heart
443	serio-*adv*	seriously, serious
2036	ser-*m*	cheese
1075	setka-*f*	a hundred
2246	sezon-*m*	season
544	siadać-*vif*	sit down
44	siebie-*prn*	-self [reflexive marker]
1517	sieć-*f*	net, network
642	siedem-*nu*	seven

693	siedzieć-*vif*	sit
3	się-*prn*	-self [reflexive marker]
1383	sierżant-*m*	sergeant
579	siła-*f*	strength, power, force
1377	silnik-*m*	engine
948	silny-*adj; adj*	strong; powerful
445	siostra-*f*	sister
136	skąd-*prn*	where from, how
2500	skądże-*prt*	not at all
1721	skakać-*vif*	jump
2389	skała-*f*	rock
334	skarb-*m; m*	treasure; darling
2100	skazać (się)-*vpf2*	sentence, convict
1657	składać (się)-*vif; vifr*	assemble; consist of
929	sklep-*m*	shop
1884	skok-*m*	jump
1560	skomplikowany-*adj*	complicated
1858	skończony-*adj*	finished; finite
613	skończyć (się)-*vpf; vpfr*	finish, end; run out of
1592	skontaktować (się)-*vpf2*	contact
1495	skóra-*f; f*	skin; leather
285	skoro-*con; adj*	since, if; as soon as
1386	skorzystać-*vpf*	use
1821	skrzydło-*n*	wing
1302	skrzywdzić (się)-*vpf2*	hurt
1758	skupić (się)-*vpf2; vpf*	focus; purchase
2271	słabo-*adv*	poorly, poor
2329	słabość-*f*	weakness
1412	słaby-*adj; adj*	weak; bad
998	ślad-*m; m*	footprint; trace
1957	sławny-*adj*	famous, popular
2278	śledzić-*vif*	track, follow
1420	śledztwo-*n*	investigation
1535	ślepy-*adj; m*	blind; a blind person
2174	ślicznie-*adv*	gorgeous
1782	śliczny-*adj*	beautiful
913	słodki-*adj*	sweet
672	słońce-*n*	sun
2349	słówko-*n*	word
306	słowo-*n*	word
607	ślub-*m*	marriage ceremony
187	słuchać (się)-*vif; vifr*	listen; obey
2000	słuchawka-*f; f*	headphone; phone
1879	słuch-*m*	hearing
1728	słusznie-*adv*	right, rightfully
1392	służba-*f*	service
1181	służyć-*vif*	serve

555	słychać-*vb*	be heard, hear	
382	słyszeć (się)-*vif*	hear	
2420	smaczny-*adj*	tasty	
1813	smak-*m*	taste	
1261	smakować-*vif*	taste	
1697	śmiać się-*vifr*	laugh	
866	śmiało-*adv; adv; i*	safely; bravely; come on	
2168	śmiech-*m*	laughter	
1070	śmieć-*m; vif*	trash; dare	
275	śmierć-*f*	death	
1297	śmierdzieć-*vif*	stink	
566	śmieszny-*adj*	funny	
2490	smok-*m*	dragon	
2461	smutek-*m*	sadness, sorrow	
1399	smutny-*adj*	sad	
734	śniadanie-*n*	breakfast	
1615	śnieg-*m*	snow	
1333	sobota-*f*	Saturday	
1952	sok-*m*	juice	
2086	sos-*m*	sauce	
1307	spacer-*m*	walk	
377	spać-*vif*	sleep	
1986	spadać-*vif*	fall	
2035	spalić (się)-*vpf2*	burn	
1625	spaść-*vpf*	fall, drop	
650	specjalnie-*adv*	especially	
1485	specjalny-*adj*	special	
1112	spędzić-*vpf*	spend	
2442	spieprzać (się)-*vif; vif2*	get away (coll); mess up (coll)	
1251	śpiewać-*vif*	sing	
1048	spodnie-*fpl*	pants, trousers	
763	spodobać się-*vpfr*	like, appeal	
1373	spod-*prp*	from under	
2223	spodziewać się-*vifr*	expect	
189	spojrzeć (się)-*vpf2*	look	
1414	spojrzenie-*n*	look	
640	spoko-*i*	cool (coll); fine (coll)	
186	spokój-*m*	calm	
220	spokojnie-*adv*	calmly, calm	
1670	spokojny-*adj*	calm	
1919	społeczeństwo-*n*	society	
2381	społeczność-*f*	society, community	
586	sporo-*prn*	several, plenty	
2332	sport-*m*	sport	
167	sposób-*m*	way	
410	spotkać (się)-*vpf2*	meet	
419	spotkanie-*n*	meeting	
1751	spotykać (się)-*vif2; vifr*	meet; go out	
1613	spóźnienie-*n*	delay, be late	
2398	spóźniony-*adj*	late	
247	sprawa-*f*	matter, case	
1872	sprawdzać (się)-*vif2; vifr*	check, prove; work	
459	sprawdzić (się)-*vpf2; vpfr; vpfr*	check; prove; work	
820	sprawiać-*vif*	cause	
1366	sprawić (się)-*vpf; vpf; vpfr*	cause; buy; do well	
1424	sprawiedliwość-*f*	justice	
2447	sprawka-*f*	doing	
420	spróbować (się)-*vpf; vpfr*	try, taste; prove	
1591	sprowadzać (się)-*vif; vifr*	bring, import; come down	
1759	sprowadzić (się)-*vpf; vpfr*	import; come down to	
2324	sprytny-*adj*	clever, smart	
1948	sprzeciw-*m*	objection, opposition	
890	sprzedać (się)-*vpf2*	sell	
1837	sprzedawać (się)-*vif2*	sell	
1407	sprzedaż-*f*	sale	
2003	sprzed-*prp*	from before	
1110	sprzęt-*m*	equipment	
2047	spust-*m*	trigger	
891	spytać (się)-*vpf2*	ask	
2088	średni-*adj*	average, mediocre	
2415	środa-*f*	Wednesday	
375	środek-*m*	center, middle	
95	stać (się)-*vif; vpfr*	stand; become	
964	stacja-*f*	station	
2494	stado-*n*	herd, pack	
113	stąd-*prn*	*away, from here*	
2297	stale-*adv*	constantly	
1768	stal-*f*	steel	
600	stamtąd-*adv*	thence	
1515	stanąć-*vpf*	stand	
583	stan-*m*	condition, state	
2179	stanowić-*vif*	make, constitute	
1534	stanowisko-*n*	position	
590	starać się-*vifr; vifr*	try, strive; apply	
1331	starczyć-*vpf*	last	
1650	start-*m; i*	start; start	
2087	staruszek-*m*	old man	
2509	staruszka-*f*	old lady	
140	stary-*adj; m*	old; dude (coll)	
572	statek-*m*	ship	
843	stawać (się)-*vif; vif; vifr*	stand up; stop; become	
1522	stawiać (się)-*vif; vifr*	place, build; oppose	

2024	stawić się-*vpfr; vpfr*	appear; report
1938	stolik-*m*	table
1079	stół-*m*	table
881	sto-*nu*	one hundred
911	stopa-*f*	foot
1298	stopień-*m; m*	degree; step
767	stop-*m; i*	alloy; stop
2085	stosunek-*m; m; m*	attitude; relation; ratio
905	strach-*m*	fear
883	stracić-*vpf*	lose
483	strasznie-*adv*	terribly
651	straszny-*adj*	terrible, fearsome
1429	strata-*f*	loss, waste
1898	straż-*f*	guard, watch
1882	strażnik-*m*	guardian
2294	strefa-*f*	zone
1709	strój-*m*	outfit
358	strona-*f*	page, side
1664	strzała-*f*	arrow
979	strzał-*m*	shot
774	strzelać-*vif*	shoot
2478	strzelić-*vpf*	shoot
2366	student-*m*	student
1007	studia-*fpl*	studies
1960	studio-*n*	studio
1842	stworzenie-*n*	creation, creature
1417	stworzyć-*vpf*	create, make
665	styl-*m*	style
2094	stypendium-*n*	scholarship
2401	sugerować-*vif*	suggest
1202	sukces-*m*	success
1656	sukienka-*f*	dress
1149	suma-*f*	sum, amount
2428	sumienie-*n*	conscience
321	super-*adj; adv; i*	great; awesome; great
1487	świadek-*m*	witness
2356	świadomość-*f*	awareness
524	światło-*n*	light
245	świat-*m*	world
2066	światowy-*adj*	global, worldwide
1936	świątynia-*f*	temple
2506	świecić (się)-*vif2*	be lit, shine, glow
174	świetnie-*adv*	excellently
567	świetny-*adj*	great, brilliant
701	święto-*n*	holiday
1055	święty-*adj*	holy, saint, sacred
1750	świeży-*adj*	fresh
1695	świnia-*f*	pig
145	swój-*prn*	one's own
862	sygnał-*m*	signal, sign
2267	symbol-*m*	symbol
1804	synek-*m*	son
326	syn-*m*	son
1309	sypialnia-*f*	bedroom
657	system-*m*	system
633	sytuacja-*f*	situation, status
1073	szacunek-*m*	respect
2454	szafa-*f*	wardrobe
937	szaleństwo-*n*	madness
2166	szał-*m*	frenzy, fever
745	szalony-*adj*	crazy, mad
1470	szampan-*m*	champagne
2503	szanować (się)-*vif2*	respect
441	szansa-*f*	chance
1484	szczegół-*m*	detail
889	szczególnie-*adv*	especially
1315	szczery-*adj*	honest
582	szczerze-*adv*	to be honest, sincerely
2483	szczęściarz-*m*	a lucky guy
322	szczęście-*n*	happiness, luck
2199	szczęśliwie-*adv; adv*	luckily; happily
521	szczęśliwy-*adj*	happy
1873	szczur-*m*	rat
1681	szczyt-*m*	peak, top
449	szef-*m*	boss
1540	szeryf-*m*	sheriff
460	sześć-*nu*	six
2272	szklanka-*f*	glass
429	szkoda-*f; i*	damage; pity
857	szkodzić-*vif*	harm
331	szkoła-*f*	school
897	szlag-*i*	damn it (coll)
2056	szok-*m*	shock
999	szoł-*n*	show
2394	szósty-*adj*	sixth
553	szpital-*m*	hospital
2277	sztuczka-*f*	trick
958	sztuka-*f*	art, piece
536	szukać-*vif*	look for, search
1351	szybki-*adj*	fast, quick
137	szybko-*adv*	quickly, fast
1737	szyja-*f*	neck

T

2134	tabletka-*f*	pill, tab
1394	tajemnica-*f*	mystery, secret
1766	tajny-*adj*	secret, confidential
2274	tak czy owak-*phr*	one way or another

2379	tak czy siak-*phr*	one way or another
118	taki-*prn*	so, such
12	tak-*prt; adv*	yes; so
1500	taksówka-*f*	taxi
283	także-*prt*	also, as well as
1226	talent-*m*	talent
39	tam-*adv*	there
885	tamten-*prn*	that
1365	tamto-*prn*	that
993	tańczyć-*vif*	dance
1140	taniec-*m*	dance
86	ta-*prn*	this, that [f]
1900	taśma-*f*	tape
168	tata-*m*	dad
2310	tatuaż-*m*	tattoo
865	tatuś-*m*	daddy
1994	tchórz-*m*	coward
2337	teatr-*m*	theater
402	tędy-*prn*	this way
1581	tekst-*m*	text
282	telefon-*m*	telephone
700	telewizja-*f*	TV, television
1610	telewizor-*m*	TV
404	temat-*m*	topic, theme
2169	temperatura-*f*	temperature
122	temu-*prt*	ago
22	ten-*prn*	this, that
1749	teoria-*f*	theory
2390	terapia-*f*	therapy
35	teraz-*adv*	now
931	teren-*m*	area
2114	termin-*m*	term, deadline
2083	terytorium-*n*	territory
1189	tęsknić-*vif*	miss
1045	test-*m*	test
58	też-*prt*	also, too
2154	tkwić-*vif*	remain
381	tłumaczenie-*n*	translation
1537	tłum-*m*	crowd
1525	toaleta-*f*	toilet
1593	toast-*m*	toast
469	tom-*m*	volume
645	tona-*f*	ton
2	to-*prn; con*	this [neuter]; then
1360	torba-*f*	bag
2378	torebka-*f*	handbag
2289	tort-*m*	cake
2410	totalnie-*adv*	totally
832	towar-*m*	merchandise, item
1479	towarzystwo-*n*	association, company
1792	towarzysz-*m*	comrade, partner
2363	tożsamość-*f*	identity
1811	tracić (się)-*vif2*	lose
1547	trafić-*vpf*	hit, get
2249	tragedia-*f*	tragedy
1304	trakt-*m*	track
1850	traktować (się)-*vif2; vif*	treat; consider
2046	transport-*m*	transport
1799	trener-*m*	coach
1863	trening-*m*	training
75	trochę-*nu*	some, a little bit
2240	trójka-*f*	three
2125	troszeczkę-*nu*	a little
1005	troszkę-*nu*	a little
427	trudno-*adv*	hard
598	trudny-*adj*	difficult, hard
1819	trup-*m*	dead body
966	trwać-*vif*	last
141	trzeba-*vb*	need to, be necessary to
1004	trzeci-*adj*	third
2071	trzydzieści-*nu*	thirty
238	trzymać (się)-*vif2*	hold, keep
166	trzy-*nu*	three
20	tu-*adv*	here
1899	tunel-*m*	tunnel
55	tutaj-*prn*	here
722	tuż-*adv*	just, close, shortly
1519	twardy-*adj*	hard
350	twarz-*f*	face
819	twierdzić-*vif*	claim, state
81	twój-*prn*	your, yours
2188	tworzyć (się)-*vif2*	create, make
398	tydzień-*m*	week
525	tyłek-*m*	butt (coll)
165	tyle-*prn*	so many/much, as many/much
24	tylko-*adv*	only, just
485	tył-*m*	back
1824	tymczasem-*prt; adv*	while; meanwhile
1415	typ-*m; m*	type; guy (coll)
19	ty-*prn*	you
486	tysiąc-*m*	thousand
1368	tytuł-*m*	title

U

2357	ubezpieczenie-*n*	insurance
1977	ubrać (się)-*vpf2*	put on, wear
867	ubranie-*n*	clothing

1178	ucho-*n*	ear
548	uciec (się)-*vpf; vpfr*	escape; resort
1553	ucieczka-*f*	escape
849	uciekać (się)-*vif; vifr*	run away; resort
2309	uczcić-*vpf*	celebrate
2501	uczciwie-*adv*	honestly, fairly
2290	uczciwy-*adj*	honest
1847	uczeń-*m*	student, pupil
708	uczucie-*n*	feeling
906	uczyć (się)-*vif; vifr*	teach; learn
1878	uczynić (się)-*vpf; vpfr*	do, make; proclaim
328	udać (się)-*vpf; vpfr; vpfr*	pretend; succeed; go
1244	udawać-*vif*	imitate, pretend
1514	uderzenie-*n*	hit
1326	uderzyć (się)-*vpf; vpfr*	hit; bump
1127	udowodnić-*vpf*	prove
797	udział-*m*	part; contribution
1057	ufać-*vif*	trust
2160	ujęcie-*n; n*	shot, frame; capture
2385	układać (się)-*vif; vifr*	arrange; work out
1094	układ-*m; m*	system; deal
1990	ukochany-*adj; m*	beloved; love
1259	ukraść-*vpf*	steal
1201	ukryć (się)-*vpf2*	hide
1785	ukrywać (się)-*vif2*	hide
482	ulica-*f*	street, road
1521	ulubiony-*adj*	favorite
781	umieć-*av*	can, be able to
1543	umiejętność-*f*	skill
941	umierać-*vif*	die
1943	umieścić (się)-*vpf2*	put, locate
1090	umowa-*f*	agreement, deal
2419	umówić (się)-*vpf2*	arrange
491	umrzeć-*vpf*	die, pass away
2070	umyć (się)-*vpf2; vpfr*	wash, brush; take a bath
899	umysł-*m*	mind
1680	uniknąć-*vpf*	avoid, dodge
2280	uniwersytet-*m*	university
1330	upewnić (się)-*vpf2*	assure
2220	uprawiać-*vif*	grow, cultivate
116	u-*prp*	at, of
2416	uprzejmy-*adj*	polite
757	uratować (się)-*vpf2*	save
2330	uraza-*f*	grudge
1939	uroczy-*adj*	charming, lovely
1896	urodzić (się)-*vpf; vpfr*	give birth; be born
691	urodziny-*fpl*	birthday
1843	urządzenie-*n*	device
543	usiąść-*vpf*	sit down
1783	usługa-*f*	service
635	usłyszeć (się)-*vpf2; vpf*	hear; be told
1033	uśmiech-*m*	smile
446	uspokoić (się)-*vpf2*	calm
754	usta-*fpl*	mouth
2049	ustalić-*vpf*	establish, determine
2189	ustawić (się)-*vpf; vpfr*	arrange, set; line up
1897	usunąć (się)-*vpf2*	remove, delete
970	utrzymać (się)-*vpf; vpf2*	keep; provide for
472	uwaga-*f; i*	notice, remark; caution
266	uważać (się)-*vif2*	consider, be careful
1154	uważnie-*adv*	carefully
551	uwielbiać-*vif2*	adore, worship
368	uwierzyć-*vpf*	believe
1354	uwolnić (się)-*vpf2*	release
756	użyć-*vpf*	use
2259	uzyskać-*vpf*	obtain, get
1106	używać-*vif*	use

W

2019	waga-*f*	weight
1071	wakacje-*fpl*	holiday
468	walczyć-*vif*	fight
2485	walić-*vif*	punch, beat
2182	walizka-*f*	suitcase
545	walka-*f*	fight
2143	wanna-*f*	bathtub
1637	wariat-*m*	lunatic, psycho
919	wart-*adj*	worth
920	warto-*prt; vb*	worth; worth
1580	wartość-*f*	value
2103	warunek-*m*	condition
401	wasz-*prn*	your, yours (pl)
973	wątpić-*vif*	doubt
1835	wątpienie-*n*	doubt
1097	wątpliwość-*f*	doubt
1951	wąż-*m; m*	snake; hose
301	ważny-*adj*	important
1590	wbrew-*prp*	against
299	wcale-*adv*	not at all
1029	wchodzić-*vif*	enter
205	wciąż-*adv*	still, constantly
221	wcześnie-*adv*	early
273	wczoraj-*adv*	yesterday
1305	wdzięczny-*adj*	grateful
452	według-*prp*	according to, by
1287	wejście-*n*	entrance

366	wejść-*vpf*	enter, come in
686	wersja-*f*	version
1807	wesele-*n*	wedding
1111	wesoły-*adj; adj*	happy; fun
822	wewnątrz-*prp; adv*	inside; inside
1406	wezwać-*vpf*	call
2224	wezwanie-*n*	call
1478	whisky-*n*	whiskey
356	wiadomość-*f*	message, text
681	wiadomo-*vb*	needless to say, nobody knows
802	wiara-*f*	faith, belief
872	wiatr-*m*	wind
497	widać-*vb*	see, apparently
1868	wideo-*n*	video
2254	widocznie-*adv*	apparently
825	widok-*m*	view, sight
2522	widywać (się)-*vif2*	see, meet
360	widzenie-*n*	vision
161	widzieć (się)-*vif*	see, meet
40	więc-*con; prt*	so, therefore
1271	wiecznie-*adv; adv*	forever; always
2090	wieczność-*f*	eternity
300	wieczór-*m*	evening
1830	wiedza-*f*	knowledge
33	wiedzieć-*vif*	know
455	wiek-*m*	age, century
475	większość-*f*	most, majority
147	wiele-*nu; adv*	many, much; a lot
302	wielki-*adj*	big, huge, great
1903	wielkość-*f; f*	size; greatness
2175	wiersz-*m; m*	verse; poem
298	wierzyć-*vif*	believe
678	wieść-*f*	news
1572	wieś-*f*	village
2323	Wietnam-*m*	Vietnam
1848	wieża-*f*	tower
618	więzienie-*n*	prison, jail
2073	więzień-*m*	prisoner
2245	wilk-*m*	wolf
286	wina-*f*	fault, guilt
2417	winda-*f*	elevator
2418	winić (się)-*vif2*	blame
983	winien-*adj; av*	owe; should
1462	wioska-*f*	village, countryside
1921	wirus-*m*	virus
1999	wisieć-*vif*	hang; owe (coll)
281	witać (się)-*vif2*	greet, welcome
634	wizja-*f*	vision, prospect
1722	wizyta-*f*	visit
391	wkrótce-*adv*	soon

2348	wkurzać (się)-*vif; vifr*	annoy; be annoyed
2472	wkurzony-*adj*	pissed off
1963	włączyć-*vpf*	turn on
1220	władza-*f*	power, authority
1667	właściciel-*m*	owner
268	właściwie-*prt; adv*	in fact; properly
2176	właściwy-*adj*	correct, right
70	właśnie-*adv; prt*	just; exactly
2079	własność-*f*	property
606	własny-*adj*	own
1660	włazić-*vif*	get in
479	włos-*m*	hair
1431	włożyć-*vpf*	put in, put on
2384	wniosek-*m*	conclusion; application
744	wobec-*prp*	towards, in the face of
354	woda-*f*	water
493	wojna-*f*	war
1498	wojsko-*n*	army, military
627	wokół-*prp*	around
668	wola-*f*	will
1411	woleć-*vif*	prefer
1054	wolne-*n*	a day off, vacation
444	wolno-*adv; vb*	slowly; be allowed to
876	wolność-*f*	freedom
643	wolny-*adj; adj*	free; slow
2399	worek-*m*	bag
1829	wówczas-*prn*	then
670	wow-*i*	wow
2497	wózek-*m*	cart, trolley
812	wóz-*m*	car, vehicle, wagon
1252	wpaść-*vpf*	fall; pop in
1430	wpływ-*m*	impact
1161	wprost-*adv*	directly
1789	wprowadzić (się)-*vpf; vpfr*	introduce; move in
4	w-*prp*	in, at
1865	wpuścić-*vpf*	let in
362	wracać-*vif*	return, come back
746	wrażenie-*n*	impression
888	wraz-*prp*	together with
1702	wręcz-*prt; adv*	simply, even; openly
511	wreszcie-*adv*	finally
296	wrócić (się)-*vpf2*	come back
1067	wróg-*m*	enemy
1633	wrzesień-*m*	September
2194	wsadzić-*vpf*	put, stick
1253	wschód-*m; m*	east; sunrise
1542	wściekły-*adj*	angry, furious
1859	wskazywać-*vif*	point, indicate

310	wspaniale-*adv*	great, splendidly
504	wspaniały-*adj*	great, amazing
1327	wsparcie-*n*	support
1892	wspólnie-*adv*	together
470	wspólny-*adj*	shared, common
2279	współpraca-*f*	cooperation
2137	współpracować-*vif*	cooperate
2375	wspominać-*vif*	mention
1274	wspomnienie-*n*	memory
656	wśród-*adv*	among
1254	wstać-*vpf*	get up
1733	wstawać-*vpf*	get up, stand up
2009	wstrzymać (się)-*vpf2*	restrain, stop
1148	wstyd-*m*	shame
2281	wstydzić się-*vifr*	be ashamed, shame
2298	wszechświat-*m*	universe
403	wszędzie-*adv*	everywhere
1311	wszelki-*adj*	any, every
80	wszyscy-*prn*	everyone, everybody
125	wszystek-*prn*	every, all
38	wszystko-*prn*	everything, all
117	wtedy-*prn*	then
1511	wtorek-*m*	Tuesday
848	wujek-*m*	uncle
2152	wuj-*m*	uncle
2372	wybaczenie-*n*	forgiveness
349	wybaczyć-*vpf*	forgive, excuse
1088	wybierać (się)-*vif; vifr*	choose; go
593	wybór-*m*	choice, selection
2437	wybory-*fpl*	election
898	wybrać (się)-*vpf; vpfr*	choose; go
2037	wybuch-*m*	explosion
2215	wybuchnąć-*vpf*	explode, break out
667	wychodzić-*vif*	go out, leave
1208	wyciągnąć (się)-*vpf; vpf2*	pull out; stretch
1946	wycieczka-*f*	trip, tour
1398	wycofać (się)-*vpf2*	withdraw, retreat
1505	wydać (się)-*vpf; vpfr*	spend; seem
2118	wydarzenie-*n*	event
860	wydarzyć się-*vpfr*	happen
223	wydawać (się)-*vif; vifr*	spend; seem
821	wydostać (się)-*vpf2*	get out
1598	wydział-*m*	department
128	wyglądać-*vif*	look
1826	wygląd-*m*	look
1707	wygodnie-*adv; adv*	comfortable; easily
800	wygrać-*vpf*	win
1611	wygrywać-*vif*	win
2424	wyjaśniać (się)-*vif2*	explain
709	wyjaśnić (się)-*vpf2*	explain
1120	wyjątek-*m*	exception
1970	wyjątkowo-*adv*	exceptionally
1791	wyjątkowy-*adj*	exceptional
2345	wyjazd-*m; m*	departure; trip
855	wyjechać-*vpf*	leave, move
1530	wyjeżdżać-*vif*	go, leave, move
791	wyjście-*n; n*	exit; solution
333	wyjść-*vpf*	exit, go out
1358	wykonać-*vpf*	perform, execute
2451	wykonywać-*vif*	do, perform
1269	wykorzystać-*vpf*	abuse, make use of
1602	wyłącznie-*adv*	exclusively, only
1159	wyłączyć (się)-*vpf2*	turn off
1195	wymagać-*vif*	require, demand
1561	wymiar-*m; m*	dimension; size
1947	wymyślić-*vpf*	think up, imagine
2518	wynająć-*vpf*	rent, lend
2214	wynieść (się)-*vpf; vpf; vpfr*	take out; equal; get out
2285	wynikać-*vif*	result
1144	wynik-*m*	score, result
786	wynocha-*i*	get out, go away
2111	wynosić (się)-*vif; vifr*	take out; equal; get out
1675	wyobrażać-*vif*	imagine
1003	wyobrazić-*vpf*	imagine
2311	wyobraźnia-*f*	imagination
397	wypadek-*m*	accident
2360	wypełnić-*vpf*	fill, fulfill
2002	wypić-*vpf*	drink
696	wyprawiać (się)-*vif; vif; vifr*	organize; dispatch; go on
100	wy-*prn*	you (pl)
2235	wyprowadzić (się)-*vpf; vpfr*	bring out; move out
2043	wypuścić-*vpf*	release, let out
2178	wyrazić (się)-*vpf2*	express
978	wyraźnie-*adv*	clearly
1518	wyrok-*m*	judgment, verdict
1917	wyrwać (się)-*vpf; vpfr*	pull out, rend; get out
1454	wyrzucić-*vpf*	throw
2371	wysadzić (się)-*vpf2; vpf*	blow; drop off
1786	wyścig-*m*	race
892	wysłać-*vpf*	send
2256	wysłuchać-*vpf*	hear
719	wysoki-*adj*	high, tall
1084	wysoko-*adv*	high
601	wysokość-*f; f*	height; pitch
1375	wyspa-*f*	island

447	wystarczająco-*adv*	enough, sufficiently
249	wystarczyć-*vpf*	be enough, suffice
1571	występ-*m*	performance
1350	wytłumaczyć (się)-*vpf2*	explain
1854	wytrzymać-*vpf*	withstand, endure
1291	wywiad-*m*	interview
1780	wyzwanie-*n*	challenge
1929	wzajemnie-*adv*	mutually
1642	wzdłuż-*prp; adv*	along; in length
787	wzgląd-*m*	sake, reason
2436	względem-*prp; prp*	in relation to; towards
2517	wzgórze-*n*	hill
232	wziąć (się)-*vpf; vpfr*	take; take up
1731	wzrok-*m*	eyesight
2018	wzrost-*m; m*	growth; height
1853	wzywać-*vif*	call, summon

Z

2304	zaakceptować-*vpf*	accept
2129	zaatakować-*vpf*	attack
766	zabawa-*f*	fun
1423	zabawić (się)-*vpf; vpfr; vpfr*	stay; entertain; have fun
2203	zabawka-*f*	toy
2172	zabawnie-*adv*	fun
456	zabawny-*adj*	funny
211	zabić (się)-*vpf2*	kill
1015	zabierać (się)-*vif; vifr*	take; get to
1091	zabijać (się)-*vif2*	kill
984	ząb-*m*	tooth
1321	zabójca-*m*	killer
1631	zabójstwo-*n*	kill, murder
324	zabrać (się)-*vpf; vpfr*	take; take up
1155	zachód-*m; m*	west; sunset
1011	zachować (się)-*vpf; vpfr*	keep; behave
1494	zachowywać (się)-*vifr; vif*	act, behave; keep
488	zacząć (się)-*vpf2*	start, begin
977	zaczekać-*vpf*	wait
426	zaczynać (się)-*vif2*	start, begin
1135	zadać (się)-*vpf; vpfr*	ask; hang out
743	zadanie-*n*	task, exercise
2163	zadawać (się)-*vif; vifr*	inflict; hang out
2470	zadbać-*vpf*	take care
226	żaden-*prn; adj*	none; nothing
980	zadowolony-*adj*	satisfied, happy
1583	zadziałać-*vpf*	work

464	zadzwonić-*vpf*	call, ring
1949	zaginąć-*vpf*	disappear, go missing
1000	zagrać-*vpf*	play
1836	zagrożenie-*n*	danger, hazard
1369	zainteresowany-*adj*	interested
523	zająć (się)-*vpf; vpfr*	occupy; take care
1172	zajęcia-*fpl*	class
2177	zajęcie-*n*	job, occupation
1002	zajmować (się)-*vif; vifr; vifr*	occupy; care; work
2062	zajść-*vpf*	happen, pop in
2039	zakaz-*m*	prohibition, ban
1765	zakładać (się)-*vif; vif; vifr*	establish; put on; bet
1439	zakład-*m; m*	bet; workshop
2183	zakładnik-*m*	hostage
2072	zakochać się-*vpfr*	fall in love
1621	zakochany-*adj*	in love
1874	zakończenie-*n*	end, ending
1393	zakończyć (się)-*vpf2*	end
1186	zakup-*m*	purchase
662	załatwić-*vpf*	fix; settle
1676	zaledwie-*adv; con*	only; just
396	zależeć-*vif*	depend
1460	żal-*m*	regret
1983	załoga-*f*	crew
2011	żałosny-*adj*	miserable, pitiful
1190	żałować-*vif*	regret
677	założyć (się)-*vpf; vpf; vpfr*	put on; establish; bet
1434	zamek-*m; m; m*	castle; lock; zip
1165	(w) zamian-*phr; phr*	instead of; in return for
554	zamiar-*m*	intention, aim
502	zamiast-*prp; con*	instead; rather than
1582	zamienić (się)-*vpf2*	change, switch
515	zamierzać (się)-*vif; vifr*	intend, plan to; aim
2234	zamieszać-*vpf*	mix, stir
2211	zamieszanie-*n*	ruckus, fuss
2407	zamieszkać-*vpf*	settle, occupy
207	zamknąć (się)-*vpf2*	close, lock up
1473	zamknięty-*adj*	closed
2213	zamordować-*vpf*	murder
2226	zamówić-*vpf*	order, book
2006	zamówienie-*n*	order
172	zanim-*con*	before
933	zapach-*m*	smell
1910	zapalić (się)-*vpf2*	smoke; light

2365	zapamiętać-*vpf*	remember, memorize
2276	zapas-*m*	stock, supply
1035	zapewne-*prt*	undoubtfully, perhaps
1526	zapewniać-*vif*	provide, ensure
1600	zapewnić-*vpf*	provide, ensure
2471	zapisać (się)-*vpf; vpfr*	note; sign up
692	zapłacić-*vpf*	pay
2380	zapobiec-*vpf*	prevent
1918	zapominać (się)-*vif2*	forget
392	zapomnieć (się)-*vpf2*	forget
1334	zapraszać-*vif*	invite
1620	zaprosić-*vpf*	invite
1544	zaproszenie-*n*	invitation
18	za-*prp; adv*	in, behind; too
625	zapytać (się)-*vpf2*	ask
146	zaraz-*prt*	soon
1908	żarcie-*n*	food (coll)
1363	zarobić (się)-*vpf; vpfr*	earn; overwork
2007	zarówno-*con*	as well as, both
789	żart-*m*	joke
549	żartować-*vif*	joke
690	zasada-*f*	rule, principle
1937	zaś-*con*	and, while
1770	zasięg-*m*	range
2429	zasilanie-*n*	power
1711	zaskoczyć (się)-*vpf2*	surprise
1587	zasługiwać-*vif*	deserve
2368	zasłużyć-*vpf*	deserve, earn
1575	zasnąć-*vpf*	fall asleep
850	zastanawiać (się)-*vif; vifr*	puzzle; dwell
2099	zastanowić (się)-*vpf; vpfr*	puzzle; consider
1554	zastrzelić (się)-*vpf2*	shoot
2475	zastrzyk-*m*	injection
1040	zaszczyt-*m*	honor
2034	zatańczyć-*vpf*	dance
518	zatem-*con; prt*	so, then; well
414	zatrzymać (się)-*vpf2; vpfr*	stop; stay
886	zaufać-*vpf*	trust
1699	zaufanie-*n*	trust
1753	zauważyć (się)-*vpf2*	notice
2017	zawierać (się)-*vif; vifr*	contain; be included
2093	zawód-*m; m*	profession; disappointment
2335	zawody-*fpl*	competition
73	zawsze-*prn*	always
1589	zazdrosny-*adj*	jealous
938	zazwyczaj-*adv*	usually, usual
2140	zbadać (się)-*vpf2*	examine
1773	zbieg-*m*	fugitive
2014	zbierać (się)-*vif; vifr; vifr*	collect; gather; prepare
1156	zbliżać (się)-*vif; vifr*	get close; approach
974	zbrodnia-*f*	crime
1934	zbudować (się)-*vpf2*	build
162	zbyt-*adv*	too
2064	zbytnio-*adv*	too
659	zdanie-*n; n*	sentence; opinion
936	zdarzać się-*vifr*	happen
1065	zdarzyć się-*vpfr*	happen
689	zdawać (się)-*vif; vifr*	pass; seem, appear
2020	zdecydować (się)-*vpf2*	decide
908	zdecydowanie-*adv; n*	definitely; resolution
2248	zdenerwować (się)-*vpf; vpfr*	annoy; get annoyed
1772	zdenerwowany-*adj*	nervous, annoyed
1273	zdjąć-*vpf*	take off, remove
425	zdjęcie-*n; n*	photo; removal
694	zdobyć (się)-*vpf; vpfr*	achieve, get; dare
1894	zdolność-*f*	ability
1703	zdolny-*adj*	capable, talented
714	zdrowie-*n*	health
1755	zdrowy-*adj*	healthy
1774	zebrać (się)-*vpf2; vpfr*	gather; muster
2210	zebranie-*n*	meeting
57	żeby-*con; prt*	that, to; so that
934	zechcieć-*vpf*	be willing to
10	że-*con*	that
1223	zegarek-*m*	watch
2115	zegar-*m*	clock
2328	żegnać (się)-*vif2*	say goodbye
963	zejść (się)-*vpf; vpfr*	come down; gather
907	zemrzeć-*vpf*	die
1909	zemsta-*f*	revenge
1074	zero-*nu*	zero
785	zespół-*m; m*	team, band; syndrome
2445	zestaw-*m*	set
801	zeszły-*adj*	last
367	zewnątrz-*prp*	outside
2026	zeznanie-*n*	testimony
340	zgadzać się-*vifr*	agree, allow
758	zginąć-*vpf*	die, be lost, disappear
1740	zgłosić (się)-*vpf2*	report
795	zgoda-*n; n; prt*	permission; agreement; okay

771	zgodnie-*adv*	according to, in line with
1996	zgodzić się-*vpfr*	agree
2493	zgubić (się)-*vpf; vpfr*	lose; get lost
1700	zielony-*adj*	green
304	ziemia-*f*	Earth, ground
660	zimno-*n; adv*	coldness; cold
1959	zimny-*adj*	cold
1272	zjednoczyć (się)-*vpf2*	unite
573	zjeść-*vpf*	eat, eat up
1992	złamać (się)-*vpf2*	break
675	złapać (się)-*vpf2*	catch, grab
1573	złazić-*vpf*	get down (coll)
251	źle-*adj*	badly, wrong
1893	złodziej-*m*	thief
542	zło-*n*	evil
1962	złość-*f*	anger
1648	złotko-*n; n*	tin foil; darling
988	złoto-*n*	gold
2055	złoty-*adj*	golden
1435	złożyć (się)-*vpf; vpfr*	assemble; consist of
369	zły-*adj*	bad, wrong
2412	zmarły-*adj; m*	dead; late
823	zmęczony-*adj*	tired
1066	zmęczyć (się)-*vpf; vpfr*	tire; get tired
935	zmiana-*f*	change, shift
871	zmieniać (się)-*vif2*	change, transform
471	zmienić (się)-*vpf2*	change, transform
1798	zmierzać-*vif*	aim, go to
2449	zmierzyć (się)-*vpf2*	measure
1914	zmusić (się)-*vpf2*	force
2021	zmysł-*m*	sense
190	znać (się)-*vif; vifr*	know; know how
568	znaczenie-*n*	importance
1008	znacznie-*adv*	much
127	znaczyć-*vif*	mean
947	znajdować (się)-*vif; vifr*	find; be located
2508	znajomo-*adv*	familiar
1793	znajomy-*m; adj*	mate; familiar
674	znak-*m*	sign, mark
2027	znakomicie-*adv*	excellent, excellently
218	znaleźć (się)-*vpf2*	find
1332	znany-*adj*	known, famous
1191	znieść (się)-*vpf2*	abolish; bear
2438	znikać-*vif*	disappear
954	zniknąć-*vpf*	disappear
2219	zniszczenie-*n*	destruction
750	zniszczyć (się)-*vpf; vpfr*	destroy; wear off
1645	znosić (się)-*vif; vif; vifr*	endure; lay; wear out
272	znów-*adv*	again
182	znowu-*adv*	again
309	zobaczenie-*n*	see
163	zobaczyć (się)-*vpf2*	see, meet
2467	żołądek-*m*	stomach
1037	żołnierz-*m*	soldier
278	żona-*f*	wife
1141	żonaty-*adj*	married
1856	zoo-*n*	zoo
2507	zorganizować-*vpf*	organize
204	zostać-*vpf*	become, stay
815	zostawać-*vif*	stay, become
1607	zostawiać-*vif*	leave
264	zostawić-*vpf*	leave
7	z-*prp*	with, from
1967	zranić (się)-*vpf2*	hurt
1207	zresztą-*prt*	anyway, besides
2113	zrezygnować-*vpf*	give up, quit
72	zrobić-*vpf*	do
1725	źródło-*n*	source, spring
522	zrozumieć (się)-*vpf2*	understand
2403	zrozumienie-*n*	understanding
378	zupełnie-*adv*	completely
1808	związany-*adj*	related to; tied
703	związek-*m; m*	relationship; connection
976	zwierzę-*n*	animal
777	zwłaszcza-*adv*	especially
1797	zwłoki-*fpl*	corpse
1718	zwolnić (się)-*vpf; vpf2*	slow down; fire
1348	zwrócić (się)-*vpf; vpf; vpfr*	give back; throw up; refer
1941	zwrot-*m*	expression; refund
1314	zwycięstwo-*n*	victory, win
2520	zwycięzca-*m*	winner
509	zwykle-*adv*	usually, normally
1442	zwykły-*adj*	common, plain
106	życie-*n*	life
200	żyć-*vif*	live
1300	życzenie-*n*	wish
1026	życzyć-*vif*	wish
1806	żyd-*m*	Jew
2076	żywcem-*adv*	alive
1402	(na) żywo-*phr*	live
1425	żywy-*adj*	alive

Contact, Further Reading and Resources

For more tools, tips & tricks visit our site www.mostusedwords.com. We publish various language learning resources. If you have a great idea you want to pitch us, please send an e-mail to info@mostusedwords.com.

Frequency Dictionaries

In this series:

Polish Frequency Dictionary 1 – Essential Vocabulary – 2500 Most Common Polish Words
Polish Frequency Dictionary 2 – Intermediate Vocabulary – 2501-5000 Most Common Polish Words
Polish Frequency Dictionary 3 – Advanced Vocabulary – 5001-7500 Most Common Polish Words
Polish Frequency Dictionary 4 – Master Vocabulary – 7501-10000 Most Common Polish Words

Our mission is to provide language learners worldwide with frequency dictionaries for every major and minor language. We are working hard to accomplish this goal. You can view our selection on
https://store.mostusedwords.com/frequency-dictionaries

Bilingual books

We're creating a selection of parallel texts. We decided to rework timeless classics, such as Alice in Wonderland, Sherlock Holmes, Dracula, The Picture of Dorian Gray, and many more.

Our books are paragraph aligned: on one side of the page you will find the English version of the story, and on the other side is the translation in the language you're learning.

To help you in your language learning journey, all our bilingual books come with a dictionary included, created for that particular book.

For more information, check https://store.mostusedwords.com/bilingual-books . Check back regularly for new books and languages.

Other language learning methods

You'll find reviews of other 3rd party language learning applications, software, audio courses, and apps. There are so many available, and some are (much) better than others.

Check out our reviews at www.mostusedwords.com/reviews.

Contact

If you have any questions, you can contact us through e-mail info@mostusedwords.com.

Made in the USA
Las Vegas, NV
06 December 2024